La economía

Sin fronteras

Santiago Niño-Becerra

LA ECONOMÍA

Una Historia muy personal

los libros del lince

Imagen y diseño de cubierta e interiores: DGB (Diseño Gráfico Barcelona)
Fotografía de cubierta: © Ximena Garrigues y Sergio Moya (www.syxestudio.com)

Primera edición: febrero de 2015
Corrección de estilo y coordinación editorial: Ana Domínguez Rama
Corrección de pruebas: M.ª Jesús Rodríguez

Av. Gran Via de les Corts Catalanes, 702, pral. 1.ª
08010 Barcelona
www.loslibrosdellince.com
info@loslibrosdellince.com
Facebook: www.facebook.com/loslibros.dellince
Twitter: @librosdellince

ISBN: 978-84-15070-49-8
IBIC: KCZ
Depósito legal: B. 596-2015

Para Lourdes, y Pol;
en esta ocasión también

En los consejos de gobierno, debemos estar alerta
contra el desarrollo de influencias indebidas,
sean buscadas o no, del complejo militar-industrial.
Existe y existirán circunstancias que harán posible
que surjan poderes en lugares indebidos, con efectos desastrosos.

La perspectiva de que los académicos de la nación
puedan llegar a estar dominados por el gobierno federal,
por la concesión de proyectos y por el poder del dinero,
está más que nunca ante nosotros,
y es un riesgo que debe considerarse muy seriamente.

Aun teniendo el respeto debido a la investigación
y los descubrimientos científicos, también debemos estar alerta
ante el peligro contrario e igualmente serio de que la política
que ha de velar por el interés público se vuelva cautiva
de una élite científico-tecnológica.

Al atisbar el futuro de nuestra sociedad, debemos
—vosotros y yo, y nuestro gobierno— evitar la tendencia
a vivir únicamente para el día de hoy, saqueando por comodidad
y facilidad los preciados recursos del mañana.

DWIGHT D. EISENHOWER
Fragmentos del discurso de despedida
al finalizar su mandato como presidente de Estados Unidos
(el discurso fue televisado a todo el país el 17 de enero de 1961)

ÍNDICE

ÍNDICE

INTRODUCCIÓN

> El gran juego de la historia está en quién se apoderará de las reglas. Quién ocupará la plaza de quienes las estaban utilizando; quién se disfrazará para pervertirlas, utilizarlas a contrapelo y contra los que las habían impuesto; quién, desde dentro del aparato, lo hará funcionar de tal modo que los dominadores se encontrarán dominados por sus propias reglas.
>
> Michel Foucault (1926-1984). Citado por Eduardo Haro Tecglen en «Las manos manchadas de sangre». *El País,* 19/3/2003.

Éste es un libro de Historia, un libro personal de Historia. ¿Por qué personal? Pues porque aunque todos los libros de Historia se hayan escrito con la intención de ser objetivos y de ceñirse escrupulosamente a lo sucedido, aunque haya sido así, aunque siga siendo así, lo cierto es que el mero hecho de hablar sobre algo acontecido supone entrar en la personalización del suceso.

Yo ya digo por adelantado que lo que voy a hacer es exponer la Historia de los últimos casi 2.500 años desde mi interpretación personal. Además, lo voy a hacer a partir de unas frases, de fragmentos, pronunciados y escritos por personas que fueron auténticas protagonistas de esa Historia que conocemos; incluso algunas de ellas —muchas de ellas— contribuyeron a hacer la Historia.

Alguien podría decir entonces que se puede perder el sentido de esas frases y fragmentos al sacarlas del contexto en que fueron dichas y escritas. Pienso que no, porque a mí nunca me ha interesado el detalle microscópico, sino la perspectiva tomada desde arriba que da un gran angular, por lo que lo que esos textos me han permitido ha sido adquirir perspectiva para mis análisis.

Otros podrían pensar que la Historia la hacemos todos, razón por la cual los análisis deberían ocuparse de la máxima cantidad de protagonistas que sea posible. Pienso que no, que la Historia la hacen muy pocas personas, por lo que tiene muy escasos protagonistas; otra cosa es que existan intereses en hacer creer que todo el mundo es importante, imprescindible, necesario. La realidad, continúo pensando, es mucho más simple: la Historia, siempre, la han hecho *cuatro*.

La población, la gente, los súbditos antes, la ciudadanía ahora, pienso que juega un papel marginal, desempeña un rol colateral. Los siervos tiempo ha, los plebeyos después, los hombres libres más tarde, siempre han ido por detrás de los acontecimientos. Esos numerosos hombres eran quienes integraban las mesnadas en las guerras señoriales, la gleba campesina, la clase de tropa, los que pagaban impuestos, los que se reproducían y estaban al albur de hambres y epidemias, y sometidos a decisiones, mitos y caprichos de poderes de cuya existencia lo ignoraban todo. Simplemente piensen en cuántas revoluciones han sido hechas en realidad por *el pueblo*: sólo tres: la de Espartaco en el 73 a. C., las revueltas campesinas del siglo XIV y la Comuna de París en 1871; y recuerden cómo acabaron todas ellas. Por eso hay quienes me han dicho que esto que tiene el lector en sus manos era un libro molesto: puede dar lugar a polémica, pero es que, pienso, la Historia debe generar polémica. Por ello adelanto que se trata de una aproximación personal a la Historia.

Polémica. La última polémica (muchísimas cosas son polémicas mientras acontecen): el crecimiento de la *extrema derecha* en las elecciones europeas del 25 de mayo del 2014 y las consecuencias que tendrá en las elecciones que van a celebrarse en 2015 y en los próximos años.

Polémica. El tiempo pasa, las circunstancias cambian, las realidades evolucionan pero se continúan utilizando los mismos conceptos: se sigue utilizando el concepto *Partido Socialista Francés*, pero aquello que esas palabras designan no es lo mismo hoy que en 1960, o que en 1930, o que en 1890.

La Historia: dicen que su protagonista es *el hombre*; pero la Historia del mundo es triste. Hasta los años cincuenta del siglo XX, guerras, miseria, privaciones, tiranías... se fueron sucediendo con mayor o menor intensidad desde el origen de los tiempos. En los cincuenta comenzó un estado de bienestar que se basó en unos supuestos erróneos: que la cantidad de petróleo disponible era ilimitada y su precio sería siempre un regalo. Luego hubo oscilaciones y volatilidad hasta los años 2000, cuando, nuevamente, el mundo volvió a basarse en otro supuesto erróneo: que la capacidad de endeudamiento sería infinita. La moraleja es evidente: lo acaecido en estas últimas décadas no ha sido lo normal, sino lo excepcional.

Hoy el planeta se halla en el centro de una crisis sistémica en la que se está definiendo, diseñando, un nuevo modelo económico-político-social, porque el anterior (1950-2007) se agotó, y en ese proceso de diseño del nuevo modelo las medidas que se adoptarán, los procesos que se concretarán, las subestructuras que se implementarán, *han de ser las que han de ser* en función del punto en el que se encuentra la dinámica histórica en este momento y que es lo que determina quiénes son ahora los que tienen las reglas para proceder al diseño.

Ya. Se preguntarán por qué se agotó el modelo. Pues por la misma razón que los modelos se han agotado en los pasados siglos: porque ya dieron de sí todo lo que de sí podían dar. Siempre ha sido igual, lo que pasa es que esta vez, en esta crisis, este final de modelo jode especialmente porque una gran parte de la humanidad ha prosperado y ha vivido especialmente bien en comparación a cómo vivieron gentes anteriores en épocas pasadas. ¡Por eso la gente pensó que había llegado por fin el momento del pueblo! Puro humo, ya saben: se disparó mucho y se creyó que se estaba disparando con pólvora del rey, pero luego nos contaron que había que pagar la pólvora, y no había con qué.

Este libro, a medida que avancen en su lectura, si lo hacen, les pondrá sobre la mesa muchas cosas que a ustedes les habrán contado, o habrán leído, o habrán vivido, o que ustedes habrán visto, o creído. Cosas que hoy tal vez añoren, o que en su momento detestaron, o que ahora aborrezcan. O que hace tiempo pensasen que podrían haber sido de otra manera. Pero no: lo que hoy es, es porque hubo unos *algos* ayer que fueron, y lo fueron porque *masantes* otras realidades los conformaron.

En cualquier caso, recuerden: ésta es mi interpretación, mi observación, mi análisis. El gran juego de la Historia va por otro lado.

Ahora, si les place, comparen esta interpretación, esta observación, este análisis con los suyos.

Vilassar de Mar. Otoño de 2014

PS. Como en anteriores ocasiones, expreso mi agradecimiento a todas aquellas personas que de alguna forma, la que sea, han contribuido o podido contribuir a que esta obra exista. A algunos de los alumnos y alumnas que he tenido en años pasados, muchas de las páginas que siguen les recordarán cosas.

1
LA ECONOMÍA ANTIGUA Y PREINDUSTRIAL

> Cuanto más se veneran en un Estado las riquezas y los hombres ricos, en menos se tienen la excelencia y los hombres buenos.
>
> Platón (427-347 a. C.). Citado por Domenico Fisichella en *Dinero y democracia. De la antigua Grecia a la economía global*. Tusquets, 2002.

De Platón lo máximo que puede decirse es que fue un filósofo, un buscador de la verdad. «Conjunto de saberes que busca establecer, de manera racional, los principios más generales que organizan y orientan el conocimiento de la realidad, así como el sentido del obrar humano», según la definición que da la RAE de la filosofía; pero Platón también fue un teórico de la política, y construyó un modelo de Estado.

En la época en que Platón vivió predominaban unas reglas muy sencillas: sobrevive el más fuerte porque logra dominar, conquistar, esclavizar, o porque comercia con un igual o con alguien a quien no le interesa invadir; de alguna manera, se trataba de una época expansiva en términos económicos. Y en ese entorno expansivo, Platón construyó su modelo: la república aristocrática que gobernarían los mejores; según él, los más sabios, y no los más ricos, y esos mejores guiarían al pueblo hacia la excelencia, pues en su sistema la riqueza no era el principal objetivo.

> Quita las manos de ti mismo; tratas de construirte y construyes una ruina.
>
> Agustín de Hipona (354-430). Citado por Richard Sennett en *La corrosión del carácter. Las consecuencias personales del trabajo en el nuevo capitalismo*. Anagrama, 1998.

Una ruina: algo destruido, que no sirve, que —por descontado— no es excelente. San Agustín escribió sus obras principales entre los años 386 y 419, en una coyuntura de declive incontenible del Imperio romano y en la que a cada momento era perceptible la contracción económica y social. En ese entorno, en contraste, el autor puso su atención en algo no perecedero, con la intención de buscar así el modo de conservar algún elemento que se encontrase más allá de lo temporal; para lo cual era preciso elevarse por encima del derrumbe de aquel modelo romano y temporal, y tener fe en algo que se hallase por encima de la cotidianidad decadente.

> El usurero no vende nada al propietario que sea propiedad suya. Lo único que vende es el tiempo, que es propiedad de Dios. En consecuencia, no puede sacar provecho de la venta de la propiedad del otro.
>
> Thomas of Chobham, miembro de la curia de Londres (circa 1165-1232/1236), *Summa Confessorum*. Citado por Jeremy Rifkin en *La economía del hidrógeno*. [*The Hydrogen Economy: The Creation of the Worldwide Energy Web and the Redistribution of Power on Earth* (2002)].

Los siglos XII y XIII supusieron una frontera entre, por una parte, una forma de hacer las cosas determinada por la necesidad —en gran medida construida a golpes de necesidad— de superación de un modelo roto: el propio del Imperio romano; y, por otra parte, algo radicalmente nuevo caracterizado por la apertura conceptual y la expansión. En los siglos que van desde el IX al XII se impuso el Sistema Feudal: una operativa de supervivencia, sin acumulación ni beneficio, en la que la máxima que regía las conductas consistía en asumir el papel asignado a cada cual por Dios, propietario de los bienes que los humanos podían usar con permiso de la divinidad.

Durante los siglos XII y XIII se abrió camino un cambio de mentalidad: no todo debía estar sujeto al capricho de un rey bendecido por la Iglesia por ser destinatario del poder divino en la Tierra, ni la razón de Estado debía estar sujeta a las decisiones de esa misma Iglesia. El cambio definitivo lo dio en Inglaterra Enrique VIII, quien durante su reinado (1509-1547) expropió a la Iglesia sus propiedades e implantó otro modelo de Estado, abriendo así la puerta del Renacimiento.

La cita es propia de un momento en el que bastantes cosas ya se habían empezado a cuestionar. Impensable dos siglos atrás: la oferta monetaria disponible era mínima, y la filosofía escolástica era fuente indiscutible de derecho: Dios era fuente de razón y fe, y en todo debía siempre prevalecer la segunda. En esos momentos de cambio estas palabras representan la interpretación de la ya antigua filosofía: el interés en un préstamo es inconcebible porque el prestamista no genera ningún valor debido a que lo único que presta es tiempo; luego nada debe cobrar por ello, ya que Dios es propietario de ese tiempo. Postura, por otra parte, muy conveniente a la Iglesia, que era una importante prestataria.

> [El hombre] es un animal de naturaleza diversa, multiforme y destructible. [...] Es propio [del hombre] tener aquello que escoge y ser lo que quiere [...]. [Es] innoble [...] no dar nacimiento a nada en nosotros.
>
> Giovanni Pico della Mirandola (1463-1494), *Discurso sobre la dignidad del hombre*. Citado por Richard Sennett en *La corrosión del carácter*, op. cit.

La cita de este pensador denota el espíritu propio del Renacimiento: hubiera sido imposible escuchar algo así tres siglos antes. La frase justifica una forma de hacer y reivindica el —nuevo— papel del hombre en un mundo en cambio. El hombre es un ser limitado, cierto, pero el hombre tiene que actuar, tiene que hacer *creando* algo a partir de un acto de voluntad y actuando, dando valor a fin de generar riqueza.

No es casual que el autor fuese perseguido por la Iglesia y que compartiese las tesis del filósofo Averroes; ni lo es que, tras su exilio en París, fuese acogido y protegido en Florencia por Lorenzo de Medici, banquero y político. El precapitalismo ya se estaba insinuando en el pensamiento del siglo XV tardío.

> [Los griegos] poseían el rasgo característico de los niños; siempre estaban dispuestos a parlotear, pero no eran capaces de producir nada; la prueba es que su sabiduría abunda en palabras pero anda escasa de hechos.
>
> Francis Bacon (1561-1626), *Novum Organum* (1620). Citado por Jeremy Rifkin en *La economía del hidrógeno*, op. cit.

Dos mil años separan a Platón del abogado y canciller Francis Bacon. En el inicio del Sistema Mercantilista, tras el primer cercado de tierras promulgado por los Tudor y tras el declive de la filosofía escolástica, el racionalismo y el empirismo comenzaron a implantarse de forma imparable.

Francis Bacon decía lo que en aquel momento se esperaba oír: los griegos pensaban, pero no actuaban; hablaban, pero no producían. Los griegos pertenecían a un pasado que se encontraba a años luz de una nueva época en la que lo racional y lo práctico iba a ser lo esencial, una mentalidad que seguiría dominando en los siguientes siglos.

> [Cada hombre] tiene propiedad sobre su propia persona [...]. El esfuerzo de su cuerpo y el trabajo de sus manos [...] son propiamente suyos [...]. Todo lo que consiga sacar del estado en que la naturaleza lo suministró y dejó, habiendo ahora mezclado en ello su trabajo, adjuntándole así algo que es suyo, lo convierte, por tanto, en su propiedad.
>
> John Locke (1632-1704), *Tratado sobre el Gobierno Civil* (1690).

Aunque fue Francia el país desde el que la Ilustración se expandió por todo el mundo, su origen está en Inglaterra, donde nació de la mano del filósofo y pedagogo (de los hijos de la nobleza) John Locke.

Tras la paz de Westfalia, los Estados firmantes habían aceptado —implícitamente— que cualquier otro Estado tenía derecho a existir, lo que potenció las posibilidades de la burguesía comercial que se había ido desarrollando durante casi un siglo, ya, de mercantilismo.

La escolástica era un recuerdo, y en la Inglaterra calvinista el individualismo comenzaba a ser una necesidad imperiosa. La Ilustración llevaba aparejado otro ingrediente: el empirismo, y Locke es considerado su creador. En el fondo el hombre tan sólo es propietario de una sola cosa: su trabajo, y tiene ante sí toda la naturaleza para extraer de ella todo lo que puede transformar con su trabajo.

Cada individuo, a través de su trabajo, podrá acceder a todo aquello que pueda obtener y transformar en una atmósfera de teórica —y precisa— seguridad jurídica internacional. Todo lo cual no es más que el antecedente del derecho a la propiedad individual, base sobre la que se construirá el desarrollo del sistema capitalista.

> [...] si hubiese alguna ganancia, que se convierta en beneficio de hospitales, hospicios y otras obras pías, y públicas, en que se consumen anualmente muchos caudales de mi real erario.
>
> Real Decreto de 30 de septiembre de 1763 por el que se introdujo la lotería en España a propuesta del marqués de Esquilache. Citado por José Aranda en «Y los sueños, caros son». *Cinco Días*, 18/12/2002.

A finales del siglo XVII la monarquía absoluta había agotado todo su recorrido, y su evolución natural fue el despotismo ilustrado. Tal evolución consistió en reducir un poco la vinculación de la realeza con Dios y aproximar a los monarcas a sus súbditos mediante la aplicación de políticas que mejoraban parcialmente la vida de los súbditos, así como dedicar una parte de los ingresos de la Hacienda Real a servicios.

En España, el despotismo ilustrado llegó tarde, con el reinado de Carlos III (1759-1788). Como en otros reinos, también aquí fue necesario realizar obras y prestar servicios; el problema era la enorme escasez de fondos en una época en la que España se encontraba en declive.

Lo que hoy sería la Hacienda Pública era entonces la Hacienda Real, y la recaudación pertenecía al rey, que podía disponer de ella según su antojo. La insuficiencia de la recaudación inspiró al marqués de Esquilache, a la sazón encargado de la administración de la Hacienda, la idea de importar un juego vigente en Nápoles. Dicho juego consistía en que, a cambio de comprar participaciones, existía la posibilidad de ganar unos premios muy superiores a la habitual ganancia propia de una población empobrecida. Hoy podemos decir de Carlos III que instauró la lotería en 1763 a fin de financiar el gasto público.

> Todos comían juntos, y la comida se servía a todos juntos, pues de todos se esperaba que durmieran y vivieran en la casa; el coste de hacer pan [...] incluía la vivienda, la comida y la ropa de todas las personas que trabajaban para el amo. El pago en efectivo era una fracción de los costes.
>
> Herbert Applebaum, *The Concept of Work*. Albany State University of New York Press, 1992. Citado por Richard Sennett en *La corrosión del carácter*, op. cit.

El Sistema Mercantilista se caracterizó fundamentalmente por el comercio, por un comercio que en gran medida fue internacional, pero, a la vez, entre finales del siglo XVI y finales del XVIII fue cogiendo fuerza una actividad que, con un aumento de la maquinización, se desarrolló más plenamente durante el sistema posterior: las manufacturas.

En estos siglos las manufacturas tuvieron una gran incidencia en las familias que trabajaban por horas y en casa: es lo que se llamó el sistema *putting-out* de las granjas británicas, y que también era el sistema propio del artesanado. Aunque, asimismo, hubo manufacturas elaboradas en grandes factorías, en las que llegaba a haber mil trabajadores. Tales factorías tuvieron mucho de colectivo; la base monetaria de la economía era muy limitada; la percepción de la individualidad apenas comenzaba a nacer.

Ésta fue la situación imperante hasta mediados del siglo XVIII. A partir de ese momento el hogar pasó a estar separado del lugar de trabajo y el concepto de trabajo comenzó, lentamente, a tornarse más capitalista.

> Hay dos formas de conquistar y esclavizar a una nación: una es con la espada, la otra es con la deuda.
>
> John Adams (1735-1826), segundo presidente de Estados Unidos (1797-1801).

El levantamiento de Estados Unidos contra Gran Bretaña tuvo componentes total y exclusivamente económicos y de representatividad: la metrópoli pretendió imponer una política impositiva desmesurada a las Trece Colonias, junto a una mayor limitación de su autonomía; y la rebelión se produjo.

La guerra de la Independencia (1775-1783) dio origen a un nuevo país, que nació débil. John Adams ayudó a Thomas Jefferson a redactar la Declaración de Independencia en 1776; también se encargó, en 1783, de negociar el Tratado de París con Gran Bretaña, y fue responsable de la negociación con banqueros holandeses con el objeto de obtener préstamos para el nuevo país.

Y aquí, fundamentalmente, es donde nació la reflexión de Adams: tras haber salido del dominio británico y en una economía no capitalista, ¿cómo era posible que ese país nuevo cayera en un nuevo dominio intangible como es la dependencia que comporta la deuda exterior?

CRONOLOGÍA

–133	Roma: crisis agraria que ocasiona el empobrecimiento de la población campesina.
–114/–110	Apertura de la Ruta de la Seda.
–91 a –89	Como consecuencia de la guerra entre Roma y sus pueblos aliados (guerra de los aliados) se concede la ciudadanía romana a todos los habitantes de la península italiana.
–27	Roma: inicio del imperio.
30	Principia el cristianismo.
54-68	Nerón ordena la reducción de la ley metálica de la moneda, lo que ocasiona una creciente inflación.
70	Diáspora judía.

90	Primeras presiones de los pueblos germánicos en el norte del Imperio romano. Construcción de la frontera *limes*.
161-180	Marco Aurelio. Aumento en Roma de la diferencia entre ricos y pobres. Creación de instituciones benéficas.
212	Edicto de Caracalla: concesión de la ciudadanía romana a todos los hombres libres del imperio.
217-222	Calixto I defiende el primado del obispo de Roma, lo que da origen al poder temporal del papado.
284-305	Reformas de Diocleciano. Insuficientes para enderezar la situación de creciente inestabilidad, por lo que comienza la crisis de imagen del Estado. Presión de las tribus germánicas.
Crisis del siglo III	Derrumbe de las estructuras existentes. Europa: invasiones germánicas y turcas (siglos II a VI). China: periodo de los Tres Reinos (220 a 265).
313	Edicto de Milán: libertad religiosa en el Imperio romano y tolerancia del cristianismo.
317	Hundimiento del orden establecido en China por la presión de nómadas extranjeros.
321	El domingo es declarado fiesta obligatoria.
325	El emperador Constantino separa los poderes civil y militar.
380	El emperador Teodosio proclama el cristianismo como religión oficial del Imperio romano, lo que supone el establecimiento de un vínculo entre lo político y lo religioso.
395	Teodosio divide en dos el imperio: el Imperio de Occidente, con Roma como capital; y el Imperio de Oriente o Imperio bizantino, con capital en Constantinopla. (Originariamente Bizancio había sido una ciudad griega fundada sobre una parte de la actual ciudad de Estambul).
406	Tribus germánicas cruzan la frontera del Rhin.
476	El último emperador romano de Occidente (Rómulo Augusto) es depuesto.

ALTA EDAD MEDIA (DEL AÑO 476 AL SIGLO VIII)

481-511	El rey Clovis une a todos los francos. Adopta el cristianismo, con lo que obtiene el apoyo de la Iglesia frente a los demás reyes germánicos, que eran arrianos.
540	Benito de Nursia fija las reglas del monacato occidental: estancia permanente en el monasterio, trabajo cotidiano, sobre todo manual (*ora et labora*).
585	Institución del diezmo eclesiástico.
614	Reino franco: Clotario II es proclamado único rey, pero firma un edicto que limita el poder real a favor de la nobleza.
622	Nace el islamismo: la Hégira.

635 Empieza la expansión exterior del islam.
S. VIII Época de transición caracterizada por un nivel prácticamente nulo de intercambio entre los núcleos de población de un mismo territorio y por una práctica inexistencia de un poder central.
700 Comienzan las migraciones de los vikingos (hasta el año 1100).
722 Por vez primera un obispo presta obediencia al Papa cuando éste le consagra, por lo que *misión* y *persona* quedan vinculadas al Papa.
732 La batalla de Poitiers frena la expansión del islam en Europa.
754 El Papa Esteban II, presionado por los lombardos, pide ayuda a los francos, quienes intervienen y conceden al Papa territorios en el centro de la península, lo que da origen al Estado de la Iglesia.
790 aprox. Introducción en Occidente del arnés acolchado para caballerías, lo que permite incrementar la carga arrastrada.

BAJA EDAD MEDIA (DEL SIGLO IX AL SIGLO XIII)

800 Coronación de Carlomagno y unión del poder político y del religioso gracias a la comunión de intereses —ya que ambos poderes se necesitan mutuamente—, al precisar Carlomagno de legitimación histórica. Tras su coronación Bizancio lo considera un usurpador, puesto que la idea de Carlomagno era recrear el Imperio romano y sólo Bizancio tenía legitimación histórica. Tal hecho impide el matrimonio entre una hija de Carlomagno y el emperador bizantino Constantino IV.
843 Tratado de Verdún: reparto del Imperio carolingio entre los tres hijos de Ludovico Pío, hijo de Carlomagno. Del reparto surgirían los territorios de las futuras Francia y Alemania y una zona que posteriormente daría lugar a Bélgica, los Países Bajos, Luxemburgo, las regiones de Alsacia, Lorena, Borgoña y Provenza, y parte de la región de Renania.
900 Europa occidental: generalización del uso de herraduras clavadas en la pezuña de los caballos.
900-1300 Periodo cálido en el que se desarrolló la agricultura.
911 Reforma Cluny: eliminación de la influencia del poder feudal y de los obispos en las comunidades religiosas: la comunidad pasa a depender del Papa. El objetivo era la búsqueda de independencia por parte de la Iglesia.
936 Comienza en Germania el enfeudamiento de obispos por el emperador a fin de limitar el poder ducal, por lo que la Iglesia pasa a ser una de las columnas administrativas y políticas del imperio; pero eso supone una pérdida de autonomía por parte de la Iglesia, porque el emperador ejerce su influencia en la elección de obispos o los designa directamente.
962 Nacimiento del Sacro Imperio Romano Germánico (SIRG), como evolución del Imperio carolingio. Perdurará hasta 1806.

1000 Apocalipsis milenarista en Europa que coincide con situaciones de hambruna por divergencias entre cosechas y población.
1050 Los turcos conquistan Siria y Palestina, e interrumpen así el acceso a las estribaciones occidentales de la Ruta de la Seda.
1066 Batalla de Hastings: los normandos se imponen en Inglaterra.
1073 El Papa Gregorio VII introduce el celibato entre los sacerdotes a fin de que la tierra que está en manos de la Iglesia (una tierra que es propiedad de Dios) no se fraccione al pasar a la esposa e hijos cuando muere el sacerdote.
1075-1122 Disputa de las Investiduras: disputa entre el papado y los emperadores del SIRG acerca de quién debe ostentar la primacía del poder. El Papa pretendía liberar a los clérigos enfeudados de financiar al emperador.
1077 Anselmo de Aosta (escolástica), *Monologion*: Dios es el ser supremo. Nadie está por encima de él.
1086 La finalización del Domesday Book, un censo de tierras y ganados en Inglaterra, supone la reordenación del territorio y la introducción del feudalismo.
1095-1291 Las cruzadas. Ocho campañas en Palestina y otras locales. Motivadas por los intentos de controlar el comercio en Asia tras la toma de Palestina y Siria por los turcos y las ansias de expansión de la nobleza feudal. El papado buscó aumentar su influencia en una zona que caía en la órbita de la Iglesia ortodoxa. Oficialmente, el motivo fue recuperar los Santos Lugares.
1100 Crecimiento ostensible de las ciudades: mitad norte de la península italiana y costas francesa e inglesa del canal de la Mancha.
1122 El Concordato de Worms pone fin a la Disputa de las Investiduras y supone la separación de funciones entre la Iglesia y el Estado. El emperador enfeuda a un obispo o a un candidato a obispo con la investidura temporal y el Papa con la espiritual, lo que supone una pérdida del poder imperial a favor de la Iglesia y los obispos. Un efecto de este concordato fue el paulatino incremento del poder de las ciudades sobre los señores.
1125 aprox. En Bolonia, renacimiento del derecho romano: «Lo que agrada al príncipe tiene fuerza de ley».
1130 En Inglaterra, Enrique I crea un tribunal de cuentas.
1140 Transición del románico al gótico: basílica de Saint-Denis, proximidades de París.
1158 El filósofo Averroes proclama la supremacía de la razón sobre la fe.
1164 En Inglaterra, legislación común para todos los súbditos, incluidos los obispos, lo que ocasiona un enfrentamiento con la Iglesia.
1177 y 1183 Tratados de Venecia y Constanza: los alcaldes de las ciudades son elegidos por los ciudadanos. Comienza la independencia de las ciudades italianas del norte y del Mediterráneo italiano.
1180-1223 En Francia, sometimiento de la nobleza y el clero a la jurisdicción real.

1184 Se crea la Inquisición.
1190 Primeros usos de la brújula en Occidente.

REVOLUCIÓN COMERCIAL (DEL SIGLO XIII AL SIGLO XV)

S. XIII Empieza un incremento de la actividad económica, que se traduce en el nacimiento y desarrollo de la burguesía comercial y en la formación de los Estados nacionales.

Principios de siglo Traducción al latín de las principales obras de Aristóteles, lo que supone la expansión de la concepción de Averroes de que la filosofía es independiente de la revelación divina, lo cual implica una amenaza a la supremacía del cristianismo.

1204 En Francia, primer aserradero movido por energía hidráulica.

1211 Alfonso II de Portugal es excomulgado por sus medidas para frenar a los grandes señoríos laicos y de la Iglesia.

1215 En Inglaterra, el rey Juan firma la *Magna charta libertatum*, que legitimaba el poder de los señores y desvinculaba sus propiedades del capricho real, ya que les permitía dejarlas en herencia.

1252-finales s. XIV En el Báltico, auge de la Liga Hanseática, una federación comercial de ciudades libres también con acuerdos defensivos. Se estableció en Flandes y en Londres. Su declive llegó con el surgimiento de los Estados nacionales.

1270 Tomás de Aquino, *De unitate intellectus contra averroistas*. Acepta la posibilidad de compatibilizar fe y experiencia, pero prima la revelación; es decir, la fe es más importante que la razón. El estudio de Dios (teología) prima sobre la búsqueda racional de la verdad (filosofía); justifica la subordinación del Estado a la Iglesia.

1285 En Francia, reina Felipe IV el Hermoso (hasta 1314). Bula *Unam Sanctam* (1302): empieza a tomar forma la idea de Estado, que es contestada por la Iglesia ya que supone para ella una pérdida de influencia.

1297 En Inglaterra se impone el derecho parlamentario a la aprobación de impuestos y al control del gasto.

1300-1850 Pequeña Edad del Hielo. Descenso generalizado de las temperaturas con etapas de frío intenso. Escasez de alimentos y periodos de hambrunas; en ello influyó una agricultura basada en el cereal con tallos largos, más expuestos al frío.

1300 Primera referencia a la fabricación de pólvora en Occidente.

1320 aprox. Guillermo de Ockham: refuerzo de lo personal: «Sólo lo individual es real». A favor del poder civil: se niega a los Papas el derecho a ejercer el poder temporal.

1320 Fabricación de los primeros cañones eficaces.

1325-1378 Revueltas populares en China. La burguesía sostiene a la monarquía.
1338 SIRG: reunión de los electores en Rense. El rey no recibe el poder del Papa, sino de Dios: fin de la legitimación de la Iglesia —del Papa— en el poder terrenal.
1347-1358 La peste negra. Muere el 25 % de la población europea. Las zonas comerciales fueron las más expuestas a esta pandemia.
1356 SIRG: Bula de Oro: desvinculación definitiva de la elección del emperador de la legitimación papal. Instauración del poder supremo del emperador.
1358 En Francia, revueltas campesinas.
1381 En Inglaterra, revueltas campesinas.
1385-1433 Portugal inicia su expansión atlántica.
1385 En Bélgica, alto horno de propulsión hidráulica.
1418 Comienza la expansión portuguesa en la costa de África occidental.
1434-1492 Apogeo de las repúblicas italianas.
1452 SIRG: imprenta de Gutenberg.
1492 Con la llegada de España a América se abre la ruta de expansión colonial occidental.
1493 Bula *Inter caetera*: fijación de las zonas de expansión de España y Portugal en el planeta.
1500 Portugal dobla el cabo de Buena Esperanza y abre así la ruta de la expansión colonial oriental.

ERA MERCANTILISTA-PRECAPITALISMO (DEL SIGLO XVI AL SIGLO XVIII)

s. XVI Aceleración de la fase anterior: consolidación de los Estados nacionales, disponibilidad de metal, inicio del colonialismo, expansión de la burguesía comercial.
1513 Nicolás Maquiavelo escribe *El Príncipe* (publicado en 1532). Un gobernante no está sujeto a normas éticas.
1514 Revueltas campesinas en el SIRG y en Hungría.
1517 Las 95 tesis de Lutero ponen en marcha la Reforma.
1519 SIRG: el título imperial se convierte, de hecho, en hereditario.
— En el SIRG, primeros fusiles de repetición.
1520 En España, levantamiento de las Comunidades de Castilla, que es un intento de la burguesía urbana de frenar la tendencia absolutista de la Corona y de su aliada, la nobleza.
1521 Revueltas campesinas en Valencia y Mallorca.
1531 España procede a la explotación de minas de plata de México.
1532 Pacto de Nuremberg: nadie debe ser condenado por sus creencias religiosas.
1534 En Inglaterra se promulga el Acta de Supremacía: el rey es el jefe supremo de la Iglesia.

1536	Juan Calvino, *Institución de la religión cristiana*. El hombre está predestinado, por lo que la persona debe estar constantemente superándose a fin de conseguir su renacimiento moral a través de la diligencia, la aplicación y la laboriosidad.
1539	En España, fundación de la Compañía de Jesús: la moral como nueva línea de actuación. Aprobada por el Papa en 1540.
1545	España empieza a explotar las minas de plata de Perú.
1545-1564	El Concilio de Trento inicia la Contrarreforma, que convierte el credo religioso en parte de la política del Estado.
1546-1555	En el SIRG estallan las guerras de religión que finalizan con la paz de Augsburgo, por la que la parte alemana del imperio queda dividida en varios principados, unos católicos y otros luteranos; el señor de cada territorio determina su religión.
1579	Unión de Utrecht. Unión de las siete provincias protestantes del norte de los Países Bajos, lo que da lugar a las Provincias Unidas.
1581	Inglaterra y las Provincias Unidas inician sus expediciones a Extremo Oriente debido a que España decreta el cierre del mercado de especias de Lisboa a esos países.
1583	Hugo Grocio (m. 1645), iniciador del derecho internacional.
1587	Asentamiento inglés en Virginia.
s. XVII	Amplio desarrollo de la burguesía comercial y nacimiento y primeros avances de la manufacturera.
Principios de siglo	El clima frío fuerza el desarrollo del cultivo de la patata y del trébol, mucho menos expuestos al frío porque crecen al nivel del suelo, lo que mejoró la alimentación y favoreció el desarrollo de la ganadería.
	— Inicio en Inglaterra del sistema *putting-out,* por el que se trasladan al campo partes de los procesos de elaboración de manufacturas; a ellos se dedican los campesinos en los periodos de reducida actividad agrícola, lo que permite abaratar costes de producción y flexibilizar procesos productivos.
1601	Inicio efectivo, con Isabel I, de las *Poor Laws*. El sistema tenía una base parroquial y estaba financiado con impuestos locales. Nacieron por necesidad: para abordar el creciente problema que representaban las personas pobres a las que no se podía dar una ocupación, porque no eran necesarias. Su base parroquial hacía que se conociese a quienes precisaban las ayudas.
1602	Empieza la fundación de compañías de comercio.
	— Primeras expediciones francesas a Canadá.
	— Fundación de la primera Bolsa moderna en Ámsterdam.
1613	Galileo Galilei concluye que la Tierra orbita alrededor del Sol.
1618	Guerra de los Treinta Años (hasta 1648).
	— Empieza la emigración masiva de puritanos a América del Norte, como consecuencia del reforzamiento del Estado inglés.
1619	Llegada de los primeros esclavos negros a Virginia.

1620 Aparición de la prensa escrita periódica.
— Francis Bacon, *Novum Organum,* que da inicio al método científico: perseguir el conocimiento a fin de desvelar los secretos de la naturaleza. El hombre es dueño del universo.

1624 Francia: cardenal Richelieu (hasta 1642). Implantación del poder absoluto.

1637 — René Descartes, *Discurso del método*: la razón debe ser la base de la existencia.
— Holanda: crisis de los tulipanes; los bulbos de tulipán alcanzaron precios desorbitados al ser demandados por la naciente burguesía, y esto los convirtió en objetos de especulación, hasta el extremo de que el precio de un bulbo llegó a superar el coste de mantener a la tripulación de un buque durante un año. Cuando estalló la burbuja, los comerciantes de tulipanes solicitaron ayuda al Estado.

1638 Japón aprueba el Reglamento de Cierre: prohibición de entrada a los extranjeros.

1642-1649 Inglaterra: guerras civiles.

1648 La paz de Westfalia pone fin a la Guerra de los Treinta Años: aceptación de la no injerencia en los asuntos de otros Estados. Supuso el nacimiento del modelo europeo de Estado.

1649-1660 The Commonwealth of England. Inglaterra, junto con Irlanda y Escocia posteriomente, funcionan como una república.

1650 Primero de los años de máximo frío de la Pequeña Edad del Hielo. (Los otros dos años más fríos: 1770 y 1850).

1651 Thomas Hobbes, *Leviatán*. Modos y maneras de un Estado absoluto.

1651-1849 *The Navigation Acts*. Conjunto de normas legales promulgadas a lo largo de dos siglos que restringían el comercio entre Inglaterra/Gran Bretaña y sus colonias, y favorecían a los buques ingleses.

1668 Suecia: creación del Riksbank, el Banco de Suecia, con la misión de proporcionar crédito al Estado a fin de financiar las guerras. El orden político primaba sobre el financiero. La estabilidad de precios no era su objetivo, ya que el valor del dinero lo determinaba la cantidad de metal que las monedas incorporaban. Con los años se crearon nuevos bancos centrales en otros países, todos regidos por principios parecidos: Inglaterra, 1694; Francia, 1800; Finlandia, 1812; Noruega, 1816.

1672 Inglaterra, aprobación de la ley del *hábeas corpus*: la detención de una persona sólo es posible si la ordena un juez.

1679 Inglaterra: nacimiento de las tendencias políticas; partidarios del poder real (*Tories*) y de los derechos parlamentarios (*Whigs*).

1681 Francia: artículos galicanos. Las decisiones de la Iglesia se supeditan a la figura del rey.

1682 Rusia: Pedro I introduce reformas. Aplastamiento de la nobleza. El rey pasa a ser el máximo responsable eclesiástico.

1687 Isaac Newton, *Principios matemáticos de la filosofía natural y su sistema del mundo*.

1690 John Locke, *Ensayo sobre el entendimiento humano* (todo conocimiento procede de la experiencia: empirismo) y *Tratado sobre el Gobierno Civil* (autoridad aceptada por todos: liberalismo).
— Denis Papin: bomba con pistón que se alza por la acción del vapor.

1694 Libertad de prensa en Inglaterra.

1698 Thomas Savery: primera bomba de vapor.

1700 Empieza el ascenso de Prusia.
— Mejora sustancial de la construcción mecánica por la utilización de tornos precisos.

1701 Jethro Tull: sembradora mecánica.

1705 Comienza el uso del timón de rueda en la navegación.

1707 Denis Papin: caldera de alta presión.

1709 Abraham Darby: producción de coque y utilización en la fusión de mineral de hierro.

1711 Inglaterra: máquina de vapor de Newcomen, utilizada para bombear agua.

1713 Tratado de Utrecht. Sienta las bases para que los Estados puedan relacionarse de forma pacífica (dentro de lo que cabe). En la práctica supuso el fin de las guerras con base religiosa en Europa.

1716 En Francia John Law funda el Banco General Privado, que contó con el privilegio de emitir papel moneda respaldado por oro, y que en 1718 se transforma en el Banco Real. En 1720, una impresión desorbitada de papel moneda ordenada por el regente, Felipe de Orleans, al margen de Law, genera una espiral inflacionista; como consecuencia, los accionistas del banco exigen recuperar el oro entregado —oro que había sido empleado para enjugar las enormes deudas dejadas por Luis XIV—, lo que produjo una crisis económica en Francia y en Europa. (La idea de Law era que el dinero o los metales acuñados son sólo un medio de intercambio, mientras que la verdadera riqueza se halla en el comercio internacional. La actividad económica aumenta con el uso de papel moneda, que será respaldado por oro; y el Estado creará una empresa que se dedicará al comercio y estará participada por tenedores de deuda pública).

1720 Burbuja de los Mares del Sur. La inglesa Compañía de los Mares del Sur se hace con el monopolio del comercio con las colonias españolas en Sudamérica, a cambio de asumir la deuda nacional que Inglaterra había contraído por su intervención en la guerra de Sucesión española. Ante las infladas expectativas de beneficios, la cotización de sus acciones se disparó, lo que atrajo a más inversores. La cotización cayó en picado cuando las posibilidades de beneficios desaparecieron. Como consecuencia de todo lo cual fue promulgada la *Bubble Act*, por la que quedaban prohibidas las sociedades por acciones salvo expresa autorización real.

1725 Giambattista Vico escribe *Principios de una ciencia nueva*, donde diserta sobre derechos universales.

1740 Inicio del despotismo ilustrado. Austria (hasta 1780); Prusia (hasta 1786); Portugal (1750-1777); España (1759-1798); Rusia (1762-1796); Dinamarca (1766); Suecia (1771).

1748 Charles-Louis de Secondat, barón de La Brède y de Montesquieu, *Del espíritu de las leyes*. La libertad política es consecuencia de la separación de poderes, y el medio geográfico y climático es crucial en el desarrollo de las poblaciones.

— David Hume, *Investigación sobre el entendimiento humano*. Aborda el empirismo y la observación. Escepticismo.

1751 Publicación del primer tomo de la *Enciclopedia* (1777).

1762 Jean-Jacques Rousseau, *El contrato social*. Acuerdo entre el pueblo y Estado.

1764 James Hargreaves: hiladora mecánica.

1769 James Watt: máquina de vapor.

1770 Segundo año de máximo frío de la Pequeña Edad del Hielo, que dio lugar a una crisis agraria muy profunda. (Los otros años más fríos: 1650 y 1850).

1773 Boston Tea Party. El 16 de diciembre, los bostonianos se niegan a pagar los impuestos sobre el té decretados por Londres y lanzan al agua el cargamento de tres buques amarrados en el puerto.

1775-1783 En las colonias inglesas de América del Norte, guerra de la Independencia.

1760-1840 Desarrollo de las *Enclosures*: las tierras comunales (*Open Fields*) se cercan, lo que supone un aumento de la productividad agraria pero, al mismo tiempo, fuerza el éxodo masivo de los campesinos que pierden su sustento. Éstos emigran a los centros industriales aún en construcción, y se convierten en el primer contingente de mano de obra de la naciente industria que puede ser considerado como tal.

2

EL MODELO CLÁSICO

> Cualquier propuesta de una nueva ley o reglamentación que provenga de los empresarios deberá analizarse siempre con gran precaución y nunca deberá adoptarse sino después de un largo y cuidadoso examen, efectuado no sólo con la atención más escrupulosa, sino con total desconfianza, pues viene de una clase de gentes cuyos intereses no suelen coincidir exactamente con los de la comunidad y que tiende a defraudarla y oprimirla, como ha demostrado la experiencia en muchas ocasiones.
>
> Adam Smith (1723-1790), *Investigación sobre la naturaleza y las causas de la riqueza de las naciones* (1776).

En la obra con la que Adam Smith ha pasado a la posteridad puede leerse el fragmento aquí citado, un fragmento que puede sonar extraño al venir de quien ha sido reconocido como el padre del capitalismo: es él quien afirma que los empresarios tienden a defraudar y a oprimir a la comunidad.

La obra más conocida de este autor es este tratado sobre la «riqueza de las naciones», pero la que determinó todo el devenir de su pensamiento, aquella en la que queda reflejada su especialidad, la de profesor de moral y ética, así como el carácter austero de su ascendencia escocesa, es otra que escribió en 1759: *Teoría de los sentimientos morales*.

Adam Smith vivió en un entorno de transformación técnica, productiva y política, y vio que la organización administrativa y productiva existente no se adaptaba a los cambios; e imaginó un entorno nuevo, cuya concepción estuvo sometida a la influencia de las ideas de su amigo David Hume, el filósofo empirista.

Para el buen desarrollo de un nuevo sistema que comenzaba a despuntar en el horizonte hacía falta que surgiera un nuevo marco organizativo, un nuevo sistema en el que la moderna burguesía —encarnada en los propietarios de unidades productivas, de empresas— debía ser libre para actuar, pero sin abandonar la necesaria visión colectiva, ya que de este modo se evitaría que el rampante individualismo de cada empresario arrasase los intereses de la comunidad por su tendencia individual a conseguir que prevaleciesen los suyos, aunque fuese defraudando y oprimiendo a esa comunidad.

> En el curso de la división del trabajo, la función de la mayor parte de aquellos que viven de su trabajo termina reducida a unas pocas operaciones muy sencillas por lo general, una o dos. [...] El hombre que se pasa toda la vida dedicado a realizar unas pocas operaciones [...] suele volverse todo lo estúpido e ignorante que puede volverse un ser humano.
>
> Adam Smith (1723-1790), *Investigación sobre la naturaleza...*, op. cit.

Suele atribuirse la invención de la división del trabajo a Adam Smith, pero lo cierto es que cuando él escribió *La riqueza de las naciones* ya existían ejemplos de producción dividida en fases, por ejemplo la de armamento. Lo que sí hizo Adam Smith fue analizar las consecuencias sociales y humanas de la división del trabajo, fundamentalmente porque vio que tal forma de producción iba a ser la lógica en el nuevo entorno que entonces empezaba a nacer.

Y vio que, en relación con su concepción moral y ética, esa nueva forma de organización productiva que la demanda de trabajo estaba implantando (el autor nunca utilizó tal denominación) iba a lograr que el ser humano acabara siendo todo lo estúpido e ignorante que puede llegar a ser, debido a que ya no hacía ninguna falta que un trabajador conociese todas las fases de la producción, como sí sucedía en el artesanado o, incluso, en las manufacturas mercantilistas. En su conocido ejemplo de la fábrica de alfileres, donde cada trabajador se ocupa de una —y sólo una— fase del proceso productivo, la división del trabajo hace que la productividad aumente espectacularmente; esto es necesario, e inevitable, pero es también moralmente malo porque *estupidiza* al sujeto de una oferta de trabajo generadora de bajo valor (concepto éste que tampoco utilizó el autor).

Adam Smith se habría revuelto en su tumba si hubiese sabido que aquellos seres humanos convertidos en estúpidos e ignorantes por la sofisticación del sistema organizativo de la producción que él tan bien analizó se habían convertido, casi dos siglos después, en elementos esenciales del nuevo sistema.

> No se ha fijado ningún límite al desarrollo de las facultades humanas [...]. La perfectibilidad del hombre es infinita [...]. El progreso de esta perfectibilidad se halla a partir de ahora por encima del control de cualquier poder que pudiera obstruirlo, y no tiene otro límite que la duración del globo sobre el que la naturaleza nos ha situado.
>
> Marie-Jean-Antoine Nicolas de Caritat, marqués de Condorcet (1743-1794), *Bosquejo de un cuadro histórico de los progresos del espíritu humano* (1795). Citado por Jeremy Rifkin en *La economía del hidrógeno*, op. cit.

Condorcet fue un producto de su época. Erudito, filósofo, matemático, economista (diríamos hoy...) y participante en la Revolución francesa. Fue uno de los autores que dio uno de los últimos hachazos a la antigua concepción: ni Dios ni nadie fija ningún límite, porque no hay límites; la capacidad que tiene el hombre de perfeccionarse y de perfeccionar cualquier cosa es infinita, y no existe ningún poder que pueda impedirlo.

A las puertas de la Revolución Industrial, Condorcet sostenía que no existen límites al crecimiento, un mensaje propio de unos momentos en los que se vio que los límites sólo podían venir marcados por la imaginación.

> Un producto, tan pronto como es creado, desde ese mismo instante, proporciona un mercado para otros productos en su mismo ámbito [...]. La creación de un producto abre, de forma inmediata, un abanico para otros productos.
>
> Jean-Baptiste Say (1767-1832), *Tratado de economía política* (1804).

Say fue un personaje fundamental y controvertido. Empresario dedicado al comercio y participante en la Revolución francesa, algunos le consideran el primer economista que como tal puede ser verdaderamente considerado, mientras que para otros es un mero divulgador del pensamiento de Adam Smith. Total partidario del liberalismo económico, se opuso al intervencionismo napoleónico.

Su aportación, conocida posteriormente como la ley de Say, fue revolucionaria tanto por el momento en que fue enunciada como por el principio que sostiene: «Toda oferta crea su propia demanda».

Un bien nuevo se lanza a lo que hoy se denomina «mercado». Ese bien genera una demanda nueva: demanda de ese bien y de otros que están vinculados a él. La oferta continúa creciendo, así como la demanda. El automóvil, con sus múltiples vinculaciones hacia delante y hacia atrás, es el ejemplo más significativo de esta ley. Cabe resaltar la vigencia del enunciado más de dos siglos después.

> [Si los capitales ingleses pudiesen invertirse en Portugal]... los capitalistas ingleses y los consumidores de los dos países saldrían ganando si tanto el paño como el vino se producen en Portugal.
>
> David Ricardo (1772-1823), *Principios de economía política y tributación* (1817).

El periodo que media entre el momento en que Adam Smith publica *La riqueza de las naciones* y la Gran Depresión de los años treinta del siglo XX es conocido como el de la Economía Clásica. Se denomina así porque el pensamiento que vino después supuso un cambio radical con respecto a la concepción anterior del quehacer económico. Pero los principios enunciados a lo largo de ese siglo y medio delimitaron el nuevo sistema nacido tras las guerras napoleónicas, y puede afirmarse que siguen siendo válidos muchos de sus planteamientos.

David Ricardo fue, durante una parte de su vida, un verdadero pensador sobre economía. Enriquecido en su juventud por los negocios que llevó a cabo, se retiró de la vida profesional y dedicó su tiempo a lo que hoy denominamos la investigación económica. Una de sus aportaciones más importantes fue la *teoría de las ventajas comparativas*.

En el fragmento citado se aprecia la ventaja de trasladar las producciones de vino y paño de Inglaterra a Portugal. En aquella época, la ventaja que suponía para Inglaterra producir el vino en Portugal era obvia, tanto por el clima como por el coste de producción; pero también lo era la de producir el paño (incluso a pesar de la inversión en maquinaria a la que los capitalistas ingleses se verían obligados, dado el atraso técnico de Portugal), debido a la importante reducción de costes de producción que ello comportaría. Para los consumidores ingleses, las ventajas eran evidentes: menores precios de compra como consecuencia de los menores costes de producción. La pregunta es: ¿qué obtendría a cambio la población portuguesa?

Los capitalistas portugueses no ganarían nada: sencillamente, no existían. La población de a pie, en un país atrasadísimo y con muy escasas posibilidades de encontrar ocupación, obtendría empleos, lo que generaría poder de consumo a partir de los nuevos salarios, lo cual desarrollaría una industria local. (En principio cabría descartar que, con su estándar de consumo, los portugueses pudieran acceder —debido a su precio— a un vino y a unos textiles fabricados en el país para la exportación).

Les suena, ¿verdad? Ricardo, con su enunciado, estaba inventando la globalización. El Portugal del primer tercio del siglo XIX fue lo que fueron más tarde la España de los años sesenta y setenta, los tigres asiáticos de los ochenta, y la China de los noventa y la primera década del siglo XXI. Dejando a un lado, de momento, la capacidad de la demanda para absorber una oferta creciente, lo que planteó Ricardo suponía para Portugal el mismo problema que para estos países ha supuesto la globalización: la dependencia. Porque, ¿qué sucedía si Inglaterra abandonaba la producción textil en Portugal y la trasladaba a otro emplazamiento?

> [El ferrocarril, el telégrafo y el vapor] habrán hecho desaparecer las distancias, no serán sólo las mercancías las que viajen, sino también las ideas apropiadas al uso de sus alas. Cuando las barreras fiscales y comerciales se hayan abolido entre los diversos Estados, como ya lo están entre las provincias de un mismo Estado; cuando los diferentes países en relaciones cotidianas tiendan a la unidad de los pueblos, ¿cómo resucitaréis el antiguo modo de separación?
>
> François-René, vizconde de Chateaubriand (1768-1848), *Memorias de ultratumba, IV* (1848-1850).

Escritor romántico, monárquico y antirrevolucionario, se puso al lado de Napoleón por el orden que impuso el emperador, aunque posteriormente se le enfrentó. Gran viajero: Estados Unidos, Palestina, África; secretario de la delegación francesa en Roma con Napoleón; y embajador en Berlín y en Londres con Luis XVIII.

La idea subyacente a este texto es simple: el fin de las fronteras es inevitable, porque la organización social y la tecnología lo promueven. En una época de reafirmación nacionalista, Chateaubriand hablaba a los políticos cuando proclamaba este fin de las fronteras, y lo hacía en un momento en el que la primera fase del desarrollo capitalista, la fase de acumulación originaria de capital, se hallaba casi completada y la internacionalización de la economía estaba llamando a la puerta.

> Las casas son viejas, sucias y minúsculas. Las calles, irregulares, llenas de rodadas; hay sectores sin alcantarillado ni aceras. Por todas partes hay montones de residuos, desperdicios y basura repugnante entre charcos permanentes; la atmósfera está envenenada por los efluvios de todo esto y oscurecida por el humo de una docena de las inmensas chimeneas de las fábricas.
>
> Friedrich Engels (1820-1895), *La situación de la clase obrera en Inglaterra* (1845).

La Revolución Industrial supuso una cadena de cambios radicales en la manera de entender la economía y la sociedad, y por ello provocó un cambio de sistema. En lo operativo, ese nuevo sistema trajo consigo un incremento espectacular de la productividad respecto al Sistema Mercantilista, pero, a diferencia de lo que ocurre en nuestros días, para que se produjese aquel aumento en la productividad fue indispensable que creciese la oferta de trabajo.

A mediados del siglo XVIII, el inicio de las *Enclosures* posibilitó que la oferta de trabajo creciese: oleadas de campesinos desplazados por el cercado de los campos emigraron en masa a los nacientes centros fabriles... que no eran ya aquellas factorías manufactureras del mercantilismo, sino lugares dotados de inversión productiva y de una organización del trabajo sistemática y orientada a obtener la máxima cantidad de producción al menor coste.

Aquellas masas de campesinos convertidas entonces en oferta de trabajo industrial fueron obligadas a trabajar en condiciones hoy inimaginables y remuneradas con salarios que en numerosas ocasiones quedaban por debajo del nivel de subsistencia. Para su alojamiento se construyeron barrios y vecindarios de acuerdo con la filosofía imperante: carentes de los más mínimos servicios y de las más mínimas condiciones de salubridad, a fin de ahorrar la mayor cantidad posible de costes.

No había sadismo en tal comportamiento, sino una forma sistemática de actuación cada vez más depurada que pretendía ahorrar costes de todo tipo; además, la ley amparaba tales comportamientos; de hecho, durante largo tiempo estuvo prohibido el asociacionismo obrero; aunque, por otra parte, la presión de la población en busca de un empleo, debido a la emigración masiva y al aumento de la esperanza de vida, hacía muy fácil la explotación del naciente proletariado.

> En muchos países el pueblo se divide en dos clases. La primera comprende las personas que gozan de la totalidad de los dere-

chos de ciudadanía, a saber, políticos y civiles, y la segunda, a los que sólo disfrutan de los civiles [...]. Los primeros se llaman ciudadanos, y los otros meramente habitantes.

Padre Eudaldo Jaumeandreu, *Catecismo razonado o explicación de los artículos de la constitución política* (1839). Citado por Josep Fontana en «El Partido Popular y la Constitución de Cádiz». *El País*, 15/2/2006.

El concepto de *clase media*, tal y como hasta ahora ha sido conocido y aceptado, es muy reciente: nació después de la Segunda Guerra Mundial en los países occidentales donde está implantado el Sistema Capitalista liberal, y donde el modelo de protección social es potente y universal. A caballo entre la guerra franco-prusiana y la última contienda mundial, en varias ciudades de algunos países —Francia, el Reino Unido, Estados Unidos, Alemania, Austria— cabe hablar de una clase media muy limitada compuesta por profesionales autónomos, oficiales del ejército de alta graduación, empleados públicos de elevado nivel y poco más. Una clase media muy reducida y con un muy limitado poder económico y social.

España, país agrícola casi en su totalidad (la Revolución Industrial no llegó a la mayor parte del territorio español hasta 1960), no era uno de esos países en los que en aquella época la clase media tuviera una presencia notable, y menos aún en épocas anteriores. La cita es representativa de una sociedad escindida en dos clases entre las cuales no existía ninguna capa intermedia: por un lado, una clase alta, propietaria y ostentadora de una riqueza elevada; y por otro, una clase campesina u obrera de manufacturas, atrasada, analfabeta en un elevado porcentaje y *miserizada*, y con unas nulas expectativas de mejora social. El autor de la cita era un miembro de la Iglesia, institución muy arraigada en la sociedad española, que aportaba una visión objetiva a la imagen del momento.

(Al aplicar la definición del catecismo a la España del primer tercio del siglo XIX, la fotografía social de España quedaba «constituida por unos 250.000 ciudadanos y unos 12 millones de meros habitantes». Josep Fontana, op. cit.).

Con su explotación del mercado mundial, la burguesía ha imprimido un sesgo cosmopolita a la producción y consumo de todos los países. Para chasco y desazón de los reaccionarios, ha retirado de debajo de nuestros pies el mismísimo suelo nacional. Las viejas industrias nacionales se han ido —y se siguen yendo— a

> pique, presionadas por nuevas industrias cuya entrada en escena constituye un serio peligro para todas las naciones civilizadas. La vieja autosuficiencia y cerrazón a nivel local y nacional han dado paso a un movimiento y a una dependencia multilaterales de las naciones. Y esto no sólo en la producción industrial, sino también en la producción espiritual. Así, los productos del espíritu de cada nación se convierten en bien común. La unilateralidad y cerrazón nacionales tienen los días contados, mientras vemos cómo a partir de numerosas literaturas nacionales y locales se va formando una sola literatura mundial.
>
> Karl Marx (1818-1883) y Friedrich Engels (1820-1895), *Manifiesto del Partido Comunista* (1848).

En *El manifiesto comunista*, Marx y Engels caracterizaron el modo de operar de la nueva clase económica y social que, de forma efectiva, se estaba imponiendo en el entorno de los países que ya habían realizado la Revolución Industrial, aunque aún quedasen bastante al margen de las políticas de los gobiernos nacionales.

La burguesía, la clase propietaria de los medios de producción, ya no se quedaba circunscrita a su país de origen, sino que se lanzaba a la «explotación del mercado mundial». De hecho, esa clase poseía vocación internacional y empezaba a conocer y utilizar instrumentos cuyo nombre actual se ignoraba en aquel entonces: *deslocalización* o *externalización*; en la actuación de esa clase se hallaba el germen de la moderna globalización. Cosa que consiguió porque había «imprimido un sesgo cosmopolita a la producción y consumo de todos los países».

Además, esa clase proporcionaba una nueva dimensión al concepto de *competitividad*: «Las viejas industrias nacionales [...] presionadas por nuevas industrias [corren] un serio peligro». Actividades tradicionales que no incorporen nuevos métodos técnicos y organizativos o que no evolucionen hacia la fabricación de nuevos bienes, están condenadas.

Lo anterior se reflejó en la ineludible eliminación de producciones de bienes obtenidos a nivel local, que fueron sustituidos por procesos productivos de dimensión mundial, lo que dio lugar a una dependencia de-unos-con-otros, imprescindible para que el negocio se multiplicase: «La vieja autosuficiencia [...] ha dado paso a un movimiento [...] multilateral».

Lo que la burguesía industrial estaba inaugurando era una nueva forma de hacer; una forma de hacer que se basaba en la estandarización de los procesos industriales y organizativos —lo que permitió un perfecto entendimiento entre los miembros de esa clase—, una nueva forma de *tener lo necesario* a través de un proceso estándar de *consu-*

mo de bienes materiales, pero que debía ir más allá: «también en la producción espiritual», lo que englobaba ideologías, formas de pensar y creencias, a modo de un pensamiento único que pudiera llegar a homogeneizar procesos políticos de la manera en la que lo haría una —en ese momento— naciente democracia.

Y este proceso de estandarización y homogeneización debía traducirse en la formación de «una sola literatura mundial», referencia lógica en una época en que prensa escrita y libros en papel eran la forma de comunicación y difusión de las ideas.

> Nosotros hemos introducido medios de distracción para los niños trabajadores. Les enseñamos a cantar durante el trabajo y a cantar igualmente trabajando: esto les distrae y les permite aceptar con valor esas doce horas de trabajo que son necesarias para procurarse los medios de subsistencia.
>
> M. Scrive, industrial belga, en el Congreso de Beneficencia celebrado en Bruselas en 1857. Citado por José Gómez Cerdá en «Cronología del sindicalismo internacional (1801-2001)». Disponible en www.acmoti.com.

La concepción que hoy se tiene del desempeño del trabajo se halla a años luz de la que se tenía durante la Primera Revolución Industrial. Hasta la década de 1880, las condiciones de trabajo eran, desde el punto de vista actual en los países desarrollados, inconcebibles, tanto para los adultos como para los adolescentes o infantes.

Jornadas de trabajo increíblemente largas en ambientes insalubres; violencia generalizada y de todo tipo contra las trabajadoras y los trabajadores; remuneraciones que no permitían adquirir los bienes necesarios para garantizar una nutrición suficiente; e indefensión legal prácticamente absoluta. La justificación de tales condiciones era simple: en una atmósfera de libertad total, quien contrataba ofrecía las condiciones que estimaba oportunas, y quienes no estuviesen de acuerdo, que se fuesen. Lo que sucedía es que en todos los centros de trabajo las condiciones eran idénticas.

Las palabras de este industrial pueden parecer hoy, cuando menos, irónicas, pero para la mentalidad de un burgués industrial de mediados del siglo XIX eran muy humanas. Los trabajadores, niñas y niños incluidos, eran elementos productivos carentes de derechos, casi objetos. Quienes les empleaban cumplían una función: la de hacer posible su subsistencia. Que un niño tuviese que trabajar doce horas diarias era algo normal, ya que nadie podría mantenerle si no trabajaba; a lo que había que añadir que, debido a su edad y a su fuerza, su contribución era limitada.

Ese industrial estaba demostrando su gran humanidad al haber introducido modos y maneras que permitían que esos niños aguantasen las largas jornadas de trabajo; de lo que también se beneficiaba su negocio, pues tenía así trabajadores más conformes con su situación.

> No es la más fuerte de las especies la que sobrevive, ni tampoco la más inteligente, sino la que responde mejor al cambio.
>
> Charles Darwin (1809-1882), *El origen de las especies* (1859).

Hasta que Charles Darwin publicó la obra por la que pasó a la posteridad, la única idea imperante y aceptada en relación con la aparición de las especies de plantas y animales que poblaban la Tierra, junto a la especie humana, era la que asumía que habían sido creadas por Dios. No es que fuese una visión eminentemente religiosa, es que era la única visión.

En 1859 el Sistema Capitalista llevaba cuarenta años firmemente implantado en diversos países. En el Reino Unido, por haber sido el primero de todos, y donde más se había desarrollado la producción capitalista, también estaba más avanzada la fase de acumulación de capital y asimismo la filosofía capitalista.

La filosofía que subyacía en el capitalismo de aquellos primeros años era muy simple: el ganador se lo lleva todo. ¿Y quién era el ganador? Pues aquel burgués capitalista que había sido más hábil para hacer lo adecuado de la mejor manera posible en el momento idóneo, sea lo que fuese que esto quisiese decir, y fuesen cuales fuesen las consecuencias que tal actuación implicase, siempre y cuando ese burgués capitalista pudiese asumir las consecuencias de sus actos. Si así procedía, ese burgués capitalista ganaba, y ganaba porque era quien mejor hacía lo que era más conveniente. Tal era el modo como se veían las cosas a todos los niveles.

Lo que hizo Darwin fue aplicar esta manera de ver las cosas al estudio de la naturaleza y de las especies. A lo largo de los tiempos, algunas especies habían desaparecido de la faz de la Tierra; otras habían sobrevivido, aunque modificándose. La fortaleza es útil, claro, pero de la misma forma que triunfa el burgués que sabe adaptarse a la nueva situación, sobrevivirá la especie que sepa adaptarse a los cambios —en la alimentación, en el clima, en las condiciones— que se produzcan en la naturaleza.

La concepción darwiniana de la evolución corresponde a una lectura capitalista de la naturaleza: sobrevive quien mejor hace las cosas en una atmósfera de cambio.

> Siempre es posible pagar a la mitad de los pobres para que maten a la otra mitad.
>
> Rico hombre de negocios en una charla, al hacer referencia a la situación que se vivía en la ciudad de Nueva York en 1863. *Gangs of New York*, Martin Scorsese, 2002.

En la década de 1860, el Sistema Capitalista ya se hallaba sólidamente establecido en gran parte de Europa. Pero aún no era así en Estados Unidos, fundamentalmente porque el nivel de industrialización adecuado no se alcanzaría allí hasta el final de la guerra civil, cuando el nuevo país quedó por completo unificado.

La frase del personaje de Scorsese no es propia de un capitalista industrial, ya que un capitalista industrial no prescindirá de nadie capaz de formar parte de una oferta de trabajo que, para que las cosas fuesen bien, debía ser lo más numerosa posible. Este rico hombre de negocios norteamericano posiblemente era un comerciante de bienes que sabía que no iban a ser adquiridos por aquella enorme masa pobre que estaba alborotando una ciudad enzarzada en disputas étnicas, una masa que podía ser reducida a la mitad sin que eso afectase en absoluto a su negocio ni a su posición.

> Eliminad los aranceles y aprobad el libre comercio y nuestros trabajadores serán reducidos al nivel de siervos pobres, como en Europa.
>
> Abraham Lincoln (1809-1865), presidente de Estados Unidos (1861-1865).

Hasta el inicio de la Segunda Revolución Industrial, el desempeño económico de Estados Unidos fue muy pobre y limitado; de hecho, el impulso para el despegue económico del país lo propició la guerra civil al conseguir la reunificación y la extensión a todo el territorio del nuevo sistema industrial capitalista, desde el Norte hasta el Sur agrícola y esclavista.

Al final de la guerra ya era evidente que Estados Unidos contaba con unas posibilidades inconmensurables: estructurado mediante un sistema federal, y con un único gobierno, una única moneda, un único modelo productivo, y con innumerables recursos naturales sin explotar y unos únicos intereses. El problema residía en la juventud de su industria.

El Reino Unido, que en aquel momento era la potencia económica y política puntera, se mostraba partidario del librecambio, de que no existiesen barreras al comercio internacional. Su ventaja competitiva era máxima. En cambio, las exportaciones de la industria británica suponían un enorme peligro para las nacientes industrias estadounidenses.

Justificar el proteccionismo porque se decía que aseguraba el bienestar de los trabajadores estadounidenses era un mero argumento de políticos que estaban al servicio de unos intereses: el proteccionismo se impuso. De hecho, Estados Unidos siempre ha sido la economía más proteccionista (o potencialmente proteccionista) del planeta, pero las penosas condiciones de los trabajadores estadounidenses en muy poco divergieron de las de sus colegas británicos de la época.

> Paralelamente a esta centralización del capital o expropiación de muchos capitalistas por unos pocos, se desarrolla [...] la inserción de todos los países en la red del mercado mundial y, como consecuencia de esto, el carácter internacional del régimen capitalista. Conforme disminuye progresivamente el número de magnates capitalistas que usurpan y monopolizan todas las ventajas de este proceso de transformación, crece la masa de la miseria, de la opresión, de la esclavitud, del envilecimiento, de la explotación; pero también crece la rebeldía de la clase obrera, cada día más numerosa y disciplinada, más unida y más organizada por el propio proceso capitalista de producción. El monopolio del capital se convierte en grillete del modo de producción que ha brotado y crecido con él y bajo él. La centralización de los medios de producción y la socialización del trabajo llegan a un punto en el cual resultan incompatibles con su envoltura capitalista. Ésta salta hecha añicos. Suena la hora final de la propiedad privada capitalista. Los expropiadores son expropiados.
>
> Karl Marx (1818-1883), *El capital*, vol. I. (1867).

Contrariamente a lo que en numerosas ocasiones se ha dicho, *El capital* no es una obra socialista o de encumbramiento del socialismo, sino de carácter marcadamente capitalista: en ella se disecciona el Sistema Capitalista y se ponen de manifiesto los fallos y las contradicciones que deberían llevar a su colapso.

Marx fue enormemente perspicaz al detectar la dirección hacia la que apuntaba la evolución del capitalismo y la característica esencial que lo animaba; y lo fue en un momento especialmente significativo: cuando estaba finalizando la fase de acumulación originaria de capital, es decir, el periodo en el que la clase capitalista logró ir eliminando a sus integrantes menos competitivos y formando la base de capital sobre la que levantaría el edificio de la Segunda Revolución Industrial.

Por un lado, el capitalismo tendía a una situación monopolista a medida que se iba reduciendo el número de burgueses, «de magnates», dijo Marx. ¿Por qué sucedía tal cosa? Pues porque, como en el bosque de la competencia feroz y sin reglas sobreviven quienes mejor hacen lo que en cada momento hay que hacer, los menos competitivos serán barridos y desaparecerán, para no ser sustituidos por otros debido a la concentración que se irá operando en los mercados a medida que avance ese proceso. Es decir, el Sistema Capitalista tiende a una situación oligopolística en la que muy pocos oferentes controlan el proceso productivo. Por otro lado, al ir produciéndose tal concentración, la explotación de la clase trabajadora aumentará a medida que vayan empeorando las condiciones de trabajo debido a que la oferta de trabajo es muy superior a la demanda.

Ello es consecuencia de los tres elementos que caracterizan la dinámica capitalista: la concentración del capital cada vez en menos manos; la creciente mundialización de la actividad económica, que tiende a lograr que el planeta entero sea un único mercado; y la internacionalización a todos los países del modo de hacer capitalista.

Las implicaciones de ese proceso son imparables: al concentrarse los medios de producción en muy pocas manos y al expandirse las condiciones miserables en que se ve forzado a vivir el trabajador, se acaban conculcando los propios principios capitalistas debido a que la tasa de ganancia termina por derrumbarse porque son muy pocos los individuos capaces de adquirir los bienes producidos.

La creciente opresión y miseria, unidas a la lucha obrera que se manifiesta en la huelga revolucionaria, llevan a la explosión del sistema y al derrocamiento de la burguesía, lo que supone el fin del Sistema Capitalista.

(Comentario. Partiendo de la base de que no sucedió lo que Marx previó, ¿en qué se equivocó? Marx subestimó el instinto de supervivencia de la burguesía. Tras múltiples protestas, y a pesar de la represión del movimiento obrero, los sucesos de Haymarket de 1886 marcaron un antes y un después en el proceder de la clase capitalista. La burguesía comprendió que no debía seguir explotando a la clase obrera con igual intensidad si quería que la creciente capacidad productiva de sus instalaciones tuviese garantizada una salida, y si quería que el orden público estuviese asimismo garantizado; además, la clase propietaria ya había obtenido la base de capital necesaria para abordar el próximo paso, por lo que ya no era necesario seguir explotando de igual modo al proletariado. A partir de la década de 1880 empezaron a mejorar lentamente los salarios y las condiciones de trabajo en las fábricas, lo que redujo considerablemente el peligro de estallido de huelgas revolucionarias, como las que se habían vivido a partir de 1820 durante todo el siglo XIX).

> [...] La perfección cada vez más creciente de la máquina moderna está [...] convirtiéndose en una ley obligatoria que fuerza a los capitalistas industriales individuales a mejorar de forma permanente sus máquinas, siempre con la finalidad de incrementar su capacidad productiva [...], [pero] la amplitud de los mercados no puede seguir el ritmo de esta ampliación de la producción. La colisión se hace inevitable.
>
> Friedrich Engels (1820-1895), *Socialismo utópico y socialismo científico* (1882).

El maquinismo sobre el que se levantó la Primera Revolución Industrial supuso un cambio espectacular, histórico, con relación al modo en el que se había desarrollado la producción —de lo que sea— hasta ese momento. Antes de la Revolución Industrial, la cantidad de energía que podía utilizarse era en realidad muy limitada, debido a la restringida capacidad para extraerla de la naturaleza y por la propia naturaleza en sí misma: una rueda movida por un río, un molino accionado por el viento, el acceso al carbón para hacer funcionar una fragua... Y, a la vez, los utensilios y utillajes disponibles para acometer la producción eran, en general, simples, rudimentarios y bastante imprecisos. El maquinismo supuso la posibilidad de obtener, para la época, cantidades enormes de energía dónde y cuándo se precisase y, por ello y para ello, permitió diseñar máquinas y accesorios de una complejidad creciente.

Durante las primeras décadas de la nueva fase, la competencia fue relativamente baja porque, aunque la capacidad de la demanda para consumir bienes era limitada, aún lo era más la de la oferta para fabricar lo demandado; había mercado para todos, podría decirse, pero a medida que las unidades productivas fueron creciendo en número y sofisticando sus procesos, la productividad empezó a convertirse en un hecho diferencial de creciente importancia, ya que mejorándola se mejoraba la competitividad. El problema radicaba en que, por un lado, en aquellos años la mejora de la productividad se entendía sólo como un simple aumento de la cantidad producida por unidad de tiempo o de persona; y por otro, en que para aumentar la productividad era preciso mejorar la capacidad de la maquinaria disponible por parte de las unidades productivas, para lo cual era necesario invertir. Aunque Engels no habló explícitamente de productividad, abordó abiertamente el tema en este fragmento.

En la década de 1880, la explotación del proletariado a fin de obtener ventajas en precios o cantidades producidas, aunque continuaba, había alcanzado prácticamente su límite, y, a la vez, los avances técnicos y la investigación industrial aplicada habían creado inventos técnicos y procesos que continuadamente contribuían a mejorar la productividad, la capacidad productiva. El capitalista, con objeto de mantener la ventaja que antes obtenía o para incrementarla, se vio forzado a mejorar de forma permanente sus equipos y maquinaria, pero la capacidad del mercado para absorber oferta era insuficiente, lo que derivó en una crisis de subconsumo porque se produjo una colisión entre oferta y capacidad de consumo.

> Nos agobian con los impuestos ¿y qué conseguimos? Ni siquiera el amparo del ejército. No sé adónde va a parar este gobierno. En vez de proteger a los hombres de negocios, mete la nariz en los negocios. Pero si hasta se habla ahora de poner inspectores en los bancos, como si los banqueros no supiéramos dirigir nuestros bancos. He recibido una carta de un ridículo funcionario diciendo que va a examinar mis libros. Yo tengo un lema, caballeros, del que deberían blasonar todos los periódicos del país: «América, para los americanos; el gobierno no debe intervenir en los negocios». Lo que necesita el país es un hombre de negocios de presidente.
>
> Frase pronunciada, en algún momento de la primera mitad del último cuarto del siglo XIX, por un banquero que se había apropiado de los fondos de los depositantes de su banco y que, junto a un grupo de personas, huía del ataque de los indios apaches. *La diligencia*, John Ford, 1939. Citado por Joaquín Estefanía en «Las Torres Gemelas del capitalismo». *El País*, 6/9/2002.

El Sistema Capitalista llegó tarde a Estados Unidos y para que llegara fue preciso que se librara una guerra civil muy cruenta; pero cuando el capitalismo se implantó en el país ya unificado, lo hizo con una fuerza salvaje. A ello contribuyeron dos elementos. Por un lado, que los primeros colonos estaban poseídos por una fuerza religiosa ultrafundamentalista y puritana; por otro, que esos primeros colonos y sus sucesores pusieron en marcha algo parecido a una estructura de país guiados únicamente por el individualismo de cada persona y sabiendo que ningún Estado u organización iba a acudir en su ayuda si surgían problemas. Es decir, fue por necesidad y por cultura que la *practicidad* siempre dominó cualquier acto —por pequeño que éste fuese— que llevaba a cabo la comunidad: la propia guerra civil y, antes, su guerra por la independencia, estuvieron guiadas por motivos exclusivamente económicos.

En el día a día esta visión se materializa en la soledad individual más absoluta. El pionero que se desplazaba hacia el Oeste en busca de una nueva vida, y que estaba dispuesto a lo que fuera para lograrlo; el industrial que ponía en marcha un negocio; el buscador de oro; el trabajador... Todo el mundo se enfrentaba completamente solo a su realidad cotidiana; incluso el delincuente que pronunció esta frase en el mítico western. Este banquero sabía que no existía un Estado protector, que el darwinismo social era la norma básica de conveniencia, que nada impediría a Estados Unidos que se apropiase de América, tal y como manifestó el presidente James Monroe en 1823. Por ello le sublevaba que el Estado pretendiera desempeñar un papel interventor al recaudar unos impuestos que no iban a servir para sacarle del problema al que tuviera que enfrentarse. Y por ello los políticos debían dejar paso a los hombres de negocios, a los únicos que conocían la realidad de la calle.

> No le bastaba el sudor de sus siervos; el trabajo de sus siervos, nuestras fatigas incesantes para enriquecerse él, el dueño de las tierras que por nuestro esfuerzo eran productivas y fecundas. Necesitaba también de nuestras hembras.
>
> José Doroteo Arango, después Pancho Villa, en su autobiografía, al relatar el ataque que en 1894, con dieciséis años de edad, perpetró contra el terrateniente que intentó violar a su hermana. Manuel Bauche (secretario personal de Pancho Villa), *Pancho Villa. Retrato autobiográfico, 1894-1914*. Universidad Autónoma de México y Taurus, 2003.

Entre 1910 y 1924, México fue el escenario de un proceso revolucionario muy complejo en el que diversas fuerzas e intereses entraron en conflicto de la mano de diversos protagonistas. Detrás de los militares y políticos de la revolución, había una realidad social sustentada en la más pura servidumbre.

El proceso descolonizador en América Latina no fue pacífico. España, embarcada en las guerras de coalición, acabó por desvincularse de unas colonias de las que nunca se ocupó más que a través de sujetos autóctonos interpuestos; fueron estos últimos los que acabaron convirtiéndose en la oligarquía terrateniente que ostentó el poder tras la independencia, y lo hicieron recreando la atmósfera del periodo colonial. En ese entorno de miseria y servidumbre se encuadran las palabras del revolucionario mexicano.

> Éstas son las reglas de los grandes negocios: consigue un monopolio y haz que la sociedad trabaje para ti. En tanto creamos que los revolucionarios y los capitalistas internacionales están a la greña, dejaremos de ver un punto crucial: [...] la asociación entre el capitalismo monopolista internacional y el socialismo revolucionario para su mutuo beneficio.
>
> Frederic C. Howe, *The Confessions of a Monopolist* (1906). Citado por Daniel Estulin en *La verdadera historia del Club Bilderberg*. Planeta, 2005.

En 1890 fue promulgada en Estados Unidos la *Sherman Antitrust Act*. Su objetivo era prohibir cualquier tipo de forma empresarial que restringiese el libre comercio entre zonas y Estados. La ley fue hecha a la medida de la Standard Oil Trust, una compañía que llegó a controlar en Estados Unidos el 95 % del mercado petrolífero y de derivados del petróleo.

La evolución natural del Sistema Capitalista es el monopolio, máxime si la estructura empresarial que pretende alcanzarlo llega a acuerdos con otras estructuras con objeto de favorecer su consecución, como los que tuvieron lugar entre la compañía de John D. Rockefeller y los ferrocarriles estadounidenses. Hoy en día el oligopolio es visto por muchos como una estructura natural que tendrá implicaciones positivas en, por ejemplo, I+D; sin embargo, a finales del siglo XIX la creación y el mantenimiento de monopolios en zonas vitales y en actividades estratégicas hubiese llevado al colapso del sistema, dado que el propio sistema se encontraba aún en mantillas.

Pero los miembros potentes y significativos del capitalismo continuaban con su idea original: la implantación de estructuras capitalistas dejando de lado consideraciones políticas e ignorando variantes ideológicas. ¿Qué mejor que el enfrentamiento con base ideológica entre dos extremos para beneficiar a los elementos determinantes de ambos a fin de obtener beneficios mutuos?

> Mientras que para producir un modelo T se requerían 7.882 tareas distintas, tan sólo para 949 de ellas se requerían hombres de fuerte complexión física, hombres físicamente casi perfectos. Para el resto de las tareas, 670 de ellas podían ser realizadas por hombres sin piernas, 2.637 por hombres con una sola pierna, 2 por hombres sin brazos, 715 por hombres con un solo brazo, y 10 por hombres ciegos.
>
> Henry Ford, *My Life and Work* (1923). Citado por Jeremy Rifkin en *El fin del trabajo* [*The End of Work. The Decline of the Global Labor Force and the Dawn of the Post-Market Era* (1995)].

Aunque en el siglo XVIII hay algún ejemplo de bienes producidos en cadena, fueron la organización taylorista y el diseño implementado por Henry Ford para la producción masiva del automóvil modelo T los que determinaron el inicio del sistema moderno de producción en cadena.

Los mensajes subyacentes en la cita son simples. Primero, todo el mundo sirve para realizar alguna tarea productiva; y, en segundo lugar, no hay que dar nada gratis a nadie; que se lo ganen. El modelo T es el primer automóvil que puede ser calificado de popular: barato, simple y todoterreno. Su producción comenzó poco antes del Pánico de 1910. Fue en 1908, y estuvo en producción casi hasta el inicio de la Depresión: 1927. Una época extremadamente dura para todo lo social, y en la que el papel del Estado en la economía era prácticamente testimonial, algo ideal para que emprendedores como Ford se lanzasen en pos de una idea.

La de Henry Ford fue fabricar un automóvil «para todo el mundo», por ello tenían que aquilatarse los costes hasta la más mínima expresión, y todo había que hacerlo en un entorno en el que la tecnología era muy limitada y en el que la oferta de trabajo era lo único abundante.

La producción en cadena permitió organizar la producción sistemática y ordenadamente: era la idea de la división del trabajo aplicada a la fabricación de un bien complejo como es un automóvil, y en una época en la que una fábrica producía la mayoría de los elementos intermedios que formaban parte de su producto final. Pero ello no era suficiente para la rebaja de costes que se precisaba.

Una persona coja, o manca, o ciega, puede llevar a cabo operaciones más simples que una persona en pleno estado físico; pero, al no ser necesario para tales operaciones un estado físico perfecto, no hacía falta pagar por tal perfección, por lo que se producía un ahorro de costes del factor trabajo: aunque parezca increíble, tan sólo se precisaba mano de obra en perfecto estado físico para llevar a cabo el 12 % de las operaciones que requería el montaje de un modelo T.

Hoy en día, viendo el grado de *robotización* de una planta de ensamblaje de automóviles, el razonamiento de Ford puede parecer ridículo, pero el truco del razonamiento del después magnate radicó en jugar con los elementos de los que disponía en una época en la que la persona tan sólo tenía derecho a lo que pudiera obtener por sí misma, y en la que el Estado desempeñaba un papel básicamente favorable a los intereses de los grandes capitalistas.

> Ya no estamos cultivando trigo, lo fabricamos. [...] No somos labradores, ni tan siquiera somos granjeros. Fabricamos un producto para ser vendido.
>
> Líder agrario estadounidense al comentar el impacto de la mecanización de la agricultura en la década de 1920. Citado por Jeremy Rifkin en *El fin del trabajo*, op. cit.

La Segunda Revolución Industrial comenzó cuando se generalizó el uso de la electricidad y, a diferencia de la primera, que fue inglesa, esta segunda fue estadounidense. Muchas cosas cambió la electricidad, pero sobre todo dos: podía transportarse la energía que hiciese falta a la distancia necesaria; y la productividad, que ya había aumentado espectacularmente con la Primera Revolución Industrial, se disparó. La Primera Guerra Mundial, como todas las guerras, aunque especialmente ésta por el enorme volumen de los recursos movilizados, favoreció la mejora tecnológica, lo que contribuyó a la mejora de la productividad.

Tras el fin de la contienda, se produjo la crisis de posguerra entre 1920 y 1923; pero el germen del crecimiento de la productividad, como consecuencia de las nuevas formas de producción, ya estaba en el modelo, y alcanzó de lleno al sector industrial (lo que resulta obvio), pero también al agrario. La mecanización del campo y el uso de nuevos abonos tras la Primera Guerra Mundial tuvieron en el sector agrario un impacto parecido al de las *Enclosures* del siglo XVIII.

El sector agrario, de hoy para mañana, dejó de emanar aquel pretendido ambiente bucólico del pasado y pasó a ser una fábrica de hortalizas, cereales y frutas, una fábrica en la que, como en todas las instalaciones industriales, el capital se convirtió en un factor productivo esencial.

> Fue un movimiento épico surgido en condiciones muy difíciles, en medio de la soledad de La Pampa. Los anarquistas, en un acto heroico, formaron columnas de peones para ir a la huelga, pero la represión fue terrible. El ejército fusiló a más de quinientos y los idílicos paisajes de la provincia de Santa Cruz están sembrados de tumbas masivas de peones asesinados.
>
> Osvaldo Bayer, autor de *La Patagonia rebelde* (Planeta, 2002), al referirse a las huelgas organizadas entre 1920 y 1921 por campesinos de la región que trabajaban para terratenientes británicos a fin de demandar mejoras en sus condiciones de vida, tales como velas para alumbrarse y acceso a un botiquín con instrucciones en español. En 1921, durante el gobierno del primer presidente argentino elegido por sufragio universal y secreto, Hipólito Yrigoyen, numerosos campesinos fueron masacrados por el ejército regular. Citado por Xavier Moret en «Aquellos anarquistas». *El País*, 13/2/2004.

La dominación colonial española de América, salvo en los casos de Cuba y Puerto Rico, finalizó en 1824. Pero lejos de comenzar un periodo de recuperación en las distintas repúblicas que fueron naciendo en el continente, se siguieron unas fases convulsas que derivaron en una época neocolonial que comenzó a finales del siglo XIX y en la que participaron sobre todo Estados Unidos, el Reino Unido, Alemania y Francia, con abiertas intervenciones de estos países en la política y en los gobiernos latinoamericanos (muy intenso fue el papel desempeñado por Estados Unidos y que ya no abandonaría).

Una de las consecuencias de tal neocolonialismo fue la influencia, más o menos encubierta o más o menos activa, de los inversores de las potencias neocoloniales en los gobiernos de estos países de América Latina.

Lo que describe el texto citado no es más que uno de los muchos ejemplos que, entre finales del XIX y finales del XX, pueden encontrarse en Latinoamérica: gobiernos al servicio de las empresas o de los particulares que realizaban inversiones en la región, que ponían a disposición del capital exterior tanto el poder nacional como sus instrumentos.

> La razón principal de que se restrinja la corriente foránea es la necesidad de purificar la sangre de América y mantenerla así.
>
> Robert Allen, congresista por Virginia occidental, Estados Unidos, en el Comité de Inmigración y Nacionalización de la Cámara de Representantes, en 1922. Citado por Jeremy Rifkin en *El siglo de la biotecnología* [*The Biotech Century. Harnessing the Gene and Remaking the World* (1998)].

La filosofía y la práctica eugenésica comenzaron en Estados Unidos mucho antes de que el Partido Nacionalsocialista alemán empezara su política racial, y acabó mucho después de que la Alemania nazi desapareciese: entre 1909 y 1979, sesenta mil personas fueron esterilizadas en Estados Unidos contra su voluntad. La eugenesia tiene su origen en el Reino Unido, en la década de 1880, cuando emergieron las teorías sobre la superioridad de los pueblos nórdicos y anglosajones.

Tanto en el Reino Unido como en Estados Unidos, los trabajos y estudios sobre la eugenesia fueron adquiriendo rápidamente una vertiente económica y social: las clases bajas y los entornos pobres daban lugar a individuos no aptos, razón por la que debía intervenirse a fin de mejorar la especie.

Razones filosóficas al margen, hay que destacar que la expansión de la eugenesia en Estados Unidos se produjo casi al final del masivo movimiento migratorio por el que, entre 1845 y 1913, se desplazaron casi cincuenta millones de personas desde Europa a Estados Unidos. Durante la mayor parte de esos años las restricciones a la inmigración fueron mínimas; no así al final. La necesidad de mano de obra masiva fue descendiendo en Estados Unidos desde finales del siglo XIX, hasta que el control de la entrada en el país se hizo completo. En esos momentos comenzó a abordarse el tema de la mejora de la especie.

> El fascismo es el pragmatismo absoluto aplicado a la política.
>
> Benito Mussolini, jefe de gobierno italiano entre 1922 y 1945. Citado por Enric González en «La metamorfosis de un pragmático». *El País*, 22/11/2004.

Son múltiples las razones que explican en la época moderna la aparición de teorías y partidos fascistas, sea cual sea su matiz y orientación, pero las económicas ocupan un lugar destacado. La burguesía alemana fue la inventora del nacionalismo político a mediados del siglo XIX. Lo hizo desde un entorno de defensa de la cultura y las costumbres nacionales, y con objeto de puentear el pacto al que había llegado con la monarquía absoluta tras el Congreso de Viena en el sentido de que la alta clase industrial y propietaria se quedaría al margen de la política, que permanecería en manos del monarca.

A partir de ese momento, y en todas partes, la burguesía siempre tuvo un componente nacionalista: bien en relación con una zona o parte de un país o con ciertas áreas de varios países, bien con relación a un país completo. Como consecuencia de ello el nacionalismo contó con el respaldo de las clases altas, de modo que el nacionalismo aparecía como la defensa de lo auténtico, de lo propio, y desde este punto de vista la internacionalización que propugnaba el socialismo se convertía en enemiga de los intereses económicos (y, por ende, políticos) de la burguesía.

La identificación real y práctica entre *derechas* e *izquierdas* adquirió importancia cuando los partidos y grupos socialistas pretendieron conseguir su entrada en los parlamentos nacionales, cuando la mayoría de la clase obrera adquirió conciencia de que el derrocamiento del orden capitalista por medio de la huelga revolucionaria era imposible, y comenzó a creer que a través de la representación política era posible la defensa de sus intereses de clase. La burguesía agraria, industrial y financiera, defensora del régimen liberal por el que tanto había luchado, aunque dificultó todo lo que pudo ese acceso socialista a los parlamentos, no tuvo argumentos para impedir la lentísima incorporación de los grupos socialistas a las cámaras de representantes, razón por la cual optó por auspiciar, proteger y financiar a grupos contrarios a estos socialistas —de izquierdas—. Estos nuevos grupos, a su vez, se convirtieron en defensores de los intereses económicos y políticos —de derechas— de esa burguesía. Las palabras de Mussolini se encuadran en este contexto.

El fascismo es dictatorial, impositivo. En esencia, el líder o los líderes dictan lo óptimo, lo mejor para la alta burguesía, cuyos intereses protegen. La clase capitalista percibe que, con el fascismo, la oposición sindical y política del socialismo desaparece. Los dictadores fascistas aprueban y aplican una legislación que les favorece; a su vez, los dirigentes fascistas se sienten recompensados porque consiguen acceder a un mundo de lujo y distinción que antes tenían vetado, al ser socialmente muy bajo el origen de gran parte de sus dirigentes.

Eliminada la oposición política y sindical, el capitalismo burgués se impone, y puede entonces regir con criterios eminentemente prácticos la administración del Estado y de sus elementos.

> La clave de la prosperidad económica consiste en la creación organizada de un sentimiento de insatisfacción.
>
> Charles Kettering, alto ejecutivo de General Motors, hacia 1925. Citado por Jeremy Rifkin en *El fin del trabajo*, op. cit.

El espectacular crecimiento experimentado por la productividad desde el final de la Primera Guerra Mundial, junto al final de la crisis de posguerra en 1923, abrió el camino a que la oferta de cualquier cosa pudiera crecer exponencialmente; pero para mantener el ritmo creciente de la oferta era imprescindible que existiese demanda suficiente.

En esta época empezó a asimilarse la idea de *prosperidad* con el *crecimiento de la producción* (del PIB, diríamos hoy), pero para que la producción crezca, la población debe consumir dicha producción; y, en un escenario de rentas muy limitadas, lo único que podía provocar un consumo continuado era una sensación de insatisfacción generada por la idea del *no tener,* una idea que llevase al deseo de consumir a fin de saciarla. Eso podría generar un nivel de consumo creciente, incluso superior a la capacidad de compra de muchos ciudadanos.

Es decir, la insatisfacción motiva el consumo, y ese consumo ha de estar dispuesto a aceptar los costes —más horas de trabajo, dependencia del pago de unas cuotas de un préstamo...— que permitirán acceder al acto que mitigará una insatisfacción, la cual será permanentemente alimentada a fin de que aumente la demanda.

> El análisis ha demostrado ampliamente lo que se ha supuesto como cierto durante mucho tiempo: que las necesidades son insaciables; que la satisfacción de una de ellas implica la aparición de otras. La conclusión es que nos enfrentamos a un campo sin límites, que existen nuevas necesidades que no serán más que la iniciación de otras nuevas a medida que aquéllas se satisfagan. [...] Mediante la publicidad y otros tipos de mecanismos de promoción [...] se ha creado un considerable volumen de producción.
>
> Informe publicado en 1929 por el Committee on Recent Economic Changes. Citado por Jeremy Rifkin en *El fin del trabajo*, op. cit.

Este texto se halla completamente en consonancia con el anterior, si bien va un paso más allá. Aunque en aquellos años la capacidad de consumo de la población media era muy limitada, una vez completamente finalizada la fase de acumulación originaria de capital, estaba ya diáfanamente planteado que el consumo era e iba a ser el motor del Sistema Capitalista.

El consumo existe y aumenta por las insatisfacciones que se producen cuando los individuos no tienen lo que necesitan, pero esas necesidades las provocan y fomentan quienes diseñan y producen los bienes y servicios destinados a saciarlas, de tal modo que la satisfacción de unas ha de desencadenar la aparición de otras.

¿Y cuál es el combustible de ese motor? La publicidad que informa sobre nuevos bienes e incita a poseerlos; la concesión de una cierta capacidad de endeudamiento a los posibles consumidores a fin de que compren; las ofertas y descuentos para incentivar el consumo... Todo es válido a fin de que la demanda aumente, y a lo largo de los «felices años veinte» aumentó ciertamente mucho. En esta fase eclosionó el carácter del capitalismo que, mayoritariamente, hemos conocido tras la Segunda Guerra Mundial.

> La alta banca absorbe la economía nacional arruinando al pequeño labrador, al pequeño industrial, al modesto negociante, con beneficio y lucro de los consejeros, de los accionistas, cuentacorrentistas y demás participantes; es decir, de los que no trabajan, pero que se benefician del trabajo de los demás. Los bancos son meros depositarios del dinero de los demás. No producen. A los dueños del dinero les abonan el 1 % y, por ese mismo dinero, que no es suyo, cobran a los demás el 7 %. Con sólo una sencilla manipulación de dos asientos en sus libros obtienen esa pingüe diferencia.
>
> José Antonio Primo de Rivera (1903-1936), en un discurso pronunciado en Sanlúcar de Barrameda el 8 de febrero de 1936. Citado por Miguel Sebastián en «Billetes usados». *Expansión,* 4/4/2001.

La España de 1936 era un país de economía agraria en su mayor parte y en el que la estructura y la organización económica eran fundamentalmente precapitalistas. José Antonio Primo de Rivera, aunque con algunas ideas muy avanzadas para la época en el escenario español (era partidario del divorcio, de llevar a cabo la reforma agraria, de la separación entre la Iglesia y el Estado...), se alineaba por otra parte con las ideas del fascismo italiano, aunque con la peculiaridad de que la economía española en su conjunto había evolucionado, menos si cabe que la italiana, hacia el capitalismo.

En su alegato, José Antonio califica de absolutamente inútil e improductiva la actividad bancaria, y no sólo eso, sino que la acusa de ladrona y de arruinar al pequeño empresario e impedir su actividad. En los años treinta España se encontraba muy lejos de lo que podía considerarse una economía moderna, y prueba de ello fue la escasa repercusión que aquí tuvo la Depresión. Pero pagó con una guerra civil ese atraso económico, social y político, y la contienda hizo que el país retrocediese treinta años y aplazase más de medio siglo su incorporación al entorno internacional.

> No nos importan las ruinas, nosotros heredaremos la tierra.
>
> Buenaventura Durruti (1896-1936), líder anarquista impulsor de las colectivizaciones agrarias en Aragón. Falleció en Madrid, en la batalla de la Ciudad Universitaria, en circunstancias que no han sido aclaradas.

Durruti, líder de la corriente anarquista del sindicalismo español, encabezó una clase obrera mucho más próxima a los siervos señoriales de una economía agraria precapitalista que a la de los trabajadores de una economía industrial.

Favorable a la eliminación de la propiedad privada a través de la huelga revolucionaria que debía implantar la colectivización de la tierra y de las industrias, lo que suponía la eliminación del Estado y de sus entes administrativos, consideraba que la destrucción derivada del proceso bélico en el que España se hallaba inmersa era un proceso inevitable que llevaría al dominio de la tierra por los trabajadores, lo que abriría el camino a que éstos construyeran un mundo a su medida. La destrucción, por tanto, se convertía en el único camino para que la clase obrera conquistase sus sueños.

> Por primera vez una nueva y ardua cuestión aparece relacionada con nuestros métodos y equipos de fabricación, y el temor aparece en cuanto a que nuestro equipamiento industrial es tan eficiente que [...] se ha producido una permanente sobreproducción y, en consecuencia, el desempleo tecnológico se ha convertido en factor permanente.
>
> Dexter Kimball, decano del College of Engineering de la Universidad de Cornell, durante la Gran Depresión. Citado por Jeremy Rifkin en *El fin del trabajo*, op. cit.

El imparable aumento de la eficiencia que las máquinas y los equipos industriales permitieron en los años veinte fue espectacular. De ello da fe la cita, una frase que pronunció alguien que pudo ver y analizar la evolución tecnológica que se produjo durante los últimos treinta años anteriores a la Gran Depresión.

Sin ser economista, el autor percibió que, desde una perspectiva exclusivamente técnica, la cada vez más poderosa tecnología es capaz de producir más con menos factor trabajo, lo que aboca al sistema productivo a una inexorable situación de sobreproducción que la demanda existente no puede absorber.

Este hecho dará lugar a un permanente colectivo de trabajadores desempleados que nunca trabajarán porque no serán necesarios, lo que elevará hasta cotas insoportables lo que hoy conocemos como «desempleo estructural».

> Tenéis una idea muy equivocada de este sitio. Como si yo tuviera el dinero en una caja fuerte. El dinero no está aquí. Tu dinero está en la casa de Joe, justo al lado de tu casa, y en la casa de Kennedy, y en la de la señora Backlin y en otros centenares más de casas. Porque les estáis prestando el dinero para construir, y después ellos os lo devolverán como mejor puedan.
>
> George Bailey, gestor y socio fundador de la Bailey Brothers Building & Loan Association, al dirigirse a una multitud que quería retirar sus ahorros tras el estallido del crash de 1929. *It's a Wonderful Life*, Frank Capra, 1946. Citado por Edward Rothstein en «¿Qué haría George Bailey?». *El País Negocios,* 9/11/2008.

Muchas cosas dejaron de ser como eran antes el 24 de octubre de 1929; y otras tantas empezaron a ser percibidas de otra manera, como, por ejemplo, el papel de los bancos. El comienzo del derrumbe de Wall Street y la cascada de efectos que tuvo sobre bancos y empresas desencadenaron el inicio de la Gran Depresión.

Los bancos. Hasta el Jueves Negro los bancos eran percibidos por el gran público como lugares en los que la gente depositaba sus ahorros y donde obtenían préstamos para mejorar sus granjas y sus pequeños negocios. El papel de la gran banca como financiador de grandes operaciones quedaba al margen de la mayoría de la población. Pero a partir del derrumbe bursátil las cosas empezaron a ser vistas de otra manera.

Los días siguientes al 24 de octubre, oleadas de pequeños depositantes se congregaron ante las oficinas de *sus* bancos con la intención de retirar sus depósitos, y se encontraron con las puertas cerradas: los bancos no tenían en sus cámaras acorazadas sus ahorros, ya que ese dinero lo habían invertido.

La horrorizada población comprendió entonces cuál es la dinámica bancaria: un dólar depositado en un banco podía convertirse en diez o más dólares prestados a diferentes solicitantes de créditos a través de los encajes de activos y pasivos bancarios. Sus ahorros se habían invertido y eran irrecuperables, al no poder los prestatarios hacer frente a la devolución de sus créditos debido a las consecuencias de la Depresión.

> Los dos vicios que determinan el mundo económico en el que vivimos son: el primero, que el pleno empleo no está garantizado; el segundo, que el reparto de la fortuna y de la renta es arbitrario y falto de equidad.
>
> [...]
>
> Nos afecta una nueva enfermedad de la que algunos lectores puede que aún no hayan oído su nombre, pero de la que oirán hablar mucho en el futuro inmediato: se denomina «desempleo tecnológico».
>
> John Maynard Keynes (1883-1946), *Teoría general del empleo, el interés y la moneda* (1936).

Lo que se entendía por *equilibrio económico*, algo que hasta hace muy pocos años estaba comúnmente aceptado en la sociedad, era muy diferente a lo que se entendía antes de la Gran Depresión. En aquel entonces se decía que una zona o país se hallaba en equilibrio cuando se utilizaban los factores productivos precisos para elaborar las cantidades de producto acabado que se consideraban adecuadas. Es decir, que nadie se planteaba que pudiera haber recursos no utilizados o parcialmente utilizados ni que la cantidad de productos finales pudiera ser superior a la que era.

Hasta el crash del 29 nadie se planteó que las cosas pudieran ser de otra manera, pero tras el estallido y la posterior sensación de postración económica y social que se desencadenó, algunos se preguntaron si era posible hacer las cosas de otro modo, y uno de estos *algunos* fue Keynes.

Keynes vio que, efectivamente, una vez transcurrido más o menos tiempo el entorno económico podía perfectamente volver a una situación de equilibrio tal y como anteriormente había sucedido en otras crisis; pero también vio que el equilibrio, dada la enorme destrucción de actividad que en la crisis sistémica se estaba produciendo, podía alcanzarse en una situación de subempleo de todos los factores productivos, por lo que la recuperación sería limitada e incompleta y mantendría enormes bolsas de subempleo.

Porque el pleno empleo de todos los factores productivos, algo que es absolutamente imprescindible para alcanzar el nivel de producción potencial, no está garantizado: debe trabajarse para alcanzarlo, y uno de los actores que más pueden contribuir a este fin es el Estado, con su enorme capacidad de consumo de todo. Al alcanzarse el pleno empleo de todos los factores productivos se conseguirá que la demanda privada crezca al aumentar el nivel de renta de los trabajadores, y a esto puede contribuir el Estado mediante una decidida política fiscal que, a través de la imposición directa, redistribuya la renta en forma de gasto público.

A mayor abundamiento: el aumento de la productividad, algo bueno en sí mismo, acarrea un desempleo no derivado de la falta de actividad económica sino de la sustitución del factor trabajo por tecnología cada vez más sofisticada. Para luchar contra eso es preciso poner en marcha actividades que generen una nueva demanda de trabajo que, a su vez, contribuya a crear rentas y consumo.

El pensamiento de Keynes y de los economistas keynesianos ya fue aplicado antes de la Segunda Guerra Mundial por la administración Roosevelt, con un éxito evidente entre 1933 y 1937, mientras se mantuvo el nivel de gasto público, y después de esta fase, bajo distintas formas, asimismo lo aplicaron prácticamente todos los gobiernos posteriores, independientemente de su color político. A partir de este momento puede darse por concluido y agotado el Modelo Clásico. Y es entonces cuando la economía y la sociedad entran en un nuevo modelo: el Modelo de Demanda, que caracterizó el estado de bienestar en el que estuvo inmersa gran parte de la economía planetaria durante los siguientes veinticinco años.

> ¿Qué gana en último término nuestro país si estimulamos a los hombres de negocios para que amplíen la capacidad productiva de la industria americana, a no ser que al mismo tiempo se incrementen los ingresos reales de la población trabajadora para de este modo crear mercados que absorban ese incremento de producción?
>
> Franklin Delano Roosevelt (1882-1945), presidente de Estados Unidos, durante una sesión especial del Congreso en 1937 para analizar el empeoramiento de la situación laboral. Citado por Jeremy Rifkin en *El fin del trabajo*, op. cit.

El New Deal que la administración Roosevelt puso en marcha en 1933 estaba totalmente inspirado en las ideas de Keynes: el Estado debe desarrollar los procesos y realizar las tareas que la iniciativa privada no puede o no quiere llevar a cabo, máxime en un momento de postración económica como el que se estaba dando en Estados Unidos en aquellos momentos. Es decir, el Estado debe adoptar un papel declaradamente protagonista en la vida económica mientras la iniciativa privada no sea capaz de recuperar tal protagonismo.

Pero esta postura chocaba frontalmente con los principios por los que se regía el Modelo Clásico, el modelo que se agotó en los años veinte y que entró en crisis en 1929. Unos principios que reducían el papel del Estado a la mínima expresión y que le negaban cualquier posibilidad de intervención y de regulación económica.

En la frase de Roosevelt es el Estado el que debe convertirse en el animador de las empresas a fin de que éstas incrementen la capacidad productiva de la industria. ¿De qué forma? A través del consumo público, pero de modo que revierta en la población en general mediante la disminución del desempleo y el consecuente aumento de la renta disponible.

Roosevelt y su administración tuvieron que luchar arduamente contra los defensores del modelo agotado: grandes magnates, alta burguesía, ideólogos defensores de la Mano Invisible, que no entendieron que aquélla era una crisis sistémica y no una recesión como las que el mundo había vivido desde 1875 hasta ese momento. Por ello la actividad económica decayó cuando los estímulos económicos se redujeron en 1937, cuando se creyó que la crisis ya se había superado. La Segunda Guerra Mundial volvió a revertir la situación.

> Si no existiese ningún sistema regular de subsidios de paro —o de ayuda a los pobres que sea preferible al suicidio—, un hombre que se quede sin trabajo debe ganarse la vida como sea. [...] Por lo tanto, salvo en condiciones peculiares, una caída de la demanda efectiva que reduce, a su vez, la oferta de empleo en las industrias establecidas, no conducirá al desempleo en el sentido de la inactividad total, sino que obligará a los desempleados a llevar a cabo diversas actividades: vender cerillas en el Strand, cortar leña en el bosque, cultivar patatas en sus huertos particulares [...], es natural calificar estos empleos inferiores como *desempleo encubierto*.
>
> Joan Violet Robinson (1903-1983), *Essays in the Theory of Employment* (1937).

La concepción keynesiana de la economía tiene un componente que no es evidente a simple vista. Llama a la intervención del Estado para que impulse la demanda efectiva, pero no se plantea las razones y las consecuencias de que el factor trabajo tenga que realizar tareas que nada tienen que ver con sus conocimientos y aptitudes, debido a una caída de la actividad económica.

Joan Robinson da un paso más en la línea del pensamiento keynesiano al introducir en toda su magnitud el concepto de *subempleo* y de *subempleo encubierto* para calificar a las personas desempleadas que se ven desplazadas del proceso productivo y forzadas a realizar tareas para asegurar su simple supervivencia.

Los costes de tal tendencia para la economía son inmensos, y la vuelta a una situación de normalidad tan sólo se consigue con un aumento en la demanda, y ahí puede desempeñar el Estado un papel fundamental.

(Para la economista, era inconcebible en aquel entonces plantearse una situación en la que, existiendo pleno empleo efectivo, se decidiese reducirlo al forzar el subempleo formal —como la reducción salarial y el empeoramiento de las condiciones de los trabajadores en activo—, a fin de reducir costes o como consecuencia de una mejora del proceso productivo. Inconcebible porque, de alguna manera, de eso era de lo que a finales de los años treinta se pretendía huir. Claro que entre Joan Robinson y el momento en que algo así volvió a producirse median ochenta años, ocho décadas que han desembocado en otra crisis sistémica como aquella de la que en tiempos de Joan Robinson se pretendía salir).

CRONOLOGÍA

1776 Adam Smith, *Investigación sobre la naturaleza y las causas de la riqueza de las naciones*. Se sientan las bases del liberalismo económico.

1778 España libera el comercio con América.

1782 Mejora de la máquina de vapor.

1785-1786 Crisis económica que es la última crisis clásica, es decir, de base agrícola. Su origen estuvo en los ocho meses en que se mantuvo en erupción el volcán islandés Laki, que originó nubes de cenizas que afectaron a ganados y cosechas, lo que generó hambrunas. Esta crisis contribuyó a crear un caldo de cultivo propicio para el apoyo popular a la Revolución francesa.

1787 (17 de septiembre) Constitución de Estados Unidos de América.

1788 Immanuel Kant, *Crítica de la razón práctica*. La libertad del hombre supone la libertad del gobierno de sí mismo. El bienestar de cada individuo es un fin en sí mismo. La razón moverá a actuar al legislador de modo que el resultado represente la voluntad única del pueblo.

1789 Revolución francesa.

1791 Immanuel Kant, *Metafísica de las costumbres*. La razón es la autoridad última de la moral.

— Francia. El decreto de Allarde abole los gremios y favorece la libertad de ejercer una actividad profesional al afirmar el principio de que «toda persona será libre de ejercer cualquier negocio, profesión, arte u oficio que estime conveniente», lo que elimina la defensa cerrada de las asociaciones profesionales, pero abre también la posibilidad de que se produzcan abusos sobre trabajadores contratados al desaparecer las regulaciones gremiales.

— Francia. Ley Le Chapelier, que prohíbe la libertad de asociación con el fin de eliminar privilegios cuyo origen estaba en el Antiguo Régimen. (Fue derogada el 25 de mayo de 1864 por la Ley Ollivier, que abolía el delito de asociación).

1792-1815 Guerras de coalición: las monarquías europeas se coaligan contra Francia en siete guerras.

1799 y 1800 *Combination Acts* muy inspiradas en la Ley Le Chapelier. (Derogadas por el Parlamento inglés en 1824).

1802 y 1819 Primera de las *Factory Acts* que fueron promulgadas en Gran Bretaña hasta 1961. Las dos primeras se referían a los aprendices y a la industria textil algodonera, y regulaban el tiempo y las condiciones de trabajo de niños y mujeres.

1806 Fin del SIRG al desligar Francisco II a los alemanes del juramento de fidelidad al emperador.

1807 Abolición de la esclavitud en el Reino Unido y de la servidumbre en Prusia.

1808 En Estados Unidos, prohibición de la importación de esclavos.

1815-1846 *Corn Laws*. Imposición de aranceles a la importación de grano en el Reino Unido para proteger los intereses de los cerealistas británicos, como resultado del abaratamiento del grano tras las guerras de coalición. Los precios del pan crecieron, lo que provocó disturbios que fueron sangrientamente reprimidos, como la Masacre de Peterloo (1819).

1815 Comienza la oposición pueblo-burguesía.

1816 El «año sin verano». Debido a una serie de erupciones volcánicas ocurridas en 1815, se produjo un empeoramiento de la fase de bajas temperaturas de la Pequeña Edad del Hielo, lo que ocasionó la pérdida generalizada de cosechas en lugares tan diversos como China, Europa y Estados Unidos, y dio lugar a hambrunas que a su vez provocaron saqueos de almacenes de grano y disturbios. En Suiza se declaró el estado de emergencia nacional.

1817 Fundación de la Bolsa de Nueva York en Wall Street.

1818 Mary Shelley, *Frankenstein o el moderno Prometeo*.

1819 Pierre-Simon Ballanche utiliza el concepto *civilización* como particularidad, lo que da nacimiento al nacionalismo como concepto político y, como reacción, al imperialismo.

— Arthur Schopenhauer, *El mundo como voluntad y representación*. El hombre se guía por el principio del egoísmo.

1820 Proceso revolucionario de base liberal y nacionalista centrado fundamentalmente en el sur de Europa: España, Portugal, Italia, Grecia. Surgió como reacción a la restauración monárquica instaurada por el Congreso de Viena en 1815. También se produje-

ron protestas en los territorios de la actual Alemania (reivindicaciones nacionalistas) y del Reino Unido.
— En el Reino Unido, botadura del primer buque con casco metálico.

1823 En Estados Unidos se sientan las bases que pretenden frenar la expansión europea al sur del río Grande, una vez que en esta zona se completa la independencia de España (Doctrina Monroe).

1824 En el Reino Unido se autorizan los sindicatos.

1825 En el Reino Unido se deroga la *Bubble Act* de 1720.
— En el Reino Unido, primera línea de ferrocarril entre Stockton y Darlington.

1830 Proceso revolucionario de base nacionalista y burguesa, circunscrito a Europa, que comienza en Francia como consecuencia de una crisis agraria y de las medidas adoptadas por Carlos X, que restringieron aún más la escasa vida política, y que se extiende a otros países: Italia, el territorio de la actual Alemania, donde adopta un carácter unificador, y Austria y Polonia, donde su carácter fue disgregador. En este proceso surge el movimiento obrero y comienzan las primeras reivindicaciones para que se extienda el derecho al voto. En Francia supuso que la burguesía impusiera como rey a Luis Felipe (miembro de una rama colateral de los Borbones y cuyo padre había participado en la revolución de 1789).
— Auguste Comte, *Curso de filosofía positiva* (obra que completó en 1842). Cada una de las ramas del saber pasa por tres estadios: el teológico o ficticio, en el que la explicación de los acontecimientos se lleva a cabo de forma simple, apelando a dioses; el metafísico o abstracto, donde la explicación se realiza a base de categorías abstractas; y el científico o positivo, en el que la explicación se aborda con racionalidad positiva y en el que los hombres buscan las leyes efectivas que rigen los fenómenos.
— Primera línea interurbana de ferrocarril entre Manchester y Liverpool.

1832 En el Reino Unido se aprueba la *Representation of the People Act*, la primera de una serie de leyes de reforma electoral promulgadas a lo largo del siglo XIX; esta primera afectó a Inglaterra y Gales. Supuso la redistribución de los escaños parlamentarios a fin de ir dando mayor representatividad a aquellos condados con más población y rebajándola a los condados con menos habitantes. Se duplicó el cuerpo electoral, que pasó de 420.000 a 800.000 electores, gracias a que se concedió derecho al voto a los propietarios de inmuebles con una renta mayor de diez libras anuales, es decir, al burgués medio-alto, por lo que la burguesía incrementó su presencia en el Parlamento.

1833-1838 Abolición efectiva de la esclavitud en el Reino Unido.

1834 En Estados Unidos comienza a operar la primera cosechadora mecánica.

— En el Reino Unido son derogadas, en la práctica, las *Poor Laws*; en ello influyó el incremento de los costes provocados por las demandas de los soldados licenciados tras las guerras napoleónicas.

1838-1848 En el Reino Unido, movimiento cartista: programa de reformas de la Asociación de Trabajadores de Londres que promovía mejoras sociales y electorales.

1840-1847 En el Reino Unido se forma una burbuja especulativa alrededor del ferrocarril debido a los intentos de favorecer su expansión por encima de toda lógica.

1844 En Estados Unidos comienza a operar la primera línea telegráfica del mundo, la que une Washington y Baltimore.

1845 En Estados Unidos, aparición del movimiento de los *Know-Nothing*, embrión del nacionalismo WASP (blancos-anglosajones-protestantes) en contra de todo lo que no sean los valores anteriores al inicio de la inmigración irlandesa.

1846 En Reino Unido, derogación de las *Corn Laws*.

1847 (17 de octubre) En el Reino Unido estalla la burbuja del ferrocarril, lo que provoca la ruina para muchos inversores y la quiebra de bancos.

1848 Proceso revolucionario que se dio en toda Europa y que supuso el fin de la estructura monárquica tal y como había sido restaurada en el Congreso de Viena, debido a que había quedado superada por las inquietudes culturales y sociales que trajo consigo la Revolución Industrial. Este proceso, iniciado en Francia, se extendió al centro de Europa e Italia, y supuso las primeras muestras de organización del movimiento obrero. Hay que destacar la apertura en París de grandes almacenes de venta por parte de fabricantes que no podían exportar a causa de la crisis inglesa de 1847 y que arruinó a muchos pequeños comerciantes, lo que les indujo a unirse a la revolución.

— Karl Marx y Friedrich Engels publican en Londres *Manifiesto del Partido Comunista*.

— Seis periódicos neoyorquinos deciden crear la agencia Associated Press con el fin de compartir información y servicio telegráfico.

1849 Derogación de las *Navigation Acts* en la atmósfera de liberalismo propia de la Revolución Industrial y como consecuencia de la ventaja competitiva de la industria británica en aquel momento.

— Descubrimiento de oro en California.

1850 Tercer año de máximo frío de la Pequeña Edad del Hielo. (Los otros dos: 1650 y 1770).

1851 Descubrimiento de oro en Australia.

1853 Japón, obligado por una flota estadounidense, deroga la política de aislamiento vigente desde 1641 (*Sokoku*). En 1854 firma el

Tratado de Kanagawa, que abría dos puertos japoneses al comercio con Estados Unidos.

1859 Charles Darwin publica *El origen de las especies*.

— Primeras explotaciones petrolíferas en Estados Unidos.

1860 En Bélgica, producción de energía eléctrica.

1861-1865 Guerra civil en Estados Unidos.

1864 Primera Internacional Socialista.

1865 Abolición de la esclavitud en Estados Unidos.

— Acuerdo para el establecimiento de un único lenguaje telegráfico, lo que favorece el uso del telégrafo.

1866 Se tiende el primer cable submarino entre el Reino Unido y Estados Unidos.

1867 Karl Marx publica en Hamburgo el primer tomo de *El capital*.

1868 En el Reino Unido, reforma electoral. Con la ley de 1867 se introduce el *Household Suffrage* en los distritos urbanos (*boroughs*): concesión del derecho al voto a todos los varones que ocuparan una casa, cualquiera que fuese su valor, como propietarios o arrendatarios, con un año —como mínimo— de antigüedad. Los resultados de las primeras elecciones celebradas después de la reforma, en diciembre de 1868, dieron la victoria a los liberales.

1869 Concilio Vaticano I (cuatro sesiones no seguidas hasta 1870). Se establece la infalibilidad del Papa en asuntos doctrinales.

— Apertura del canal de Suez.

1870-1871 Guerra franco-prusiana.

1871 Comuna de París. Movimiento revolucionario de base popular y obrera que gobernó la ciudad de París desde el 18 de marzo hasta el 28 de mayo. El detonante fue la pobreza crónica de la población y la miseria generada por la guerra; constituyó la primera toma de poder efectivo en Europa por parte de la clase proletaria. La represión de los revolucionarios por parte del gobierno provisional republicano causó 30.000 muertos.

— En Estados Unidos se decreta, mediante una ley federal, la protección de los derechos civiles de la población afroamericana anteriormente esclava, pero en la práctica la ley fue rechazada por la ciudadanía blanca.

— Burbuja del ferrocarril en Estados Unidos: la revolución que supuso el ferrocarril desencadenó una oleada especulativa y su posterior hundimiento. Los inversores, ahogados por las deudas, contribuyeron a desatar la crisis de 1873.

— En el Reino Unido, concesión a los trabajadores del derecho de huelga.

— Formación del Imperio alemán.

— Se tiende un cable submarino entre Estados Unidos y Australia.

— En Estados Unidos, se fuerza a las tribus indígenas a establecerse en reservas.

1873 Descubrimiento de petróleo en el Cáucaso.
1873-1879 Crisis económica de tipo sistémico ocasionada por el agotamiento del modelo característico de la fase de acumulación originaria de capital propia de la primera fase del desarrollo del Sistema Capitalista. La crisis se manifestó en unas necesidades de financiación no cubiertas para la expansión del ferrocarril en Estados Unidos, el aumento de la competencia por el abaratamiento del transporte de todo tipo de bienes, y el incremento de la productividad debido al perfeccionamiento de tecnologías ya existentes y al desarrollo de otras nuevas. Esta crisis supuso el inicio de un nuevo modelo económico, propio de la Segunda Revolución Industrial basada en la electricidad.
1874 En Estados Unidos, mayoría demócrata en el Congreso, lo que propicia el acercamiento entre el Norte y el Sur y sienta las bases del inicio del despegue de Estados Unidos como potencia mundial. A ese acercamiento contribuyó el hecho de que los demócratas se comprometieran, para ganar el apoyo del Sur en las elecciones presidenciales de 1877, a retirar las tropas federales del Sur y a permitir que en toda la zona derrotada los demócratas blancos recuperaran el poder. Gracias a eso se aprobaron en el Sur las leyes Jim Crow, que imponían la segregación de la población afroamericana de la blanca en los lugares públicos. Posteriormente se fueron promulgando otras leyes que en la práctica impedían votar a la población afroamericana. (En el Norte la segregación se producía de facto al concentrarse los afroamericanos en guetos urbanos). (Véase 1964).
1875 En el Imperio alemán, creación del Reichsbank, el Banco Central, y abandono de la idea que impulsó en otros países el establecimiento de los primeros bancos centrales, ya que el Reichsbank orienta su función hacia la estabilización de sistemas bancarios frágiles y la gestión de los medios de pago; de cualquier manera también en este caso se sometía a los poderes fácticos.
1876 En el Imperio alemán, construcción del motor de explosión de cuatro tiempos. En Estados Unidos, invención del teléfono.
1879 En el Imperio alemán, construcción del tren y del tranvía eléctricos. En Estados Unidos, Thomas Edison inventa la bombilla de filamento incandescente y funda la compañía General Electric para su fabricación.
1880-1890 Imperio alemán: comienza a introducirse la seguridad social.
1880 En Estados Unidos, nace la industria eléctrica.
1882 — En Francia, conducción de la electricidad a gran distancia.
— En Estados Unidos, creación del primer trust: la Standard Oil Trust.
1884 Conferencia de Berlín en la que las grades potencias europeas se reparten África.
1886 Sucesos de Chicago y revuelta de Haymarket para reclamar la

jornada de ocho horas. Cinco trabajadores fueron ejecutados tras los altercados.
— En Estados Unidos, varias asociaciones patronales comienzan a aplicar la jornada de ocho horas.

1889 El Convenio de Berna establece el concepto de *propiedad intelectual.*

1890 En Estados Unidos se promulga la *Sherman Antitrust Act*, para evitar la creación de monopolios.
— Masacre de Wounded Knee (Dakota del Sur), ocasionada por el ejército estadounidense en su último enfrentamiento con una tribu nativa: los Sioux Lakota.

1892 En el Imperio alemán, invención del automóvil con motor de gasolina.

1895 Comienza la expansión de Estados Unidos en Latinoamérica.
— Invención del cinematógrafo.

1896 Descubrimiento de oro en el Yukón.
— Theodore Herzel publica *El Estado Judío.*

1897 En el Imperio alemán, construcción del motor diésel.

1900 En Estados Unidos, primer vuelo de un aeroplano de motor.

1902 En el Reino Unido, tractor para usos agrícolas.

1907 Pánico financiero que afectó sobre todo a Estados Unidos.
— Inicio en Estados Unidos del darwinismo social: sobrevive el más apto; los que sostienen esta teoría infieren que, por tanto, no debe haber intervención alguna en el tejido social. Esta idea tuvo justificaciones religiosas y sus principios fueron usados para intervenciones eugenésicas.

1908 Puesta en marcha de la cadena de montaje en las instalaciones de la Ford Motor Company. La idea de *cadena de montaje* fue desarrollada por Ransom E. Olds en 1901.

1909-1911 En el Reino Unido, introducción de las pensiones de jubilación para los mayores de setenta años residentes en el Reino Unido durante al menos veinte años que hubiesen trabajado toda su vida, y con ingresos anuales menores de 31 libras y 10 chelines (*Old Age Pensions Act*, 1909). Y, poco después, el seguro de enfermedad y desempleo, aplicable tan sólo a personas asalariadas (*National Insurance Act*, 1911).

1910 El presidente estadounidense Theodore Roosevelt pronuncia un discurso en el que introduce el concepto de *nuevo nacionalismo*: un capitalismo sometido a la supervisión del Estado y que tenga como objetivo cubrir las necesidades de la mayoría.

1911 En Estados Unidos comienza la aplicación intensiva del taylorismo: la organización de la producción por fases y tareas.

1912 Arthur Pigou publica *Riqueza y bienestar*, primer ensayo en el que se aborda la interrelación entre los conceptos de *renta*, *trabajo* y *desempleo*. Así comienza la línea teórica de la «Economía del Bienestar»; de hecho, la evolución de la obra de Pigou le condujo más adelante a publicar en 1920 una versión completa de su obra con el título de *Economía del bienestar*. Influyó profundamente en John Maynard Keynes.

1913 (23 de diciembre) En Estados Unidos, creación del *Federal Reserve System* con una estructura público-privada y con el objetivo de establecer la política monetaria; además, a fin de evitar una situación como el pánico de 1907, tuvo la función de ser prestamista de último recurso. Su filosofía era semejante a la del Reichsbank.

1914 Apertura del canal de Panamá.

1914-1918 Primera Guerra Mundial.

1917 Revolución rusa.

— La OIT aprueba la semana de 48 horas.

— En Estados Unidos, y a fin de facilitar la obtención de fondos para financiar la participación en la Primera Guerra Mundial, el Congreso cambia el sistema, vigente desde la independencia, para aprobar la emisión de deuda pública, de modo que cada una de dichas emisones debía ser aprobada mediante la fijación de un techo al endeudamiento.

1919 Promulgación de la *Volstead Act* o *National Prohibition Act*, la ley seca, por la que quedaba prohibida la fabricación, distribución y venta de bebidas alcohólicas en Estados Unidos.

— El Vaticano levanta a los católicos la prohibición de votar.

1924 Se pone a la venta el primer alimento congelado: el pescado.

1927-1928 Invención del cine sonoro. Sus años de gran consolidación fueron los de la década de 1930.

1929 Ortega y Gasset publica *La rebelión de las masas*: «Masa es todo aquel que no se valora a sí mismo —en bien o en mal— por razones especiales, sino que se siente "como todo el mundo", y, sin embargo, no se angustia, se siente a salvo al saberse idéntico a los demás».

— (24 de octubre) Crash bursátil en Estados Unidos e inicio de la Gran Depresión, otra crisis sistémica a la que se enfrentó el capitalismo. Se debió al agotamiento del modelo económico imperante debido a un exceso de oferta por la enorme capacidad productiva existente, a la vez que se producía un defecto de demanda por la reducida capacidad de consumo de la población. Entre 1929 y 1933 quebraron el 40 % de los bancos estadounidenses.

— En el Reino Unido, primera emisión de televisión.

1930 (17 de junio) En Estados Unidos, promulgación de la *Smoot-Hawley Tariff Act*. Supuso la imposición de derechos arancelarios a 20.000 bienes, lo que contribuyó a una caída del 50 % en el comercio internacional.

1931 Abandono del patrón oro.

1932 El presidente Franklin D. Roosevelt enuncia por vez primera en Chicago el concepto *New Deal*.

1933-1938 En Estados Unidos, programa New Deal por el que el Estado pasó a desempeñar un decisivo papel en la economía.

1933 Estados Unidos, *Glass-Steagall Act*: separación de la banca en dos grupos. Por un lado, la banca comercial, con normas de control de capitales y autorizada para tener depósitos de clientes, pero que no puede desarrollar actividades de banca de inversión; y, por otro, la banca de inversión: sin ayudas públicas en caso de quiebra, pero sólo vigilada por el supervisor de la Bolsa. El objetivo fue acabar con la especulación que contribuyó al crash de 1929.

— (5 de diciembre) En Estados Unidos es abolida la ley seca.

1934 Suiza legaliza el secreto bancario y la opacidad de las cuentas que se abren en las entidades bancarias radicadas en el país.

1935 Estados Unidos: *National Labor Relations Act* (*Wagner Act*). Regula las relaciones laborales y los derechos de los trabajadores que no sean empleados públicos, excepto aquellos ocupados en la agricultura y los que no estén afectados por la *Railway Labor Act* de 1926. Detalla una serie de actuaciones prohibidas a los empleadores. Ha sido la legislación más importante en materia laboral jamás promulgada en Estados Unidos.

— Estados Unidos: se crea la seguridad social, que instituye las pensiones de jubilación.

1936 John Maynard Keynes publica *Teoría general del empleo, el interés y la moneda*. Establece que el desempleo de los factores productivos es consecuencia de un insuficiente nivel de demanda.

1937 Estados Unidos: interrupción de las inyecciones de fondos del New Deal, lo que genera el recrudecimiento de la Depresión.

— (2 de agosto) Con la aprobación de la *Marihuana Tax Act*, la marihuana pasa a ser ilegal en Estados Unidos.

— En el Reino Unido, invención del motor a reacción.

1938 En Suecia, acuerdos de Saltsjöbaden entre la burguesía y la clase obrera, con el Estado como garante. La burguesía acepta elevar el salario de los trabajadores, éstos renuncian a realizar huelgas masivas y permanentes, y ambos aceptan elevadas y progresivas tasas impositivas que el Estado redistribuirá mediante gasto social. Los acuerdos fueron la base del modelo social sueco vigente hasta los años ochenta.

1939 En Estados Unidos se pone en marcha el *Food Stamp Program*, una iniciativa para complementar los bajos ingresos de la población pobre con cupones canjeables por alimentos y bienes esenciales.

1939-1945 Segunda Guerra Mundial.

1941 Carta del Atlántico: conferencia entre Churchill y Roosevelt a bordo del crucero *USS Augusta* mientras navegaba por el Atlántico. Es el embrión de lo que posteriormente fue la ONU.

1942 En Estados Unidos se ponen en marcha el primer ordenador operativo y el primer reactor nuclear.

— En el Reino Unido, presentación del Informe Beveridge.
— Comienzan las reuniones entre Harry Dexter White y John Maynard Keynes (hasta 1944) para organizar el sistema monetario internacional de la posguerra.
— Estado Vaticano: Pío XII funda el Instituto para las Obras de Religión, conocido posteriormente como el Banco Vaticano.

1943 Conferencia de Teherán. Acuerdo provisional para crear la Organización de las Naciones Unidas.

1944 (Junio) La Conferencia Monetaria y Financiera de las Naciones Unidas (Bretton Woods) instaura un sistema monetario que favorece los intercambios contemplados por la realidad geopolítica existente en aquellos momentos.

1945 La Conferencia de Yalta delimita las zonas de influencia mundial de las potencias vencedoras en la guerra.
— Primera explosión nuclear.

3

EL MODELO DE DEMANDA

> El proceso de auge y descomposición de las empresas y las diferentes industrias es la característica determinante de la máquina capitalista.
>
> Joseph Alois Schumpeter (1883-1950), *Ciclos económicos* (1939).

En 1939 la Depresión era un fenómeno que se estaba viviendo de forma cotidiana debido a que sus efectos eran perceptibles en el día a día. De hecho, se tardó más de dos décadas en absorber completamente sus consecuencias.

La Depresión supuso un cambio de modelo económico y social, y aunque nadie en la época la calificó de sistémica, la crisis de los años treinta volvió a poner de manifiesto que tampoco en el capitalismo nada era eterno; al revés: que la creación, auge, descomposición y desaparición de unidades de producción era una de las características esenciales de su forma productiva y que tal dinámica constituye un ciclo en el que se produce la sustitución de unas entidades, unos procesos industriales y unos bienes por otros. Idea que el mismo Schumpeter resume, tres años después, en el concepto de *destrucción creativa* en otra de sus obras: *Capitalismo, socialismo y democracia*.

> No resulta posible diseñar un programa de seguridad social satisfactorio [sin] los siguientes supuestos: A. Un servicio nacional sanitario para la prevención y el tratamiento completo y que esté disponible para todos los miembros de la comunidad. B. Ayudas universales para todos los hijos hasta los catorce años, o hasta los dieciséis años si siguen estudiando a tiempo completo. C. Pleno uso de los poderes del Estado para mantener el empleo y para reducir el desempleo a uno de tipo estacional, cíclico y ocasional,

esto es, a un tipo de desempleo que sea adecuado para su tratamiento mediante prestaciones en dinero.

William Beveridge, «Report of the Inter-departamental Committee on Social Insurance and Allied Services» (1942).

Una gran parte de la población del mundo desarrollado no ha conocido más que una situación en la que la protección social es parte integrante de su vida cotidiana; incluso en muchas de las antaño denominadas «economías en vías de desarrollo» existen también ciertos soportes sociales, aunque limitados, financiados por el Estado; pero no siempre fue así.

Los antecedentes remotos del modelo de protección social actual son las *Poor Laws* inglesas, cuyo origen puede rastrearse hasta 1349, hasta la peste negra del siglo XIV; unas leyes que la libertad capitalista prácticamente eliminó en 1834 (*Poor Law Amendment Act*). El hecho de que unas leyes de atención —limitadísima, pero atención al fin y al cabo— pervivieran durante casi cinco siglos y bajo distintos monarcas y diferentes situaciones, sólo es explicable a la luz de la cierta paz social que, añadida al poder absoluto de las monarquías de aquellos tiempos, podía brindar la asistencia a desamparados y gentes sin posibilidad alguna de obtener recursos en un mundo de actividad económica muy limitada.

Con la Revolución Industrial y su necesidad de mano de obra superabundante y barata, con la prohibición legal del asociacionismo obrero, y con una justicia siempre a favor de la burguesía industrial y de los propietarios agrarios, el mantenimiento de las Leyes de Pobres con carácter general se hizo innecesario: al margen de cualquier otra consideración, se pensaba que «quienes quieran subsistir, que trabajen», llegándose incluso a construir motivos filosóficos para justificar la eliminación de tales ayudas. Y así se siguió durante casi cincuenta años: con una falta de protección social de la población prácticamente absoluta, de tal modo que la imposibilidad de trabajar llevaba al delito o la muerte.

A principios de la década de 1880 la situación política era bastante diferente, sobre todo en un Estado nuevo en el que la industrialización iba avanzando a galope, acompañada de una muy pujante ideología de base socialista que ejercía presión en las fábricas y lo intentaba también en el Parlamento. El canciller del Reich Otto von Bismarck comprendió que con la represión policial como único argumento era imposible acabar con las cada vez más intensas protestas de la creciente y empobrecida clase obrera. De tal modo que en 1883 instauró el antecedente remoto de las pensiones de jubilación: cotizaciones obligatorias para atender a personas mayores de 70 años que no pudieran trabajar (edad que se rebajó luego a 65) en un momento en que la esperanza media de vida no llegaba a los 45 años.

Muy diferente era la situación política y social en 1933, cuando Franklin D. Roosevelt gana las elecciones presidenciales en Estados Unidos y ofrece a los sindicatos poner en marcha un sistema de pensiones de jubilación a cambio de su apoyo para la implantación del New Deal, su programa de estímulos para la recuperación económica. Este sistema es el antecedente más próximo del actual sistema de pensiones de jubilación.

A pesar de la implantación de estos programas de ayuda, no existía un sistema coordinado de protección social hasta que en 1948 fueron aprobadas en el Reino Unido la *National Insurance Act*, la *National Assistance Act* y la *National Health Service Act*, que dieron lugar al que desde entonces es conocido como «*Welfare State*» (Estado de bienestar), caracterizado por el modelo de protección social, para cuya puesta en marcha fue esencial la publicación del «Informe Beveridge».

William Beveridge era un periodista que escribía sobre los problemas sociales cuando Winston Churchill, que entonces ocupaba el cargo de presidente del Board of Trade en el gobierno de Herbert Asquith, le incluyó en su equipo (1908); y desde ese puesto, Beveridge comenzó a asesorar y desarrollar programas sociales. En 1940, en plena Segunda Guerra Mundial, y ante una ideología socialista que todo indicaba que iba a convertirse en una fuerza dominante en la posguerra europea miserable, el gobierno británico encargó a Beveridge un informe que estudiara cómo establecer un programa estructurado que ofreciese protección social a la ciudadanía. Dos años después, Beveridge presentó su informe.

El informe detalla los puntos imprescindibles que un programa de protección social debe cumplir: cobertura sanitaria, subsidios para la infancia, fomento del empleo por parte del Estado y prestaciones por desempleo. En unos momentos de reconstrucción tras el fin de la guerra, con una Europa empobrecida por la Depresión y la contienda, lo que menos deseaba el capitalismo era una época de inestabilidad social. El capitalismo, en una atmósfera de crecimiento económico continuado, aceptó financiar con impuestos un modelo de protección social que generaba PIB y que contribuía al alejamiento de las ideas de extrema izquierda; la población aceptó olvidarse de la revolución social a cambio de obtener protección social —que ella contribuía a financiar— y de unas buenas condiciones de trabajo.

(Pero William Beveridge elaboró un segundo informe en 1944 del que casi nunca suele hablarse: «Full Employment in a Free Society». En él decía que un sistema completo de seguridad social tan sólo es posible

—posible: sostenible, financiable—, en una situación de pleno empleo del factor trabajo. Volveremos sobre ello).

> El problema con la televisión es que la gente debe sentarse y tener los ojos pegados a la pantalla; la familia media estadounidense no tiene tiempo para eso.
>
> Editorial de *The New York Times,* 1939. Citado por Peter Edidin en «Confundiendo a la Máquina Mágica: cómo se veía el futuro». *El País,* 22/9/2005.

En 1939 la televisión se encontraba en sus más incipientes comienzos. Tras las primeras emisiones de la BBC en 1927 y las de NBC y CBS en 1930, sólo durante los Juegos Olímpicos de Berlín (1936) se produjo una retransmisión en directo que únicamente captaban cierto número de receptores repartidos por lugares públicos de toda Alemania.

Aunque ahora pueda provocar sonrisas, el fragmento citado pone el acento en un hecho importante en esa época: al depender en gran medida la generación de PIB de la actividad del factor trabajo, y al tener las familias que realizar en sus hogares múltiples tareas por no poder pagar para que las hicieran otros, el ocio entendido como *no hacer nada* carecía de sentido. (La revista *Popular Mechanics* comenzó a publicarse en 1902 y la edición en español para Latinoamérica salió a partir de 1947).

En 1939 la familia media estadounidense no tenía tiempo para no hacer nada, de ahí que tampoco lo tuviera para estar sentada frente a un receptor de televisión. De hecho, la economía del ocio llegaría bastante después.

> No creo que haya mercado en todo el mundo para más de cinco ordenadores.
>
> Thomas Watson, presidente de IBM, en 1943.

Esta afirmación, que hoy podría parecer una aberración, debe situarse en su contexto: en plena Segunda Guerra Mundial. La informática, la ciencia de la computación, en los años cuarenta era un coto cerrado al uso militar, de ahí la afirmación de Mr. Watson: no más de tres o cuatro potencias necesitaban ordenadores en aquellos años.

Lo que sucedió con la informática y los ordenadores es un buen ejemplo de cómo puede evolucionar algo que ha nacido para cumplir una finalidad, hasta que luego es reorientado hacia otra. El ordenador nació como una aplicación únicamente militar, pero más adelante se introdujo de forma progresiva en la industria civil, sobre todo en los años cincuenta y sesenta, hasta que la propia IBM comenzó su popularización en 1984 cuando presentó el primer ordenador personal. Estaba equipado con un procesador de 6 MHz de velocidad, una memoria RAM de 512 KB y un disco duro de 20 MB. Y se vendía a un precio de 5.795 dólares, equivalentes, en relación con la inflación desestacionalizada, a más de 13.000 dólares del 2014.

> Nuestra política no está dirigida contra ningún país o doctrina, sino contra el hambre, la pobreza, la desesperación y el caos. [...] No sería adecuado ni eficaz para este gobierno poner en marcha unilateralmente un programa diseñado para poner a Europa económicamente a sus pies.
>
> George C. Marshall, secretario de Estado de Estados Unidos, al anunciar el plan para la reconstrucción de Europa tras la Segunda Guerra Mundial en la Universidad de Harvard el 5 de junio de 1947. Citado por Luis Prados en «Las cuentas de Irak no salen». *El País*, 3/10/2003.

Estados Unidos fue el único y verdadero vencedor de la Segunda Guerra Mundial: pudo poner a máxima velocidad de trabajo las capacidades productivas que la Depresión había dejado ociosas, proporcionó ocupación a los excedentes laborales que no tenían empleo, y su economía pudo crear nuevas capacidades productivas desde la entrada del país en la guerra en diciembre de 1941.

Para Estados Unidos la contienda mundial fue un negocio —su PIB aumentó durante la guerra— y, además, supuso la anulación definitiva de un competidor molesto que ya había quedado muy tocado tras la Gran Guerra: Europa. El problema radicaba en el estado en que se encontraba la Europa continental tras la contienda: empobrecida, con decenas de millones de muertos, con cincuenta millones de desplazados, y destruidas o deterioradas gran parte de sus infraestructuras. Un caldo de cultivo ideal para que la población, sometida a una tremenda miseria, se decantase por las ideas socialistas, y no sólo en Alemania.

Dicho de otro modo: Estados Unidos tenía que evitar que Europa se hundiera en un caos económico y social que podía provocar un masivo giro político hacia la izquierda. Al mismo tiempo, debía propiciar la recuperación de una industria cuya clase dirigente y cuyas posibilidades productivas seguían estando ahí. Esta industria tenía que ser, además, destino de la inversión estadounidense. En este marco se encuadra el Plan Marshall.

Estructurado como una mezcla de inyecciones monetarias y transferencias de materiales, bienes de equipo y materias primas, fue vendido como una inestimable ayuda del pueblo estadounidense al europeo. Dieciséis países recibieron transferencias entre 1948 y 1951, aunque la República Federal de Alemania y el Reino Unido fueron los más beneficiados. España, debido a que tenía un gobierno no democrático, sólo recibió ayuda humanitaria y de forma colateral, a pesar de que el general Franco y su régimen eran unos aliados muy baratos contra *el comunismo*.

El plan ayudó a Europa en lo económico y facilitó a Estados Unidos su expansión mundial, la de su potencia militar y la de su moneda convertida en icono tras los acuerdos de Bretton Woods, lo que se completó con medidas políticas en Europa tendentes a apartar al socialismo de los gobiernos: fundación de la Democracia Cristiana en Italia en 1942; creación de una moderada y débil Cuarta República en Francia tras la liberación; e instauración de un gobierno democristiano en Alemania en 1949, con Konrad Adenauer como canciller.

> [...] desde los trece años (desde 1945) yo había trabajado en un taller, donde había treinta operarios, y yo sabía cuáles eran sus aspiraciones: comprarse un reloj, una gabardina, un coche. Aquel romanticismo de la izquierda que veía el cambio al doblar la calle no se correspondía con la realidad.
>
> Juan Marsé, autor de *Últimas tardes con Teresa* (1966). Entrevista de Juan Cruz en *El País*, 4/12/2005.

En lo puramente económico la posguerra española terminó a finales de los años cincuenta: en 1956 España recuperó el PIB de 1936, pero en lo social la brecha entre *ricos* y *pobres* se alargó hasta bien entrados los años sesenta, debido a la inexistencia de una clase media adecuadamente estructurada.

En lo político España estaba sumida en un régimen dictatorial, mientras que la resistencia antifranqista era, a nivel operativo, testimonial, debido a la constante represión contra todo asociacionismo obrero que se apartase del oficial sindicato vertical. Paralelamente, unos cuantos intelectuales —bastantes de los cuales se hallaban alejados de la realidad de la calle— alimentaban el deseo de un cambio político, pero éste tardaría aún casi dos décadas en llegar.

La frase del autor de *Últimas tardes con Teresa*, e incluso la historia que cuenta esa misma novela, reflejan ambas realidades: la pobreza y las carencias de la inmensa mayoría de la población cuyos sueños eran acercarse a la vida que llevaba la inalcanzable clase alta, y la inexistencia de una conciencia de clase, que imposibilitaba cualquier intento de forzar un cambio político.

> La introducción de las máquinas automáticas y los ordenadores electrónicos se traducirá en una redistribución y en una actualización de los niveles de cualificación requeridos por la clase trabajadora. [...] La perspectiva de cambios laborales puede verse favorecida, en parte, por la cooperación entre empresas y centrales sindicales y por las directivas de aquéllas, planificando la forma de introducir las diferentes formas de automatización en periodos de alto empleo, permitiendo la coexistencia de ambas formas, antes de iniciar el proceso de reducción del tamaño de la clase trabajadora y permitir, así, disponer de tiempo suficiente para formar a los trabajadores.
>
> Documento elaborado por el Congress of Industrial Organizations (CIO) en 1955 con el título «Automatización». Citado por Jeremy Rifkin en *El fin del trabajo*, op. cit.

Uno de los principios fundamentales en el que se basaba el modelo keynesiano era el pleno empleo del factor trabajo. Este, en cuya base se sustentó la generalización de la clase media, tenía múltiples ventajas económicas, sociales y políticas. Pero, al mismo tiempo, suponía una forma de cohesión demográfica. En un momento en el que ir-a-más era el objetivo, el pleno empleo sólo suponía ventajas.

En cualquier caso, enseguida se vio que la paulatina automatización de procesos que comportaba el desarrollo tecnológico podía provocar tensiones en la clase trabajadora, razón por la cual era preciso que se fuese planificando el desempleo temporal que se generaría en los procesos de automatización.

La introducción de tecnología capaz de sustituir factor trabajo debía ser pactada con los agentes sociales, y tenía que llevarse a cabo en momentos de auge en el empleo; además, era menester introducir procesos formativos para fomentar la adaptación de la población activa que resultaría desplazada de sus puestos de trabajo por esa misma tecnología.

El texto citado se publicó en 1955. Ya entonces era obvio que la automatización suponía reducción de costes, pero el Modelo de Demanda buscaba el mínimo desempleo de la menor cantidad posible de trabajadores durante el menor tiempo posible, porque cuanto mayor fuese el número de personas activas, mayor sería también, desde el punto de vista de la demanda, el PIB y, obviamente, mayor sería asimismo desde el de la oferta.

> El movimiento obrero debe concentrar sus poderosas fuerzas en llevar la emancipación económica al blanco y al negro, organizándolos juntos en una igualdad social.
>
> Martin Luther King, 1958. Citado por Louis Uchitelle en «Para los sindicalistas negros, el sueño del éxito se desvanece». *The New York Times*, reproducido por *El País*, 10/11/2005.

Poco tienen en común estas palabras de Luther King con los discursos revolucionarios de los líderes del perseguido movimiento obrero a comienzos de la Revolución Industrial. Éstos pretendían lograr el triunfo en la lucha de clases de los proletarios oprimidos sobre la opresora burguesía capitalista; Luther King pensaba en conseguir la igualdad en un entorno de desigualdad racial.

Aquel primer movimiento obrero luchaba contra la miseria y la alienación, y ni siquiera se planteaba los derechos políticos de los trabajadores; el movimiento liderado por Luther King se dio en un país, Estados Unidos, que se encontraba en fase de expansión, y que estaba estructurado en un sistema democrático en el que aún había que luchar por los derechos civiles de una raza oprimida.

Pero Luther King acertaba al meter en el mismo saco la desigualdad social de los trabajadores blancos y afroamericanos: ambos sufrían carencias sociales a causa de la desigualdad ya que, en el fondo, la falta de derechos civiles no es más que una forma de opresión económica.

> Nadie más que el gobierno revolucionario, que planifica el desarrollo industrial del país de una punta a la otra, tiene derecho a fijar las características y la cantidad de los técnicos que necesitará en un futuro para llenar las necesidades de esa nación.
>
> Ernesto *Che* Guevara durante su presidencia del Banco Nacional de Cuba (1960-1965). Citado por Carlos Rodríguez Braun en «El Che Guevara, economista». *Expansión*, 22/10/2001.

Lo que se instauró en Cuba el 1 de enero de 1959 pretendía lograr una Cuba verdaderamente independiente de toda influencia exterior; una pretensión inspirada por el profundo nacionalismo cubano de José Martí, con el que Fidel Castro revistió la revolución. Pero ese ideal había que llevarlo a la práctica.

Al principio la revolución cubana no sentó mal a Estados Unidos, ya que el gobierno de Fulgencio Batista se hallaba completamente desprestigiado. Pero el 29 de junio de 1960 Cuba confiscó las refinerías de las compañías Texaco, Shell y Esso, al negarse sus directivos a procesar petróleo soviético, a lo que Estados Unidos respondió el 6 de julio con la reducción de la cuota de importación de azúcar cubano.

El 6 de agosto Cuba nacionalizó las refinerías de petróleo, las centrales azucareras y las compañías eléctricas y telefónicas estadounidenses. Esta vez Estados Unidos respondió, el 3 de enero de 1961, con la ruptura de sus relaciones diplomáticas con Cuba y dando comienzo al embargo. A su vez, la respuesta cubana fue la ocupación de empresas estadounidenses en la isla y la ruptura de relaciones diplomáticas.

El 16 de abril de 1961 se produjo la invasión de Playa Girón por parte de disidentes cubanos apoyados por Estados Unidos, y la proclamación por parte de Fidel Castro del carácter socialista de la revolución cubana.

Ésta, en sus orígenes, fue nacionalista y antiimperialista. Una semana después de la entrada en La Habana, Fidel Castro anunció el establecimiento de un amplio programa de reformas sociales y la puesta en marcha de la reforma agraria, que suponía la puesta en práctica de expropiaciones. Pero Castro tardó más de dos años en calificar de socialista a la revolución. Las palabras del Che se encuadran en un marco de necesidad: se manifiesta en contra de que sea el mercado quien asigne los recursos, y plantea que sean los miembros de un gobierno nacido de una revolución, y en un entorno de escasez, quienes lo hagan.

> Si la generación de nuestros hijos cae en el revisionismo de modo que sean socialistas sólo de nombre y capitalistas de hecho, entonces nuestros nietos se alzarán inexorablemente en revolución y derrocarán a sus padres, porque [de lo contrario] las masas no se sentirán satisfechas.
>
> Mao Zedong en 1962, en una intervención ante el Comité Central del PCCh. Citado por Philip Sort en «El legado del "emperador" Mao». *El País*, 27/4/2003.

En mayo de 1950 finalizó la guerra civil en China con el triunfo del Partido Comunista liderado por Mao. El panorama económico chino en ese momento era desolador: una economía totalmente agraria y con una nula base de capital, destruida por más de veinte años de guerra civil y de lucha contra la invasión japonesa. En esas circunstancias, la opción adoptada por China fue solicitar ayuda a la URSS para la puesta en marcha de unos procesos industriales de los que carecía.

A mediados de los años cincuenta Mao percibió, por un lado, una creciente dependencia de China hacia la URSS; y, por otro, un acercamiento soviético a Estados Unidos, por el cual Moscú trataba de conseguir acuerdos que redujesen sus exigencias de inversiones en armamento, para poder dedicar más recursos al crecimiento económico. El hecho fue que China decidió continuar su camino al margen de la URSS, y Mao declaró el inicio del Gran Salto Adelante.

El plan fracasó, en parte por la mala definición de sus objetivos, en parte por una serie de desastres naturales y climáticos que desembocaron en terribles hambrunas y en un retroceso de la producción industrial china.

El prestigio y la credibilidad de Mao quedaron muy tocados por el fracaso de la campaña del Gran Salto Adelante, lo que le supuso perder influencia entre los cuadros dirigentes, casi todos provenientes de la época de la guerra civil. Por ello Mao diseñó una nueva estrategia dirigida a recuperar el espíritu de la revolución y a regenerar el país: denunció el desviacionismo y revisionismo de los dirigentes, y se atrajo las simpatías y el fervor de unos jóvenes descontentos con la creciente corrupción. De Gran Revolución Cultural Proletaria fue calificado el movimiento que recorrió gran parte de China entre 1966 y 1969, aunque sus secuelas no finalizaron hasta el fallecimiento de Mao en 1976.

Estas palabras, pronunciadas cuatro años antes de que comenzase la Revolución Cultural, ponen de manifiesto el pensamiento de Mao al advertir sobre los peligros y las consecuencias de abandonar los antiguos principios y evolucionar hacia otros, contra los que efectivamente se luchó.

> El castrismo se expandirá como una plaga en toda América Latina a menos que se haga algo con los precios de las materias primas que se producen allí.
>
> Hubert Humphrey, senador de Estados Unidos, en una alocución en el Congreso estadounidense en 1962, durante la crisis de los misiles de Cuba. Citado por Roberto Ramírez, redactor de la revista argentina *So-*

cialismo o Barbarie, en su ponencia «Una crítica al libro de Robert Brenner *El boom y la burbuja* y su visión de la crisis del capitalismo mundial», presentada en el III Coloquio de Economistas Políticos de América Latina, convocado bajo el lema «El Sur también existe» y celebrado en la Facultad de Ciencias Económicas de la Universidad de Buenos Aires entre el 16 y el 18 de octubre de 2003.

Las leyes del capitalismo, invisibles para el común de las gentes y ciegas, actúan sobre el individuo sin que éste se percate [...]; el mercado es una carrera de lobos: solamente se puede llegar sobre el fracaso de otros.

Ernesto *Che* Guevara, *El socialismo y el hombre en Cuba* (1965). Disponible en http://www.marxists.org/espanol/guevara/65-socyh.htm.

La Segunda Guerra Mundial supuso el principio del fin del colonialismo clásico: el de los *casacas rojas*, y, en el caso de Estados Unidos, el declive de la *Big Stick policy* de los tiempos de Theodore Roosevelt. A partir de entonces se fue instaurando el neocolonialismo, que se basó en instrumentos más sutiles, por ejemplo, el control financiero de la economía de todos esos países.

Estados Unidos llevaba explotando los recursos minerales y agrícolas de Latinoamérica desde finales del siglo XIX, a partir del apoyo que ofreció, mediante su fuerza militar, a diversos gobiernos manejados desde Washington, y que servían para proteger los intereses de las multinacionales estadounidenses, y para garantizar la paz en esos países, cosa que se conseguía al poner freno a las improvisadas protestas que los empobrecidos trabajadores de las empresas pudieran organizar.

Pero la revolución cubana supuso un radical cambio de óptica en la zona debido a que, a partir del momento en que se produjo, se vio que existía la posibilidad de que la ideología revolucionaria sirviese para organizar las protestas espontáneas de los campesinos.

Frases como la del Che daban un sentido a la explotación que aquellas gentes estaban sufriendo: el capitalismo explota porque sólo se pueden beneficiar unos pocos, poquísimos, a partir del fracaso de muchos, y el capitalismo logra eso de forma invisible: inyectando necesidades que generan insatisfacción y que derivan en más explotación, a fin de poder cubrir tales necesidades.

Razonamientos de este tipo son la esencia de los movimientos anticolonialistas, que buscaban bien la independencia real, bien la económica y social; de ahí el razonamiento del senador Humphrey: es preferible pagar un poco más por los recursos que Estados Unidos se lleva de Latinoamérica y, de este modo, lograr que mejoren algo las condiciones de vida de la población. De lo contrario, se corre el riesgo de que se produzca una revolución con tintes castristas.

El peligro que denunció el senador no se produjo. El Che, convencido de que el camino era extender la revolución por América Latina, África y Asia, se tornó muy crítico con los dirigentes cubanos, que indirectamente apoyaban la política de coexistencia pacífica de la URSS, y con los partidos comunistas de Latinoamérica, que no compartían su visión de la lucha armada. A finales de 1964 renunció a todos sus cargos en el gobierno cubano y se dirigió al Congo y, después, a Bolivia, donde fue ejecutado de forma clandestina tras caer prisionero del ejército boliviano, que actuaba asesorado por agentes estadounidenses. En ningún otro país latinoamericano se produjo una revolución semejante a la cubana.

> Los pueblos ya no piden ideólogos, sino expertos.
>
> Gonzalo Fernández de la Mora, *El crepúsculo de las ideologías*. Rialp, 1965.

A finales de la década de los años cincuenta, España se encontraba sumida en una absoluta parálisis económica. La falta de materias primas, la política autárquica impuesta por el franquismo, la inexistencia de financiación internacional, la marginación a la que los países occidentales sometieron a España por su apoyo al Eje en la Segunda Guerra Mundial, la ineficiente política económica aplicada, el irreal cambio peseta/dólar, y las carencias a las que la población española se veía forzada por una política dictatorial y represiva habían desembocado en una situación insostenible.

Llegados a ese punto, y con la guerra fría en su momento álgido, Estados Unidos entendió que España era una pieza importante en su política de convertir a Europa en un escudo defensivo estadounidense. A partir de 1953 comenzó un acercamiento a España que culminó con la instalación de bases militares estadounidenses en territorio español, y con la visita del presidente Eisenhower en 1959, año en que el gobierno de Franco dio un giro económico mediante la puesta en marcha del Plan de Estabilización, que pretendía sanear las obsoletas estructuras organizativas españolas. Ese Plan de Estabilización preparó el camino, a partir de 1964, para los llamados Planes de Desarrollo, en cuyo diseño tuvieron gran protagonismo técnicos afiliados al Opus Dei, varios de los cuales ocuparon cargos ministeriales.

Fernández de la Mora, aunque colaboró con Laureano López Rodó, no era miembro del Opus Dei ni tampoco economista. De pensamiento profundamente conservador, y partidario de implantar una monarquía de viejo cuño, pensaba (incluso bastante después de publicar su libro) que no era preciso un cambio político tal y como se estaba entonces planteando: «España no necesita constitución porque es un Estado perfectamente constituido», dijo en 1978. Según él, la eficiencia y no la política debía ser el método para conseguir elevar el nivel de renta, que era lo que, en definitiva, el pueblo demandaba, y que ninguna ideología podía conseguir.

> Si doy comida a los pobres, ellos [el establishment brasileño] me llaman santo. Si pregunto por qué los pobres no tienen comida, me llaman comunista.
>
> Monseñor Hélder Câmara, arzobispo de Recife (Brasil), durante el periodo de dictadura militar. *El País*, 29/8/1999.

Las dictaduras imperantes en Latinoamérica tras la Segunda Guerra Mundial deben ser interpretadas en el escenario de la guerra fría. A instancias de Estados Unidos se creó la Organización de Estados Americanos en 1948 con el claro objetivo de evitar cualquier desviación que en los países latinoamericanos pudiera producirse en contra de los intereses estadounidenses en la zona, una preocupación que se acrecentó exponencialmente tras el triunfo de la revolución cubana en 1959.

Brasil no fue ajeno al baile de golpes de Estado y dictaduras militares que se instauraron en la región. Entre 1946 y 1964 se sucedieron en este país varias presidencias democráticas, hasta que en un periodo de oposición política muy fuerte contra el presidente João Goulart se produjo un golpe militar y la instauración de un largo periodo dictatorial (1964-1985), acompañado de un significativo crecimiento económico.

Las palabras del arzobispo, figura destacada de la Teología de la Liberación, hay que encuadrarlas en esa atmósfera de guerra fría y en un entorno, el brasileño, en el que la distribución de la renta llevaba décadas anquilosada, y donde el nivel de pobreza alcanzaba cotas inimaginables debido a la concentración de la renta y de la propiedad en muy pocas manos.

En aquel ambiente, alguien que alentara a los pobres y contribuyera a la paz social era bienvenido y calificado de santo si ostentaba un cargo eclesiástico, pero suponía un peligro para el poder instituido si inquiría acerca de las causas de la pobreza. Una actitud crítica frente al poder, que podía provocar una inestabilidad social que sin duda incidiría negativamente en los intereses de la clase dominante y de Estados Unidos; una inestabilidad que sólo el comunismo tenía interés en avivar, ya que así socavaba la paz y la convivencia, según el punto de vista del establishment. (Hay que destacar que el término *comunista* se utilizaba como sinónimo de *oposición*, sin distinguir acepción posible o tendencia).

> Lo que se puede falsificar, se falsifica. Si los indígenas eran capaces de poner en marcha mecanismos de relojería (con caparazón de Rolex), no tendrían ningún problema en copiar banderas del Vietcong o carnets del partido. De hecho, muchos de ellos los producían para el Vietcong, lo cual ponía el asunto de la autenticidad bajo una luz nueva: si estaba hecho por las mismas manos, ¿acaso el equipo militar del enemigo iba a ser menos real si se lo encargábamos nosotros?
>
> Tobias Wolff, *In Pharaoh's Army* (1994). Citado por Félix de Azúa en «Fake». *El País,* 12/6/2006.

Alcanzado lo que se dio en llamar el «equilibrio del terror» desde el momento en el cual la URSS y la República Popular China tuvieron acceso al arma nuclear, los enfrentamientos calientes entre ambos bloques durante la guerra fría pasaron a dirimirse, en su práctica totalidad y durante más de dos décadas, en las diversas guerras en que acabaron derivando numerosos levantamientos de las poblaciones de las colonias contra sus metrópolis. La guerra de Indochina (1945-1954) contra Francia fue, posiblemente, una de las más significativas.

Como resultado de la Conferencia de Ginebra de 1954, Francia tuvo que irse de Indochina. Además, Vietnam, uno de los Estados formados a partir de la antigua colonia, quedó dividido entre un Norte socialista, auspiciado por el Bloque del Este, y un Sur que continuó siendo sostenido por Estados Unidos, país que ayudó militarmente a Francia durante la guerra.

Una de las cláusulas de la Conferencia de Ginebra indicaba que en 1958 debía realizarse un referéndum a fin de decidir si los dos Vietnams seguían separados o se reunificaban, pero esa consulta jamás llegó a realizarse: en 1955, el presidente de Vietnam del Sur, Ngo Dinh Diem, que gobernaba de forma dictatorial, dio un golpe de Estado, anuló el referéndum y reprimió duramente a la oposición. En 1960 empezó la lucha del Frente Nacional de Liberación de Vietnam, el Vietcong, contra el régimen sudvietnamita, y en 1965 comenzó la intervención directa de Estados Unidos en la guerra.

Los recuerdos, los souvenirs, siempre han sido algo que los viajeros y turistas han llevado de vuelta a su casa; también lo han hecho tradicionalmente los militares a su regreso de las campañas en el extranjero, sobre todo material del enemigo. El problema con la guerra de Vietnam es que había muy pocos pertrechos que llevarse como trofeos debido al escasísimo equipamiento de los guerrilleros del Vietcong.

Las modernas réplicas de objetos de marca tienen su origen en la guerra de Vietnam. La inmensa mayoría de los *recuerdos tomados al enemigo* que los soldados estadounidenses se llevaron de vuelta a casa fueron replicados o incluso inventados a partir de materiales más o menos originales elaborados en numerosas ocasiones por las mismas personas que habían manufacturado los originales. A partir de aquí, la réplica de todo tipo de objetos se fue convirtiendo en una industria.

> Pregunta: ¿Qué marginación sufrían?
> Respuesta: No podíamos hacer casi nada porque nos veían como personas de segunda categoría. No podíamos andar por la misma acera que los blancos. Si veías un blanco, inmediatamente tenías que cambiar de acera. Tampoco podíamos compartir los servicios públicos. Había baños para los blancos, muy limpios, y otros para los negros, muy sucios. No había igualdad en ningún sentido.
> Pregunta: ¿Era el deporte una evasión?
> Respuesta: Era la única forma de divertirse en el colegio: correr, jugar al béisbol... Y se convirtió en parte de mi vida. Yo no crecí, ni mucho menos, aspirando a ser un atleta olímpico. Más adelante lo utilicé, a partir de los quince años, para hacernos oír. Mis padres me dijeron: «Mientras ganes carreras, no tienes que trabajar los sábados». Era fantástico para mí. Empecé a ganar y me saltaba el trabajo. Claro que no teníamos dinero ni para zapatos. Nos los daban. Había una organización benéfica que nos daba ropa y zapatillas. No tenía ni chándal, sólo un pantalón corto y una camiseta.
>
> Tommie Smith, medalla de oro en los 200 metros en los Juegos Olímpicos de México de 1968 y primer atleta en bajar de los veinte segundos en esa distancia (19,83 segundos), un récord que estuvo vigente durante once años. Entrevista de Juan Morenilla en *El País,* 4/12/2008.

Cuando acabó la guerra civil en Estados Unidos, la población afroamericana dejó de ser esclava en términos jurídicos, pero no disponía de casi ningún derecho civil, lo que acrecentaba el círculo vicioso de pobreza-bajo nivel de formación-desempleo u ocupación de reducida capacidad profesional-rechazo social-pobreza, a lo que se unía la exclusión racial, sobre todo en el Sur —factor que realimentaba dicho círculo vicioso—, en los Estados de la antigua Confederación.

El año comúnmente aceptado como inicio de la lucha por los derechos civiles es 1955, cuando el adolescente Emmett Till fue asesinado, y sus asesinos absueltos; entonces se produjo el boicot, por parte de la población afroamericana, a los autobuses en la ciudad de Montgomery, Alabama.

Al margen de su récord mundial, el atleta Tommie Smith ha pasado a la historia por alzar la mano derecha enguantada en negro, símbolo del Black Power, mientras sonaba el himno estadounidense en la entrega de medallas de la prueba en la que obtuvo su marca en los Juegos Olímpicos. Su actitud fue secundada por su compañero John Carlos, bronce. El atleta australiano Peter Norman, plata, lució en el chándal, sobre el escudo del comité olímpico australiano, y al igual que sus compañeros de podio, una pegatina del OPHR, el Olympic Project for Human Rights. Los tres fueron expulsados de la villa olímpica y, posteriormente, represaliados en sus países.

> [...] en una operación a gran escala contra la población civil, las víctimas costarían unos 2.000 dólares por kilómetro cuadrado empleando armamento convencional, 800 dólares con armamento nuclear, 600 dólares con gases nerviosos y tan sólo 1 dólar con armas biológicas.
>
> Informe de Naciones Unidas (1969). Citado por Wendy Barnaby en *Fabricantes de epidemias*. Siglo XXI, 2002.

Posiblemente, el hecho más destacado de la Revolución Industrial fue la mejora de la eficiencia que comportó a todos los niveles. Una mejora de la eficiencia que obligó a que los propietarios del capital entrasen en una carrera continuada a fin de mejorar constantemente su eficiencia para ganar competitividad o, al menos, para no perderla.

Si la mejora de la eficiencia se produjo a todos los niveles, el armamento no fue ajeno a ello. Una mejora que, al final, ha de traducirse en el óptimo aprovechamiento de cada unidad monetaria empleada, y eficiencia que, en el caso de un armamento ofensivo contra una masa amplia de población, se traduce en el coste por unidad de superficie.

El autor de la cita aplicó una impecable lógica productivista para analizar las posibilidades que ofrecía el armamento entonces disponible a la hora de atacar a la población civil. El tipo de armamento que finalmente vaya a ser utilizado dependerá de decisiones políticas o militares; pero ésa será, finalmente, otra historia.

> El arte es el futuro. El fin del arte es lograr que lo habitual tenga apariencia de nuevo.
>
> Salvador Dalí, en 1969. Citado por Carlos Lozano en *Sexo, surrealismo, Dalí y yo*. RBA, 2000.

Producir bienes con una elevada relación calidad/precio, y hacerlo de forma eficiente, de poco sirve en una sociedad orientada al consumo si esos bienes no tienen demanda. Yendo más allá, lo ideal es anticiparse a esa demanda ofreciendo, en el momento óptimo, lo que la demanda va a consumir un instante después.

Dalí fue un artista genial, pero en igual medida fue un adelantado a su tiempo y un genio comercial. El pop art llevaba produciendo obras desde los años cincuenta y, sin embargo, fue en los sesenta cuando alcanzó su máxima representatividad. Dalí, una de las figuras del surrealismo, tendencia que fue una de las fuentes del pop art, aunó en esta cita la característica del pop art a la hora de utilizar objetos cotidianos y la combinó con lo que toda expresión artística debe ofrecer: la sorpresa, una sorpresa que se obtiene a través de la creatividad.

El arte, entonces, debe dar valor a lo cotidiano y convertirlo en algo valioso con la posibilidad de que se compre y se venda. Esta capacidad del arte fue adquiriendo una creciente importancia ya que, en el futuro, la apariencia llegaría a ser más valiosa que la realidad. En 1968 Dalí grabó un anuncio televisivo para la marca de chocolate Lanvin; y al año siguiente diseñó el logo de la marca de los caramelos Chupa Chups.

> Si los negocios no nos dan pleno empleo debemos asaltar los medios de producción y ponerlos en manos de la gente.
>
> Donald L. Cox, miembro de los Black Panther. Citado por David Alandete en «Donald L. Cox, líder militar de los Panteras Negras». *El País*, 21/3/2011.

La década de los sesenta fueron años en los que se establecieron vínculos entre cierto tipo de intelectualidad y ciertas posturas de izquierda. De algún modo ser *de izquierdas* era una manera de ser moderno, porque suponía la oposición a un orden inmutable diseñado por el establishment. En Europa estas actitudes fueron mucho más visibles que en Estados Unidos debido a la mayor permisividad de la sociedad europea.

Muchos de estos acercamientos entre la intelectualidad y la izquierda tuvieron una base burguesa: eran intelectuales porque eran adinerados o porque sus miembros se hallaban próximos al dinero y lo intelectual era prestigioso; y parte de la izquierda que participó en estos acercamientos obtuvo beneficios para su causa, a veces económicos, pero no sólo. En ocasiones este acercamiento fue una fase de oposición light a una situación política, como ocurrió con la llamada «Gauche Divine», nacida y desarrollada en Barcelona en los sesenta y parte de los setenta.

El Black Panther Party fue creado en 1966, en Oakland, California, como una organización de autodefensa de la población afroamericana. Su objetivo era, en una época de lucha por los derechos civiles, la concienciación de la población afroamericana del derecho constitucional a portar armas y a defenderse. También participaron sus miembros en movimientos sociales como la lucha contra las drogas y el suministro de desayuno a los niños. Muy influido por la filosofía de Malcom X, este movimiento fue declarado «enemigo público» por el FBI.

La frase fue pronunciada por el líder de los Black Panther en una *soirée* organizada por Leonard Bernstein el 14 de enero de 1970 en su apartamento del Upper East Side, con objeto de recaudar fondos para la defensa de veintiún Panteras Negras que habían sido acusados de intentar destruir con bombas edificios gubernamentales. El escritor Tom Wolfe recogió la noticia en un artículo publicado en junio en la revista *New York*, titulado «Radical Chic: La fiesta de Lenny», y que popularizó el término *Radical Chic*. Los Black Panther pueden darse por desaparecidos en la década de 1970.

> La fuente de prestigio ya no reside en la capacidad de hacer cosas, sino, sencillamente, en la capacidad de comprarlas.
>
> Harry Braverman, *Labor and Monopoly Capital* (1971). Citado por Jeremy Rifkin en *La era del acceso* [*The Age of Access. The New Culture of Hypercapitalism, Where All of Life Is a Paid-For Experience* (2000)].

A principios de los años setenta el Modelo de Demanda había alcanzado su máximo desarrollo. Se crecía porque se consumía, pero el consumo suponía más PIB y más ocupación en una atmósfera de pleno empleo del factor trabajo en la que los salarios aumentaban y el incremento de precios no era más que algo que se trasladaba y que era absorbible por aquel pujante modelo.

En ese entorno, la producción y la capacidad de producir pasaron a darse como algo obvio que se conseguía a base de aumentar los medios de producción: el alunizaje estadounidense en 1969 fue un acto de potencia económica bruta que no reparó en el gasto a fin de obtener una victoria en la guerra fría, pero había poco de prestigioso en ello. Lo que realmente distinguía a las personas era su capacidad de comprar lo que se fabricaba, máxime en una época en la que el endeudamiento privado era bastante limitado; en otras palabras, el auténtico poder residía en conseguir que la ciudadanía comprase. En la década de los ochenta esta concepción de las cosas alcanzó una significación mucho mayor.

> El pueblo antes que los beneficios.
>
> Eslogan que utilizó Gus Hall, uno de los fundadores del sindicato United Steelworkers of America y presidente durante más de cuarenta años del Partido Comunista de Estados Unidos, en su candidatura a la presidencia de este país en las elecciones de 1972, 1976, 1980 y 1984. En 1984 Angela Davis fue la candidata a la vicepresidencia. *El País*, 18/10/2000.

En Estados Unidos la vertiente ideológica del socialismo y del comunismo siempre tuvo una presencia muy marginal en la sociedad y entre la clase obrera. El carácter marcadamente individualista que caracterizó al emigrante procedente de Europa, y que se tradujo en el *espíritu del pionero*, no casaba con la cultura colectivista del movimiento obrero europeo, altamente politizado desde principios del siglo XX. De ahí que la principal reivindicación de los trabajadores estadounidenses fuera el más puro pragmatismo. Por ello la representación política socialista y comunista en Estados Unidos fue siempre muy marginal, y vinculada a temas de protesta: guerra de Vietnam o lucha contra el racismo.

Contrasta el eslogan utilizado por Gus Hall con la cultura de la sociedad blanca, anglosajona y protestante, es decir, la sociedad conservadora y rica estadounidense, que durante gran parte de su formación siempre antepuso los beneficios al pueblo.

> A lo largo de su desarrollo económico, la humanidad se ha visto obligada una y otra vez a cambiar los recursos en los que basaba su subsistencia, así como los métodos empleados para explotarlos. Lentamente se ha ido comprometiendo con técnicas cada vez más sofisticadas de procesamiento y producción, a medida que

> iba pasando de recursos más fácilmente explotables a otros que lo eran menos [...]. Visto en un contexto ecológico más amplio, el desarrollo económico consiste en el desarrollo de formas más intensivas de explotación del medio natural.
>
> Richard Wilkinson, *Poverty and Progress*. Praeger, 1973. Citado por Jeremy Rifkin en *La economía del hidrógeno*, op. cit.

Posiblemente sea la *adaptabilidad* uno de los elementos que más han caracterizado al ser humano en su devenir histórico; es un factor que ha llevado a la humanidad a utilizar nuevos recursos, con técnicas cada vez más eficaces y con una creciente eficiencia. Esa progresión permanente ha dado lugar al crecimiento económico y a la mejora de los estándares de vida.

Hasta épocas recientes, se trató sobre todo de una progresión extensiva, entre otras razones porque no se disponía de tecnologías que permitiesen la explotación en profundidad de las fuentes de recursos. Pero, crecientemente, se ha ido basando en «el desarrollo de formas más intensivas de explotación del medio natural». Ahora bien, del mismo modo que la disponibilidad de recursos no es infinita, y menos incluso la disponibilidad de recursos a un coste limitado, tampoco se conoce con exactitud el posible impacto de métodos cada vez más intensivos para la explotación del medio natural, caso del *shale gas*, que se obtiene por medio del fracking.

> [Es preciso] establecer un sistema internacional que no pueda verse afectado por los «chantajes» del Tercer Mundo.
>
> Zbigniew Brzezinski, jefe del Consejo Nacional de Seguridad durante la administración Carter. Ideólogo, impulsor y director de la Comisión Trilateral creada en 1973 a instancias de David Rockefeller, expresidente del Chase Manhattan Bank. Citado por Martín Lozano en *El Nuevo Orden Mundial*. Alba Longa, 1996.

1973 supuso el punto de inflexión del modelo económico implantado tras la Segunda Guerra Mundial, un modelo que sustituyó al que entró en crisis con el crash de 1929 y la posterior depresión. Tras la guerra, y debido al modelo que se implantó y que buscaba el crecimiento de todos los factores productivos a través del pleno empleo, el planeta entró en una fase de bienestar que propició un crecimiento de la mayoría de zonas mundiales. Se sustentaba en una energía muy barata y en un contexto dominado por la guerra fría en la que las economías subdesarrolladas tenían una cierta consideración debido a la ambivalencia política reinante y a su importancia como productoras de materias primas.

La crisis de la energía que tuvo lugar entre 1973 y 1979 propició un incremento espectacular en el precio del petróleo. Los productores y comercializadores de crudo obtuvieron beneficios espectaculares y ello posibilitó el drenaje y la reconducción de una excesiva oferta de dólares. Además, y sobre todo, fue la forma más sencilla de reorientar un modelo que no contemplaba como fin el control de la inflación, y desviarlo hacia derroteros no tan orientados hacia el bienestar popular y la reducción de las desigualdades, sino muy enfocado en el aumento de las ganancias del capital y la concentración de la renta. El trabajo empezó a perder importancia y lo fueron ganando la tecnología y la organización, es decir, la productividad en detrimento de la producción.

Si a partir de este periodo la oferta debía quedar exenta de trabas para poder desarrollar toda su potencialidad, las reclamaciones y los problemas que pudieran plantear los países subdesarrollados debían ser eliminados o, cuando menos, minimizados. Y así ha sido a partir de entonces.

> Los cambios registrados en los últimos doce meses sólo son comparables a las consecuencias de una guerra.
>
> Robert McNamara, presidente del Banco Internacional de Reconstrucción y Fomento del Banco Mundial, ante su Asamblea General. Washington, 30 de septiembre de 1974.

Esta frase muy bien podría ser el epitafio que figurase en la tumba del Modelo de Demanda. La inflación de costes que se desató tras el aumento en el precio de la energía, y que supuso el fin de numerosas empresas y la reorientación de políticas y actividades, escenificó unas condiciones económicas y sociales propias de un periodo de guerra, lo que se reflejó en los cambios que empezaron a producirse inmediatamente en el orden económico, político y social en todo el planeta.

> El descubrimiento biológico más importante de años recientes es que los procesos vitales están dirigidos por programas [...] [y que] la vida no es meramente una actividad programada, sino una actividad que se programa a sí misma.
>
> W. H. Thorpe, *The Frontiers of Biology* (1977). Citado por Jeremy Rifkin en *El siglo de la biotecnología*, op. cit.

Darwin explicó el desarrollo de la vida como una evolución en la que sobrevive el más apto para adaptarse a los cambios que se van produciendo, pero la interpretación que se expone en esta cita hace saltar por los aires la visión darwinista al plantear que, en el desarrollo de la vida, todo puede planificarse y modificarse a voluntad: todo consiste en entrar en los programas que rigen ese desarrollo de la vida.

La de Darwin era una interpretación productivista que se sustentaba en la adaptabilidad; la visión de Thorpe adopta la acción como método.

CRONOLOGÍA

1945	Estados Unidos: Fair Deal (hasta 1952). Programa de obras públicas con impacto social desarrollado por la administración Truman. — En el Reino Unido, creación de un parque público de vivienda social: Council Housing (viviendas municipales). — La Revolución indonesia inicia el periodo descolonizador. — Acuerdo entre Estados Unidos y Arabia Saudí que garantiza al país americano el suministro del petróleo de Arabia. — En Estados Unidos, inicio del *baby boom* (hasta 1960). — Creación de la Organización de Naciones Unidas, ONU, con el objetivo de fomentar el diálogo entre los países, aunque la capacidad decisoria última recae en el Consejo de Seguridad, dominado por los miembros permanentes, con derecho a veto.
1947-1989	Guerra fría.
1947	Creación en Suiza de la Sociedad Mont Pelerin, un think tank orientado al estudio de las posibilidades y la extensión del liberalismo. — Doctrina Truman: Estados Unidos siempre apoyará, mediante intervenciones, a los pueblos que se sientan oprimidos. — Creación del GATT, el Acuerdo General sobre Aranceles y Comercio, que pretende impulsar el comercio internacional. Estados Unidos se negó a que se integrase en la ONU.
1948-1951	Plan Marshall.
1948	(5 de julio) Con la promulgación en el Reino Unido de la *National Insurance Act*, la *National Assistance Act* y la *National Health Service Act* nace oficialmente el *Welfare State* o modelo de protección social. — El Reino Unido comienza su propio *baby boom*. — Primer ordenador con un programa almacenado. — Declaración Universal de Derechos Humanos.
1949	En Estados Unidos aparece el embrión de los Hedge Funds a partir de las investigaciones del sociólogo Alfred W. Jones, a quien la revista *Fortune* encargó que diseñase un mecanismo predictivo

de la evolución de los mercados. En una fase del estudio se combinaron en un mismo fondo posiciones que suponían la subida y a la vez la bajada de las cotizaciones a fin de protegerse de las oscilaciones a la baja de la Bolsa.

1950 Plan Schuman. Robert Schuman, ministro francés de Asuntos Exteriores, lanza la idea de crear una base de cooperación europea sobre la colaboración en los sectores del carbón y del acero. Esta idea dio lugar, en 1951, a la firma de la CECA (Comunidad Europea del Carbón y del Acero), antecedente de las actuales Unión Europea y Unión Económica y Monetaria.

— Tratado de Detroit. Acuerdo entre el sindicato estadounidense United Auto Workers (UAW) y las tres compañías automovilísticas de Detroit (Ford, GM y Chrysler), por el que la UAW se comprometió a restringir su derecho a la huelga a cambio de aumentos salariales vinculados al incremento de la inflación, obtención de cobertura médica, contribución a planes de pensiones por parte de las empresas, minimización de los despidos y aumento de los días de vacaciones. Este acuerdo fue el modelo seguido luego por otras industrias estadounidenses durante veinte años.

— En Estados Unidos, cruzada persecutoria contra políticos, profesionales de la comunicación y del espectáculo e intelectuales de línea no ultraconservadora, liderada por el senador Joseph McCarthy, con la excusa de la *lucha contra el comunismo*. Su estrategia se basaba en la delación y en la acusación sin pruebas en la atmósfera de tensión provocada por la guerra fría. (Hasta 1956).

— (Decenio) Generalización de la píldora anticonceptiva.

1954 Primera comida precocinada para comer donde se desee.

— En Estados Unidos, primer panel solar.

— Primer contenedor: un camionero estadounidense patenta un «aparato para flete marítimo» que, en esencia, consistía en embarcar el remolque de un camión y engancharlo a otra tractora al llegar al destino.

— (17 de mayo) El Tribunal Supremo de Estados Unidos declara inconstitucional la segregación racial en las escuelas públicas, el *separados pero iguales*. (El caso Brown contra el Consejo de Educación de Topeka). El razonamiento se sustentaba en que la separación conculcaba la Decimocuarta Enmienda a la Constitución, pues limitaba la igualdad de oportunidades al grupo minoritario ya que las escuelas para afroamericanos contaban con menores recursos que las escuelas para blancos.

1955 Comienza la expansión del rock and roll.

— Estreno del film *Rebel Without a Cause* [*Rebelde sin causa*] del director Nicholas Ray.

— En Estados Unidos la ciudadana afroamericana Rosa Parks se niega a ceder su asiento a un pasajero blanco en un autobús de

Montgomery, Alabama, y así comienza oficiosamente la lucha por los derechos civiles.

1957 Doctrina Eisenhower: Estados Unidos declara que responderá con una fuerza inusitadamente mayor en comparación con cualquier fuerza con la que pudiera ser atacado.

— En Estados Unidos Jack Kerouac publica *On the road* [*En el camino*], biblia de la generación beat.

1958 El Papa Juan XXIII inicia reformas en la Iglesia católica.

— En Estados Unidos, primer circuito integrado.

1959 República Federal de Alemania: el SPD renuncia al ideario marxista.

— En Estados Unidos, lanzamiento de la muñeca Barbie con una imagen de mujer liberada y emancipada moral y económicamente.

— Estados Unidos inicia su intervención en Vietnam.

1960 Creación de la OPEP, la Organización de Países Exportadores de Petróleo.

— En Estados Unidos, masificación de la televisión en color.

1961 (18 de octubre) Firma en Turín de la Carta Social Europea por miembros del Consejo de Europa. Dicha carta garantiza una serie de derechos a la ciudadanía de los países firmantes, tales como el derecho al trabajo, a unas condiciones de empleo equitativas, a la seguridad e higiene en el trabajo o a una remuneración equitativa. También consagra el derecho a la seguridad social.

1962 Estados Unidos. Unas exposiciones colectivas en Los Ángeles y Nueva York —New Realists—, que incluyen serigrafías de Andy Warhol, dan carta de naturaleza al pop art.

1963 Estados Unidos. Primeras imágenes transoceánicas de televisión por satélite.

1964 y 1965 Anulación definitiva de las leyes Jim Crow con la aprobación de la *Civil Rights Act* de 1964 y la *Voting Rights Act* de 1965. (Véase 1874).

1966-1969 Estados Unidos. La administración Johnson pone en marcha el proyecto *Great Society*, un amplio programa de obras públicas y sociales.

1968 Sucesos de mayo en París y otras ciudades.

— El Prepósito General de la Compañía de Jesús, Pedro Arrupe, pide a los miembros de orden en Latinoamérica que adopten *la opción por los pobres* como *preferencial*, introducida por Juan XXIII en el Concilio Vaticano II pocos días antes de la inauguración. Nacía así la Teología de la Liberación. (El nombre se lo dio el teólogo Gustavo Gutiérrez, como título de un libro publicado en Lima en 1971).

— Insatisfacción de muchas compañías por los resultados económicos obtenidos.

— Paul Ehrlich presenta el concepto de «bomba demográfica».

1969 Primera red de telefonía global.
— En Estados Unidos, nacimiento del primer servidor de internet con la puesta en marcha de la red ARPA.

1970 El Informe Werner estudia las posibilidades y los procedimientos necesarios para la creación de una moneda única en Europa.
— Firma del Tratado de No Proliferación de Armas Nucleares. No se adhieren Israel, Pakistán ni India.

1971 Estados Unidos, fundación de PIMCO, compañía de gestión de activos financieros de renta fija, que se especializó en deuda pública. En los siguientes treinta años ese mercado fue al alza. En 1999 PIMCO fue adquirida por la compañía alemana de seguros Allianz. En 2014 gestionaba activos por un monto de 1,94 billones de dólares.

1972 Robert Venturi, con *Aprendiendo de Las Vegas*, inicia el posmodernismo.
— Herbert Marcuse publica *Contrarrevolution and Revolt* [*Contrarrevolución y revuelta*].

1973 Primera crisis de la energía.
— Las tropas de Estados Unidos abandonan Vietnam.
— Fin del sistema monetario de Bretton Woods.
— Acuerdos de Helsinki. Fueron el resultado de diversas reuniones: la primera se celebró el 3 de julio de 1973, y las siguientes se fueron sucediendo hasta concluir en la que tuvo lugar del 30 de julio al 1 de agosto de 1975. En ellas participaron Estados Unidos, Canadá, Unión Soviética y todos los países europeos (incluidaTurquía y exluidas Albania y Andorra). Fue un paso fundamental para reducir las tensiones de la guerra fría.
— Europa. Creación del Fondo Europeo de Cooperación Monetaria, dirigido por una junta de gobernadores de bancos centrales. Su finalidad era hacerse cargo de mecanismos de apoyo a corto plazo a los Estados miembros de la Comunidad Europea. Dio respaldo al ecu desde su creación en 1979. Disuelto el 1 de enero de 1994 al entrar en funcionamiento la segunda fase de la Unión Económica y Monetaria y tras crearse el Instituto Monetario Europeo.
— En Estados Unidos se funda The Heritage Foundation, un think tank ultraconservador.
— El Club de Roma publica *Los límites del crecimiento*.
— Martin Cooper, investigador de Motorola, realiza la primera llamada desde un teléfono móvil, un aparato de casi un kilogramo de peso.
— Creación del primer organismo genéticamente modificado.
— Fischer Black y Myron Scholes publican en el *Journal of Political Economy* el artículo «The Pricing of Options and Corporate Liabilities», donde desarrollan un conjunto de ecuaciones capaces de estimar el precio de una acción en el tiempo con la finalidad de realizar la compra o la venta del activo en el mo-

mento más adecuado para minimizar el riesgo de la operación. Ese mismo año Robert C. Merton publica *Theory of Rational Option Pricing,* que difunde los estudios de Black y Scholes. Estos dos profesores fueron galardonados con el Premio Nobel de Economía en 1997 (Black había fallecido en 1995). A la ecuación de Black-Scholes se debe el nacimiento del análisis bursátil cuantitativo que hoy es la esencia y el soporte de las operaciones con futuros y derivados.

1975 (Enero) En Estados Unidos se pone a la venta un kit que permite montar el primer ordenador personal de la historia capaz de ser programado por un usuario para que realice diversas tareas: el Altair 8800, desarrollado por la compañía MITS (Micro Instrumentation Telemetry Systems).

— Nace en Londres el movimiento punk con el lema «*No Future*».

1976 Milton Friedman publica *Teoría de los precios.*

— Primera reunión del G-7, los siete países capitalistas más desarrollados.

1977 Aparecen en Francia los llamados «nuevos filósofos», lo que supone el fin de la filosofía progresista.

1978 Comienza en Estados Unidos la desregulación estatal de actividades económicas: el presidente Jimmy Carter firma la Ley de Desregulación de las Aerolíneas.

— Por la *Humphrey-Hawkins Act* se dota a la FED (Reserva Federal) de competencias para favorecer el crecimiento que conduzca al pleno empleo, el control de la inflación y la moderación de los tipos de interés a largo plazo, lo que se añade a las funciones que ya realizaba de fijación de la política monetaria y de prestamista de último recurso.

— (Diciembre) En la República Popular China se celebra el Tercer Pleno del undécimo Comité Central del PCCh, y allí Deng Xiaoping da inicio al proceso de apertura del modelo económico hacia un «socialismo con características chinas», un sistema en el que «enriquecerse es honroso». El proceso da lugar a una creciente desigualdad entre regiones, una brecha cada vez mayor entre ricos y pobres, la disparidad entre campo y ciudad, y al desempleo por cierre de empresas públicas; a todo lo cual se añade una progresiva y creciente corrupción.

1979 Segunda crisis de la energía.

— En Europa, nacimiento del Sistema Monetario Europeo y creación del ecu, moneda de cuenta hasta el 31 de diciembre de 1998, cuando fue reemplazada por el euro.

— Primera Conferencia Mundial sobre el Clima.

— La compañía Sony lanza el walkman.

4

EL MODELO DE OFERTA

> No hay alternativa.
> La sociedad no existe, sólo existen los individuos.
> Sólo son pobres los que quieren serlo.
>
> Margaret Thatcher, primera ministra del Reino Unido (1979-1990).

Así como el Modelo de Demanda buscaba el máximo crecimiento posible a base de dinamizar todos los factores productivos e introducirlos en el entorno a través de todos los agentes económicos posibles —fuesen públicos o privados— y regular e intervenir la economía desde las instancias estatales y utilizar todos los resortes posibles con el fin de ir-siempre-a-más, el Modelo de Oferta puso el acento en la no intervención del Estado ni de nadie en la economía, a fin de que el sistema productivo —la oferta— tuviese la máxima libertad posible para decidir, sin trabas, lo más conveniente en cada momento.

El anterior sistema ponía el acento en el consumo, en la demanda, en la plena ocupación del factor trabajo sin que le preocupase una inflación que no se produciría si no se imprimía más dinero del que realmente se necesitaba, mientras que el nuevo lo hacía en la oferta, en el capital, en la ocupación de la cantidad de población activa y conveniente en cada momento a fin de que la inflación fuese lo más reducida posible. La inflación: la bestia negra que había que derrotar, porque drenaba el valor de los beneficios; por ello, la única intervención que el modelo admitía era en política monetaria: al subir los tipos de interés, la inflación se reducía.

El Modelo de Oferta surgió como un paso en la evolución de la dinámica histórica. Abocado el planeta a una inflación de costes como consecuencia de la crisis de la energía del periodo 1973-1979, y de la impresión descontrolada de dólares por parte de Estados Unidos a fin de financiar su política de expansión internacional, empezó a entrar en barrena aquel estado de bienestar cuyos orígenes se remontaban a principios de los años cincuenta. Lo hizo debido a la insostenibilidad de numerosas empresas y actividades que no pudieron hacer frente a la caída de la actividad, lo que redujo la recaudación fiscal y abrió la puerta a los teóricos que pregonaban el fin del modelo de protección social y de la redistribución de la renta; ellos resucitaron los principios del clasicismo previo a la Depresión, y su visión de la economía se fue extendiendo por el planeta con el calificativo de neoliberalismo; evidentemente, el lenguaje utilizado por políticos y expertos se adaptó a la nueva situación. Margaret Thatcher en el Reino Unido y Ronald Reagan en Estados Unidos son los iniciadores de este proceso.

> La economía de Estados Unidos no funciona porque los ricos no son suficientemente ricos y los pobres no son suficientemente pobres.
>
> Ronald Reagan en 1979, durante la campaña como candidato del Partido Republicano a la presidencia de Estados Unidos en las elecciones de 1980. Citado por Justo Zambrana Pineda en «La factura política de la crisis económica». *El País,* 18/06/2011.

La de Estados Unidos nunca ha sido una sociedad proclive a las ayudas sociales, ni partidaria de que con dinero público se paliasen los problemas de los colectivos desfavorecidos; y cuando el Estado ha dado un paso en esa dirección —por ejemplo, con la instauración de las pensiones de jubilación o de los bonos de comida, o la puesta en marcha del programa *Great Society*—, siempre fue por la presión de alguna circunstancia. En gran medida esta actitud tiene mucho que ver con la historia de ese país, la historia del pionero en solitario enfrentándose a lo desconocido; y a su cultura, de base calvinista: la ética protestante del trabajo y del esfuerzo permanente. Pero la deriva que adoptó el Partido Republicano a partir de la campaña de las elecciones presidenciales de 1980 se movía a otros niveles.

La frase del candidato Ronald Reagan se inscribe dentro del más puro darwinismo social desarrollado en Estados Unidos entre finales del siglo XIX y principios del XX que, no se olvide, fue defendido incluso con razonamientos religiosos: si existen pobres es porque Dios así lo quiere. En la frase del candidato se halla resumida una idea muy simple: son los que se han adaptado, los que se han integrado, el establishment —es decir, los ricos— quienes tiran de la economía, porque ellos lideran la generación de PIB; mientras que los pobres son la rémora que entorpece y enlentece el proceso. Por ello los ricos han de ser cada vez más ricos, para que la economía vaya cada vez mejor; por ello también los pobres han de ser cada vez más pobres y abstenerse de consumir recursos, pues los necesitan los ricos para hacer que crezca la economía. Ése es el ideal, y eso no estaba sucediendo entonces en Estados Unidos, según el candidato Ronald Reagan.

Se pensará que con ese mensaje debería haber habido votantes que le darían la espalda. Y así fue, evidentemente, y eso es algo que estaba asumido, porque el objetivo no era contentar al mayor número de votantes posibles, sino captar a quienes estaban verdaderamente interesados en ese mensaje... Que eran muchos, debido al momento que vivía Estados Unidos tras la derrota de Vietnam y la toma de rehenes en la embajada de Teherán, un momento muy propicio para que muchos quisieran oír un mensaje de orgullo nacional, de fuerza y de crecimiento.

Margaret Thatcher y Ronald Reagan vencieron en sus procesos electorales y comenzaron a desarrollar una política económica orientada hacia el cortoplacismo, la desregulación y la reducción del papel del Estado en la economía, lo que provocó desigualdad social, aumento del subempleo y el enriquecimiento extremo de quienes tenían acceso a los resortes del poder económico. El modelo, con mayor o menor intensidad y con adaptaciones nacionales, se copió en casi todos los países, y en todos provocó efectos parecidos.

> No vamos a desconectar hasta el fin del mundo... y lo cubriremos en vivo y en directo.
>
> Ted Turner, fundador de la cadena televisiva de noticias CNN, el 1 de junio de 1980, día del inicio de sus emisiones. *El País*, 1/6/2000.

Una de las características más significativas del Modelo de Oferta era la inmediatez: todo tenía que ser lo más a corto plazo posible y lo más inmediato que permitiese la tecnología. La cadena de noticias CNN es uno de sus símbolos.

Inaugurada al inicio del modelo, su objetivo era simple: retransmitir la información, no con la mayor rapidez posible, sino mientras los hechos estaban ocurriendo. No importaba dónde se estuviese produciendo la noticia, ni cuál fuese ésta. Por ejemplo, el fin del mundo, suceso del que la cadena estaría informando mientras ello fuese posible.

Si esperamos a que nuestros gobiernos hagan algo, tendremos que esperar demasiado. No se puede dejar todo en manos de los políticos. La industria debe tomar la iniciativa.

Wisse Dekker, responsable de la compañía Royal Philips Electronics, al comentar el papel de la European Round Table of Industrialists a propósito de su creación en 1983. Vanessa Maxé y Xavier Miró en «¿Quién gobierna Europa?». *La Farola,* n.º 216, 2004.

Durante la vigencia del Modelo de Demanda, la mayor parte de la Unión Europea había ido bien a pesar del mosaico de países muy diferenciados que la componían. Ello fue así porque, independientemente de que la socialdemocracia o la cristianodemocracia fuesen las tendencias imperantes en los gobiernos de los países, nadie cuestionaba la intervención del Estado en la economía ni la pervivencia del modelo de protección social. Pero todo cambió cuando, tras el periodo de crisis de la energía, el aumento de la productividad, la desregulación económica y el comienzo del adelgazamiento del Estado de bienestar comenzaron a afectar seriamente a la viabilidad económica de la Unión Europea.

Mientras las cosas de la economía fueron bien, las grandes compañías continentales se habían dedicado a sus negocios y no se habían significado en el mundo de la política bajo ningún concepto. Pero cuando el declive de Europa empezó a ponerse de manifiesto, las grandes empresas europeas comenzaron a moverse.

Las grandes compañías europeas crearon la European Round Table of Industrialists para orientar las economías del continente hacia una línea común: las tendencias que imperaban en el ámbito anglosajón, que decididamente era el protagonista del nuevo modelo. La idea era simple: los políticos piensan en términos electorales y en dimensiones temporales de cuatro años, mientras que las líneas de la economía tienen una duración que supera los compromisos electorales y los periodos de los gobiernos.

Es decir, ningún gobierno había ido nunca en contra de una gran empresa nacional, porque eso equivalía a ir en contra de los intereses nacionales. Pero a partir de entonces la realidad empezaba a superar las fronteras de los Estados, por lo que esos intereses sobrepasaban las limitaciones de un gobierno y de un país. Algo que los políticos podían no entender.

Los años ochenta serán conocidos como la década de las vacas gordas, un periodo en el que la devoción empresarial se empleó

> para someter a la asustada masa trabajadora, mientras que la élite empresarial americana disfrutaba de todos los lujos.
>
> Scott Burns, economista conservador, «Disaffected Workers Seek New Hope». *Dallas News*, 21/8/1988. Citado por Jeremy Rifkin en *El fin del trabajo*, op. cit.

> A principios de los años setenta el trabajador medio con un certificado escolar ganaba alrededor de 24.000 dólares (anuales). En la actualidad, la misma persona gana unos 18.000.
>
> Frank Levy, economista laboral, «The Next Priority». *Inc. Magazine*, mayo de 1989. Citado por Jeremy Rifkin en *El fin del trabajo*, op. cit.

Así como en el Modelo de Demanda el factor trabajo se consideraba doblemente útil porque era, al mismo tiempo, imprescindible para producir y necesario para consumir, de modo que su pleno empleo era una prioridad, en el Modelo de Oferta el trabajo se fue paulatinamente convirtiendo en un elemento *perturbador*, del que no se podía prescindir, pero que causaba un gran número de problemas, entre ellos, y principalmente, inflación.

Los años ochenta son los de la revolución en la organización productiva: *just in time*, generalización del *offshoring* y del *outsourcing*..., y del inicio de la automatización masiva de procesos: la robótica. El objetivo era la mejora continuada de la productividad, pero a la vez se conseguía la eliminación progresiva del factor trabajo (sobre todo del más caro) de los países occidentales.

Se mejoraba la productividad, lo que permitía reducir los precios de venta, aunque sin perjudicar los márgenes netos unitarios. El desempleo y la precarización del trabajo comenzaron a crecer, lo que permitió aplicar rebajas salariales, máxime cuando la creciente globalización de la economía iba convirtiendo a todo el planeta en un único mercado.

El empleo *excesivo*, que impedía que la inflación fuese lo más reducida posible en cada momento, se convirtió en indeseable, tal y como puso de manifiesto la NAIRU, la Non-Accelerating Inflation Rate of Unemployment. Los sindicatos fueron perdiendo poder y representatividad, a la vez que los salarios caían al ritmo que iba creciendo la brecha entre demanda y oferta de trabajo. Esa tendencia ya no se interrumpiría hasta el crash de 2010, aunque se vería matizada por el aumento espectacular que experimentó el endeudamiento privado: no crecieron los salarios, pero sí lo hizo el crédito, imprescindible para dar salida a una desbordada capacidad de producción.

> Margaret Thatcher: ¿Ustedes cuánto cobran por los créditos?
> Banquero: Más o menos el 16 %.
> Margaret Thatcher: ¿Y cómo remuneran los depósitos de los clientes?
> Banquero: Al 3 o al 4 %, aproximadamente.
> Margaret Thatcher se quedó un momento pensativa y respondió al banquero:
> Dios mío, no conozco ningún sector industrial que tenga esos márgenes.
>
> Margaret Thatcher, primera ministra del Reino Unido, durante una cena en Madrid con banqueros españoles en 1985. Citado por Íñigo de Barrón en «La banca se vuelca en las comisiones». *El País*, 20/2/2005.

Desde sus inicios, el Sistema Capitalista tuvo un componente financiero muy fuerte debido a que, para aumentar la producción, era necesario invertir y ello se conseguía o bien reinvirtiendo los beneficios de las empresas, o bien mediante la captación de recursos financieros. Hasta la década de 1870 la autofinanciación tuvo una gran importancia, pero a medida que los equipos industriales se fueron sofisticando y el tamaño de las compañías fue creciendo, el recurso a la financiación externa comenzó a ganar terreno, lo que se volvió norma tras la Segunda Guerra Mundial. El llamado «capitalismo financiero» es un fenómeno que nace y se desarrolla en y con el Modelo de Oferta.

Los mercados de valores y las entidades financieras desempeñaron un papel creciente en la financiación de las inversiones empresariales desde principios de los años ochenta: los primeros, más en el mundo anglosajón; las segundas, más en Europa central y en Japón. La evolución del protagonismo de *lo financiero* llegaría a tener vida al margen de lo productivo, de modo que bancos y mercados de valores generarían beneficios superiores a los obtenidos por los subsectores productivos, máxime en países como España con una elevada inflación y una relativa apertura financiera.

> Hemos acabado con ese hijo de puta.
>
> James A. Baker III, secretario del Tesoro durante la presidencia de Ronald Reagan, al referirse en 1987 a la dimisión de Paul Volcker como presidente de la FED (Reserva Federal), una dimisión motivada por las presiones del gobierno para que redujese los tipos de interés. Bob Woodward, *Greenspan*. Península, 2001. Citado por Joaquín Estefanía en «El dividendo de Greenspan». *El País*, 22/4/2001.

A pesar de su complejidad financiera, los mecanismos de actuación del Modelo de Oferta eran bastante sencillos: regulación mínima, control máximo de la inflación y aumento o disminución de los tipos de interés para incrementar o reducir la oferta monetaria. Pero los tipos de interés bajos eran un factor imprescindible para impulsar el avance de la economía, y en 1987 la administración Reagan estaba muy nerviosa porque en 1988 había elecciones presidenciales, y en la Reserva Federal Paul Volcker se tomaba muy en serio su papel de guardián de la ortodoxia no inflacionaria a la vez que pensaba que era necesario mantener límites regulatorios suficientes.

El 11 de agosto de 1987, Volcker fue sustituido por alguien mucho más dado a la desregulación: Alan Greenspan, quien manejó con un nuevo enfoque las consecuencias del «lunes negro». El lunes 19 de octubre de 1987 se produjo el mayor derrumbe porcentual habido en un solo día en la historia de las Bolsas mundiales: el Dow Jones se hundió el 22,6 %, un porcentaje superior incluso a la famosa caída del 12,8 % que tuvo lugar el 28 de octubre de 1929. Las causas fueron diversas, pero un hecho destacó: los tipos de interés se hallaban al alza.

> Los regímenes autoritarios [...] son en principio más capaces de seguir una política económica verdaderamente liberal no distorsionada por objetivos de redistribución que limitan el crecimiento.
>
> Francis Fukuyama, *El fin de la Historia y el último hombre*. Planeta, 1992.

Publicado primero como artículo («The End of History?») en 1989 por la revista *The National Interest* y, posteriormente, como libro en 1992 (*The End of History and the Last Man*, The Free Press), la tesis central de Fukuyama, en principio irrefutable debido al momento histórico que se estaba viviendo, enseguida generó una enorme polémica por la lectura de la obra que se hizo.

Entre 1989 y 1991 desapareció el Sistema de Economía Planificada. La caída del Muro de Berlín y la desaparición de la Unión Soviética, así como del Consejo de Ayuda Económica Mutua y del Pacto de Varsovia, puso de manifiesto que la guerra fría había tenido un único vencedor: Estados Unidos y el sistema que esa gran potencia lideraba: el Capitalismo Liberal. Al menos ésa fue la lectura que se hizo.

Fukuyama daba un paso más y se preguntaba si no se habría acabado también la Historia que hasta ese momento se había vivido, y si no se estaría ante una nueva Historia, una Historia caracterizada no por el enfrentamiento entre bloques sino por la extensión a todo el planeta, ya sin oposición, del modelo estadounidense. Lo que en ningún caso supone que se hubiese acabado la Historia.

La reflexión de la frase citada puede parecer que choca con la tesis del libro, pero no es así. En el capitalismo liberal se desarrollarán actuaciones movidas por el liberalismo e impulsadas por gobiernos liberales que posibilitarán tales actuaciones, las cuales pueden verse afectadas por políticas fiscales redistributivas o por regulaciones, lo que no sucederá en regímenes autoritarios.

Y ahí radica la paradoja: la ausencia de normas reguladoras en una dictadura puede favorecer la aplicación de políticas verdaderamente liberales mucho mejor que los modelos políticamente liberales. El Chile del general Augusto Pinochet (1974-1990) fue un ejemplo claro de lo dicho: prohibido y perseguido todo movimiento opositor, economistas estadounidenses de la Escuela de Chicago ensayaron allí medidas de un liberalismo aplicado en un grado impensable en un país no dictatorial, lo que convirtió a Chile en uno de los países más desiguales del mundo.

> Estamos mal, pero vamos bien.
>
> Carlos Saúl Menem, presidente de la República Argentina entre 1989 y el 2000, ante la situación económica y social del país durante su presidencia.

Los años ochenta fueron para Latinoamérica, en términos económicos y financieros, «la década perdida» y para Estados Unidos, en palabras del presidente Ronald Reagan, «la época de las dictaduras amigas». El subcontinente americano se convirtió en un lugar de experimentación macroeconómica más o menos declarada, como ocurrió en el Chile de los Chicago Boys. Los resultados fueron bendecidos por la banca internacional, ya que lo único importante para ella era que todos esos países pagaran los intereses de su deuda, y el desarrollo de experimentos consentidos por regímenes militares que estaban en sintonía con los intereses estadounidenses y conseguían mantener en calma su *patio trasero*.

Cuando empezó a estar claro que a la guerra fría le quedaba ya poco tiempo de vigencia, esos regímenes latinoamericanos que habían mantenido el orden y defendido los intereses estadounidenses comenzaron a dejar de ser necesarios. Los países habían crecido, pero lo que quedó fue un panorama desequilibrado socialmente y dominado por tendencias inflacionarias rampantes.

La frase del presidente Menem —peronista— encaja en ese contexto. Había que estabilizar las economías, lo que conducía a una degradación de las condiciones sociales, pero la estabilización era precisa para obtener el respaldo internacional en unos momentos en los que los golpes de Estado y las dictaduras ya no estaban de moda.

El Cono Sur siempre había tenido el dólar como referente, y sobre todo Argentina; por ello, posiblemente la máxima manifestación de la idea estabilizadora la dio el mismo presidente Menem cuando dijo aquello de: «Quiero irme del gobierno con la economía *dolarizada*», una frase pronunciada el 27 de mayo de 1999 (*El País,* 28/5/1999). Las consecuencias se vieron poco después.

> El consumidor de hoy no se pregunta ya tanto «¿qué quiero tener que aún no tenga?» como «¿qué quiero experimentar que no haya experimentado ya?».
>
> James Ogilvy, «The Postmodern Business». *Markets and Research Today*, n.º 18, 1990. Citado por Jeremy Rifkin en *La era del acceso*, op. cit.

Tras la Segunda Guerra Mundial, el Modelo de Demanda tuvo como objetivo el crecimiento a través del consumo de bienes; un consumo, tanto público como privado, que requería del pleno empleo del factor trabajo.

Cuando el Modelo de Oferta sustituyó al de Demanda y, tras los ajustes y limpiezas de los años ochenta, en una atmósfera de desempleo estructural apreciable, y con una limitada variedad en la oferta, comenzó a perfilarse la idea de que el consumo, entendido como transferencia de propiedad de un bien desde un productor a un tenedor final en la línea de *obtención de posesiones*, podía pasar a un segundo plano y ser sustituida por la de *obtención de experiencias*: el consumo dejó de ser la acumulación de posesiones y pasaba a ser el disfrute de sensaciones.

Los años noventa supusieron una profundización de esta idea del consumo, en consonancia con la de obtener algo más, pero un algo más inmaterial, que se añadía al aspecto material que el bien en sí suponía. Esta idea ya no se abandonaría hasta la situación desencadenada por la precrisis del 2007 y la crisis del 2010.

> [...] la corporación central ya no es ni siquiera americana. Es, cada vez más, una fachada detrás de la cual pulula una gran ri-

queza de grupos y subgrupos descentralizados que se relacionan con unidades de trabajo similarmente difusas por todo el mundo.

Robert B. Reich, *The Work of Nations: Preparing Ourselves for 21st Century Capitalism*. Vintage Books, 1992.

El taylorismo de finales del siglo XIX y la producción en cadena de principios del XX eran respuestas a la necesidad de una organización rígida y vertical necesaria cuando se actuaba según un principio muy claro: «un objetivo único que debía obtenerse con unos medios muy determinados». Las compañías, por tanto, eran entes definidos y estaban vinculadas a magnates con nombres y apellidos y radicadas en lugares concretos que fabricaban, en cada localización, bienes específicos.

La aceleradísima internacionalización que la economía experimentó en la década de los ochenta, es decir, la globalización, que se manifestó en la rapidez y la facilidad con la que los capitales podían cruzar el planeta, fue introduciendo con igual celeridad el concepto de organización descentralizada.

En esa nueva conceptualización el organigrama se vuelve difuso a la vez que crece la autonomía de los distintos subcentros. Aquel icono monolítico, representado por un edificio corporativo central, se convierte en una serie de unidades desperdigadas por todo el planeta que funcionan con arreglo a proyectos y que se recomponen tras su conclusión. Será pocos años después, con la masificación de internet, cuando se logre la descentralización máxima.

En un estudio realizado en 1993 por el departamento de Trabajo (de Estados Unidos) se demostró que tan sólo una cifra inferior al 20 % de los que seguían programas de reeducación federales eran capaces de encontrar nuevos empleos en los que recibirían, como mucho, un 80 % de sus antiguos salarios.

Jeremy Rifkin, *El fin del trabajo*, op. cit.

Reducción de plantilla y *reestructuración* sólo significan hacer menos con menos. En cambio, *reingeniería* significa hacer más con menos.

Michael Hammer y James Champy, *Reengineering the Corporation*. Harper Business, 1993. Citado por Richard Sennet en *La corrosión del carácter*, op. cit.

La década de 1980 es la de la implementación y el desarrollo del Modelo de Oferta. La mejora de la productividad se convirtió en objetivo prioritario, mucho menos que el aumento de la producción, y con un fin muy concreto: la reducción de costes; por ello, el margen neto empezó a ganar terreno al beneficio bruto. Mejoras organizativas —el *Just-in-Time*— y de automatización —introducción de la robótica en la producción— fueron apuntando en esa dirección, en espera de la masificación que supusieron las TIC (tecnología de la información y de la comunicación).

El problema enseguida se puso de manifiesto: menor demanda de trabajo y más desempleo total o mayor subempleo, en una atmósfera de paro encubierto creciente y de salarios medios a la baja.

Estados Unidos fue, con diferencia, el lugar donde antes y más explícitamente se puso de manifiesto la preponderancia de este cocktail de nuevas formas de hacer las cosas. Distintas voces advirtieron del impacto que sobre el empleo y la remuneración del trabajo iba a tener el nuevo modelo, y aparecieron múltiples análisis en los que se desmentía que fuera a producirse ese efecto. Estos análisis decían que, sin duda, al automatizar y reorganizar procesos, se destruirían algunos puestos de trabajo que, sin embargo, serían recuperados con creces a través de los nuevos empleos que las nuevas tecnologías crearían. Lo cierto es que el tiempo ha ido poniendo de manifiesto que eso nunca fue ni es así.

A la vez, empezó a configurarse otro fenómeno que lenta, aunque imparablemente, se ha ido extendiendo: el progresivo adelgazamiento de la clase media a medida que el subempleo, el pluriempleo y la pérdida de remuneración aumentaba, lo que chocaba frontalmente con el progresivo incremento de la capacidad productiva aportado por la automatización y la creciente reducción de costes consecuencia de la deslocalización productiva hacia países subdesarrollados. La solución a este problema de caída del consumo llegaría con el aumento exponencial de la capacidad de endeudamiento de empresas y familias, cuya traducción sería un inconmensurable endeudamiento privado en la década del 2000.

> *Acceso* quiere decir poder llamar a Kohl y recomendarle que se lea un informe. También quiere decir que John Major te llame para agradecerte los puntos de vista de la European Round Table of Industrialists (ERT), o almorzar con el primer ministro sueco justo antes de la decisión sueca de incorporarse a la Unión Europea.
>
> Keith Richardson, secretario de la ERT en 1993. Citado por Vanessa Maxé y Xavier Miró en «¿Quién gobierna Europa?», op. cit.

De verdad de verdad la democracia como participación de toda la ciudadanía sin distinción en el proceso de elección del gobierno de los Estados, de forma que esos gobiernos representasen a la ciudadanía en su conjunto, es un objetivo que no se consiguió hasta después de la Segunda Guerra Mundial, coincidiendo con la garantía social e individual que supone el pleno empleo del factor trabajo, junto a unas bajísimas tasas de paro y, además, con la tranquilidad que brindan las coberturas del modelo de protección social financiado por los impuestos de economías con un buen ritmo de crecimiento. El pueblo se sentía bien y sentía que estaba gobernando su destino.

Claro que en aquellos años existían entidades financieras y productivas de tamaño inconmensurable y poder económico fabuloso, y claro que su influencia se filtraba por entre las costuras de ese poder político nacido del pueblo: ahí están las referencias al «complejo industrial militar» del presidente Eisenhower en 1961, al final de su mandato; pero era algo que quedaba diluido dentro del bienestar que todo lo envolvía.

Tras la crisis de la energía del periodo 1973-1979 y la posterior inflación de costes que se produjo, con el consiguiente aumento del desempleo, los descensos de las rentas y los retrocesos en el sistema de bienestar, el concepto de *democracia popular* comenzó a diluirse al paso que se iban poniendo de manifiesto con todo su poder ciertas instituciones que, no por desconocidas, hasta entonces habían permanecido en un segundo plano.

A partir de la puesta en marcha del Modelo de Oferta salieron a la luz, en efecto, diversas instituciones desconocidas hasta entonces para el gran público, y comenzaron a mostrar su inmenso poder inmaterial, formalmente por debajo de la voluntad popular. Rápidamente la percepción de que su importancia y su peso era enorme fue tomando carta de naturaleza; una percepción que desde entonces no ha cesado de aumentar.

> Un nuevo tipo de pensamiento empieza a ser necesario entre los demócratas, según el cual el voluntariado debe ser el factor clave de la reforma social.
>
> Jim Hunt, gobernador de Carolina del Norte, 1994. Citado por Jeremy Rifkin en *El fin del trabajo*, op. cit.

> Una gran parte de la gente (que es sustituida por las nuevas tecnologías) no estará en condiciones o no dispondrá de la capacidad necesaria para ser reeducada.
>
> Charles F. Albrecht Jr., presidente de Drake Beam Morin Human Resource Consulting en 1994. Citado por Jeremy Rifkin en *El fin del trabajo*, op. cit.

El Modelo de Demanda traía asociados diversos elementos que le eran propios, entre ellos el modelo de protección social. Este último se puso en funcionamiento por tres motivos básicos. En primer lugar, porque una persona ocupada y cuyos posibles riesgos y necesidades básicas se hallan cubiertas es una persona tranquila, por lo que rinde más. En segundo lugar, porque una persona con los riesgos cubiertos está menos tentada por aventurerismos políticos que propongan cambios drásticos, pues éstos se perciben como amenazas que podrían hacerle perder lo conseguido. En tercer lugar, porque el modelo de protección social, por sí mismo, genera PIB.

A medida que la necesidad de factor trabajo fue descendiendo, también comenzó a descender la importancia del primero de esos tres motivos que justificaban la existencia del sistema de protección. Asimismo fue decreciendo cuando el peligro que entrañaba la guerra fría se fue haciendo menos evidente, y al ir aumentando la amplitud de la clase media en Occidente. Y también cuando el crecimiento por el crecimiento dejó de ser un objetivo en sí mismo.

A esa menor necesidad de factor trabajo se unía otro hecho: en las primeras fases de la automatización de procesos —años ochenta y mediados de los noventa—, la tecnología era compleja, tanto su aprendizaje como su utilización, por lo que se daba por supuesto que no todo el mundo iba a poder ser reciclado, lo cual abría un panorama de desempleo estructural muy elevado y cuya reducción parecía imposible.

Estados Unidos es un país que se formó por oleadas. Las caravanas de colonos, imbuidos por el espíritu del pionero, se lanzaron masivamente hacia el Oeste en cuanto se consiguió la independencia. A sangre y fuego y a base de penalidades, los colonos se establecieron en unos territorios en donde no contaron con el más mínimo soporte estatal, por la simple razón de que en esos territorios no existía el Estado. Con el tiempo, esos territorios se fueron convirtiendo en condados y en Estados; pero antes de que eso ocurriera, e incluso después, la colaboración entre individuos pasó a ser una cuestión de necesidad, de tal modo que hoy en Estados Unidos se halla muy extendido el espíritu colaborativo entre personas al margen de las estructuras públicas.

El voluntariado, el Tercer Sector, va a ser crecientemente fundamental a medida que el modelo de protección social vaya retrocediendo, por lo antes dicho y por su imposible financiación actual, debido a que dejaron de ser ciertos los supuestos sobre los que se basó en el momento de su puesta en marcha: esperanza de vida, costes sanitarios, nivel de ocupación, monto recaudado por las cotizaciones... El Tercer Sector, en parte con financiación pública, en parte con privada, puede paliar ese retroceso imparable que está experimentando el modelo de protección social desde mediados de los setenta.

Y además, el voluntariado o Tercer Sector puede ser, está siendo ya, un auténtico yacimiento de empleo, o de subempleo, pero, en cualquier caso, de ocupación de unos sectores de población activa difícilmente empleables.

> La tercera vía es un intento de renovación de la socialdemocracia. [...] Se trata de comprender que cualquier partido de centroizquierda que quiera llegar al gobierno tiene que abandonar doctrinas tradicionales como las nacionalizaciones; tiene que responder a cambios como el envejecimiento de la población, el mercado global o la economía basada en el conocimiento...
>
> Anthony Giddens. Entrevista de Luis Prados en *El País*, 31/12/2003.

El Reino Unido y Estados Unidos fueron los portaestandartes de los cambios que propiciaron la expansión del Modelo de Oferta. En el segundo, conceptos como *desregulación* y *retroceso del papel del Estado* no sonaban demasiado novedosos debido a la propia conceptualización del modelo estadounidense. De hecho, el modelo de protección social nunca había tenido allí, ni de lejos, el alcance que llegó a tener en Europa; pero estos conceptos sí sonaban bastante extraños en el Reino Unido, el país que, en época moderna, había inaugurado en Europa el modelo de protección social.

Tras una década y media de gobiernos conservadores, múltiples eran los ejemplos de degradación de los servicios públicos en el Reino Unido, y abundantes las muestras de degradación social que se habían ido produciendo: la tasa de pobreza infantil había pasado del 10 % en 1979 al 33 % en 1997. La izquierda británica, hasta entonces representada por políticos cuyo origen, en numerosos casos, era el mundo sindical, ya no tenía mensaje que ofrecer a una clase trabajadora laminada por años de legislación liberal y de deslocalizaciones industriales, por lo que las expectativas de voto de sus líderes políticos eran bastante limitadas. (La escisión en 1981 del ala menos comprometida con los intereses de clase del laborismo para crear el Partido Social Demócrata tampoco ayudó en nada a mejorar la imagen electoral de la izquierda británica).

En 1994 falleció John Smith, en aquel momento líder del Partido Laborista, un histórico. Eran tiempos de cambios y de preparación de elecciones y, en el congreso del partido, en 1996, un joven y bastante desconocido Tony Blair presentó un discurso absolutamente rompedor con lo que hasta esos momentos había sido el mensaje del Partido Laborista. Era un mensaje radicalmente nuevo que suponía el abandono de la ideología y la adopción de la meritocracia como forma de prosperar. Un mensaje en el que la responsabilidad personal iba mucho más allá de pagar los correspondientes impuestos, en el que el papel regulador del Estado quedaba limitado a ofrecer igualdad de oportunidades y mejorar las comunicaciones en todos los sentidos. Con este nuevo mensaje, el Partido Laborista arrasó en las elecciones de 1997 y Tony Blair se convirtió en *premier*.

Pero este nuevo mensaje no fue invento de un gabinete de cerebros del Partido Laborista, sino la evolución y la maduración de las ideas de Anthony Giddens, un sociólogo que desde finales de los setenta llevaba investigando los efectos del cambio social producidos por la globalización y sus consecuencias, y que desarrolló lo que él llamó Teoría de la Estructuración. El libro *La tercera vía: la renovación de la socialdemocracia* (1998) resume su pensamiento.

> Algunas personas disponen de ordenadores más potentes, el mejor servicio telefónico y el servicio de internet más rápido, así como de la riqueza de contenidos y una educación relevante para sus vidas [...]. Otro grupo de personas no tiene el acceso a los mejores y más modernos ordenadores, al servicio telefónico más seguro o al servicio de internet más rápido y conveniente. La diferencia entre estos dos grupos es la brecha digital.
>
> Fragmento de un informe elaborado en 1996 por el departamento de Comercio de Estados Unidos en el que por vez primera se hace referencia al concepto de *brecha digital*. Citado por Joaquín Estefanía en «La brecha digital, ¿crea más desigualdad?». *El País*, 14/12/2003.

1995 puede considerarse el año en que comienza la masificación de internet. La razón fue elemental: puesta al alcance del gran público, y de un modo sencillo, la posibilidad de usar las posibilidades de la red. Y ello, gracias al navegador Mosaic creado para Unix en enero de 1993, y extendido para Macintosh y Windows en agosto. Mejorado a partir de su nacimiento, en 1997 sus creadores decidieron abandonar su evolución y desarrollar Netscape. Paralelamente, Microsoft desarrolló en 1994 su navegador Internet Explorer a partir de un proyecto basado en ViolaWWW, considerado el primer navegador gráfico para internet y diseñado en 1992.

Internet abrió la puerta a una doble posibilidad hasta entonces inimaginable: que un innumerable colectivo de personas tuviese acceso a la misma información a la vez, aun estando desperdigados por todo el planeta, y la capacidad de hacer accesible para todas esas personas cualquier tipo de información en formato digital.

A partir de ahí empiezan las diferencias: los que tienen acceso y los que no lo tienen; los que tienen acceso rápido y los que lo tienen lento; los que tienen posibilidades de acceder a contenidos con valor añadido porque pueden y saben cómo discriminar, y los que no; los que saben y pueden incorporar internet a su actividad económica, y los que no. Y eso en los primeros tiempos, en los inicios, en la primera fase de internet: la comunicación de personas con personas. Lenta pero imparablemente, la diferenciación entre quienes-estaban-dentro y quienes-estaban-fuera se fue centrando en el acceso a la información y en la capacidad de saber utilizarla.

> Los mercados votan cada día, obligan a los gobiernos a adoptar medidas ciertamente impopulares, pero imprescindibles. Son los mercados los que tienen sentido de Estado.
>
> George Soros, financiero global. Citado por Joaquín Estefanía en «El sentido global de los mercados». *El País*, 9/12/1996.

> Los directivos de los fondos de inversión son ampliamente apolíticos y, sin embargo, la liberalización de los mercados es una ideología. Todos los que verbalmente apuestan por la competencia opinan con rapidez que el mercado está destruido y hace falta ayuda del Estado y subsidios en cuanto se produce verdadera competencia.
>
> Ferdinand Lacira, exministro de Hacienda de Austria, en 1995. Citado por Hans-Peter Martin y Harald Schumann en *La trampa de la globalización*. Taurus, 1998.

Cuatro años y tres meses antes de que pronunciase la primera de las frases anteriores, George Soros, al especular contra la libra esterlina ganó en una noche casi mil millones de dólares (de 1992). Todo de acuerdo con las normas: forzó al Banco de Inglaterra a defender la libra ante la venta masiva de libras esterlinas que llegaron a los mercados.

El financiero sabía de qué hablaba. El Banco de Inglaterra estaba dirigido por una figura elegida por un gobierno, el británico, surgido de un proceso democrático, un proceso que se repite periódicamente y que, salvo crisis, da lugar a un gabinete que tendrá plena vigencia durante todo su mandato. Pero los mercados no toman decisiones cada cuatro o cinco años, sino cada segundo.

Los Estados son dirigidos por gobiernos electos, pero son los mercados los que en la práctica dirigen a los Estados, y sus gobernantes son elegidos por los propios mercados. Al margen de las ciudadanías, en efecto. ¿Qué ciudadanos británicos eligieron a George Soros con la finalidad de que expulsase a la libra del Sistema Monetario Europeo y para que forzase al Banco de Inglaterra a gastarse cincuenta mil millones de dólares defendiendo la esterlina? Por ello los mercados precisan de una regulación laxa o de ninguna regulación: para hacer lo conveniente.

Los mercados son apolíticos, pero el odio al Estado como ente coartador de su libertad se ha convertido en una ideología. El pueblo no quiere ideólogos, sino expertos que les proporcionen crecimiento y bienestar; sin embargo, esos expertos pretenden saltar por encima de los Estados a fin de llevar adelante sus negocios, unos Estados que son los que, al menos hasta ahora, han proporcionado el bienestar al pueblo.

Pero cuando en una vorágine de agresividad provocada por la competencia desbocada esas prácticas hacen peligrar la estabilidad de los mercados, los dirigentes de los principales actores en esos mercados no dudan en solicitar ayuda a los Estados, con el argumento de que un caos sistémico llevaría al desplome del mundo conocido; y los Estados ayudan con dinero recaudado a las ciudadanías o emitiendo una deuda que las ciudadanías acabarán pagando, para lo que tendrán que renunciar a parte de su bienestar.

Son cuestiones de Estado y de equilibrio: simple evolución de la dinámica histórica. Las inyecciones de fondos públicos en entidades sistémicas que a lo largo y ancho del planeta se han producido en el crash del 2010, en su precrisis y en la crisis posterior, son un ejemplo de lo que estoy diciendo. Y al llegar aquí, una pregunta emerge sin respuesta: en el fondo, ¿para qué sirven los votos de las ciudadanías?

Pregunta: El paro, ¿se solucionará algún día?
Respuesta: No lo creo. El paro es un elemento inherente a la propia estructura de la producción. Si se busca la productividad, que es el elemento clave de la economía capitalista, se produce paro como elemento residual. Las soluciones que se plantean, de reducir la jornada, no sirven, porque nadie va a querer reducir la jornada si eso supone reducir también el sueldo. Y si no se reduce el sueldo no veo cómo podríamos mantener la productividad. Yo creo que estamos viviendo el ocaso del capitalismo. Es un sistema incapaz de afrontar los problemas que se acumulan. Los problemas medioambientales, por ejemplo, no son solucionables desde el sistema capitalista, ya que es él mismo el que los ha producido. Tendremos que inventar algo.

José Luis Sampedro, catedrático de Estructura Económica, autor de *Las fuerzas económicas de nuestro tiempo* (Guadarrama, 1967). Citado en *La Farola* n.º 18, 1995.

Hoy en día es difícil encontrar referencias que usen el concepto de *Nueva Economía*, pero tras el inicio de la masificación de internet comenzó el desarrollo superacelerado de una concepción que suponía posible un crecimiento equilibrado y permanente a partir de la incorporación de las nuevas tecnologías que fuese preciso aplicar y que se irían desarrollando sobre la marcha. La idea disparó la cotización bursátil de las compañías que basaban su negocio en internet, y eso se produjo independientemente de que su plan de negocio tuviese, o no, credibilidad. Se partía de la base de que una importante cuota de mercado acabaría trayendo la rentabilidad. El término *Nueva Economía* se utilizó por vez primera el 30 de diciembre de 1996 en la revista *Business Week*, en un informe elaborado por Michael J. Mandel con el título de «El triunfo de la Nueva Economía».

La recesión del año 2000, la que puso fin a la Burbuja Puntocom, devaluó la idea de un crecimiento permanente. Pero no hizo mella en lo que subyacía a la idea del crecimiento permanente y equilibrado: el aumento de la productividad.

Con el fin del Sistema de Economía Planificada el planeta había superado el agotamiento al que el Modelo de Oferta se había aproximado coincidiendo con el fin de la guerra fría. Lo hizo a través del crédito: salarios y desempleo-subempleo al alza tan sólo eran superables permitiendo un consumo sustentado en el endeudamiento; pero el desempleo-subempleo, disfrazado de lo que se llamó Tasa Natural de Desempleo, no sólo no había recuperado los valores de los años sesenta, sino que tendía a apartarse crecientemente de ellos. En España ocurrió una vez superada la fase del 92: Juegos Olímpicos de Barcelona, Exposición Universal de Sevilla, Capitalidad Cultural de Madrid. La economía se hallaba en un estado de semiestancamiento y con un nivel de desempleo elevado.

En ese contexto, el análisis del profesor Sampedro es demoledor. El desempleo del factor trabajo es algo inherente al Sistema Capitalista porque el capitalismo busca incrementar la productividad y la consecuencia de ello es el desempleo. Si esto no ocurrió con el Modelo de Demanda fue porque la tecnología limitaba la capacidad de crecimiento de la productividad por unidad de factor trabajo utilizada.

Ante esta situación, existen dos posibilidades con dos opciones cada una. O bien se produce el reparto del tiempo de trabajo o bien aumenta el desempleo; pero lo primero conduce a descensos en los salarios y lo segundo, indefectiblemente a más desempleo y a aumentos de los salarios de las personas verdaderamente esenciales.

El profesor Sampedro intuye que esa vía conduce a un agotamiento: el Sistema Capitalista no puede solucionar los problemas que ese mismo sistema genera al tiempo que va avanzando, como los del medio ambiente o el desempleo. El capitalismo precisa de la constante implementación de nuevas tecnologías para ir a más, pero ello va generando problemas que, obviamente, no sabe ni puede resolver; sin ir más lejos, el creciente problema del paro.

> Lo que me impresionó enormemente, por no decir que me frustró, fue que tanto estudiantes como docentes llegaron a la conclusión de que ante el creciente calentamiento del clima sólo hay dos posibilidades: o los pronósticos científicos son falsos, lo que sería estupendo, o son ciertos, y entonces, de todos modos, no podemos evitar las consecuencias porque los costes no son psicológicamente transferibles a los ciudadanos. Por tanto, las reestructuraciones económicas necesarias para responder a ello no serían políticas ni socialmente sostenibles.
>
> Klaus Töpel, exministro alemán de Medio Ambiente y asesor en la Conferencia Medioambiental de las Naciones Unidas de Río de Janeiro en 1992. (Impresiones tomadas durante un curso impartido en el Dartmouth College, New Hampshire, en 1996). Citado por Hans-Peter Martin y Harald Schumann en *La trampa de la globalización*, op. cit.

El medio ambiente, su preservación, su degradación, son cuestiones que empezaron a abordarse en la década de 1970 con una dedicación creciente por parte de organizaciones y expertos casi ideológicamente comprometidos; enfrente, una cohorte de entidades y expertos que, también armados con argumentos científicos, apoyaban las tesis opuestas, que eran las defendidas por la industria. En la década de los 2000 los argumentos en uno y otro sentido alcanzaron máxima virulencia.

En el fondo, la contaminación medioambiental es una cuestión de ineficiencia de los procesos productivos o de costes productivos. Un proceso productivo que fuese eficiente al 100 % no generaría subproductos ni residuos, ya que utilizaría la totalidad de los elementos que interviniesen en el proceso. Algo parecido sucedería con la calidad y pureza de las materias primas, energía y consumibles: a más pureza, menos desperdicios.

Pero las cosas no son tan simples. Perfeccionar los procesos productivos, utilizar materiales más puros, supone costes más elevados, y como quienes producen y comercializan quieren-precisan-necesitan mantener sus beneficios o incrementarlos, deben mantener los costes lo más bajos posible a fin de que también lo sean los precios.

Porque la verdad es que las medidas reguladoras, las limitaciones, las políticas restrictivas que permitan preservar el medio ambiente tienen un coste directo sobre el bienestar de la población. El concepto de *crecimiento* y, por ende, de *bienestar*, ha estado basado en consumir cada vez más de todo por parte de todos, y en un entorno de libertad total de disposición y uso, y para ello ha sido preciso que los precios de venta se mantuviesen dentro de unos límites asumibles. Regular, limitar, restringir... implica reducir el bienestar y el crecimiento. Y a eso es preciso añadir el coste político que lo anterior lleva aparejado.

Es decir, en el que ha sido *nuestro modelo* no era factible, ni económica, ni social, ni políticamente, abordar las estrategias requeridas para preservar y mantener el medio ambiente. Otra cosa será el día en que se implemente un nuevo modelo.

> ¿Cómo podemos saber cuándo la exuberancia irracional ha aumentado de manera excesiva el valor de los activos? ¿Y cómo incorporamos esa valoración en la política monetaria?
>
> Alan Greenspan, presidente de la Reserva Federal de Estados Unidos en una sesión del think tank American Entreprise Institute for Public Policy celebrada en Washington el 5 de diciembre de 1996. *Cinco Días,* 9/5/2000.

Posiblemente éstas sean unas de las frases más célebres pronunciadas a lo largo de la historia por alguien encargado de llevar a término la política monetaria de un país. Unas de las más célebres, de las más reproducidas y de las más interpretadas.

Internet abrió la puerta a una serie de mundos que antes eran imposibles siquiera de imaginar. Uno de esos mundos fue la especulación: las posibilidades de especulación financiera con internet literalmente aumentaron hasta el infinito.

Una de las características que de forma automática incorpora la tecnología —cualquier tecnología— es su rapidísima capacidad de evolución; avanza a una velocidad muchísimo mayor que las legislaciones que pretenden regularla; otra es la capacidad de los humanos de asumir los efectos de las nuevas tecnologías, y sus consecuencias, y los cambios sociales que su uso comporta, al menos de la mayoría de los seres humanos.

En este alegato, el presidente del Banco Central de Estados Unidos manifestaba con todo su dramatismo de qué manera puede la política monetaria, con los manuales de política monetaria al uso, incorporar la hiperespeculación que ya entonces, recién empezada la Era Internet, estaba llamando a la puerta. Y se hace la pregunta conociendo de antemano la respuesta: no es posible; hará falta diseñar, sobre la marcha, y siempre por detrás de los acontecimientos, las herramientas que pretenderán hacer frente a una realidad que se había colado en el entorno sin haber pedido permiso.

> La Unión Europea es el producto de las exigencias de grandes empresas que quieren un mercado grande.
>
> Werner Teufelsbauer, director del gabinete de estudios de la Federación Austriaca de Cámaras de Comercio. *Cinco Días,* 7/1/1997.

Europa salió desestructurada de la Segunda Guerra Mundial, con destrucciones profundas de sus infraestructuras y, lo que es tanto o más importante, aislada por la presencia de fronteras impermeables a la comunicación entre los países que la forman, es decir, aislada a nivel interno. Tres guerras europeas libradas desde mediados del siglo XIX, y cuatro contando con la de Crimea, habían llevado a esa situación.

Al margen de lo que ese aislacionismo interno implica a nivel político, a nivel económico es funesto porque las fronteras suponen trabas al tráfico de bienes y capitales, y eso es muy malo para los negocios. El Tratado de Roma de 1957 fue, sin duda, un intento realmente serio de superar los resquemores y desconfianzas derivados de la Segunda Guerra Mundial, pero orientado a lograr lo que se podía conseguir en aquel entonces, buscando aquello que podía encajar en la Europa que se estaba recuperando. Con un alcance limitado a la economía.

Las grandes y muy grandes empresas eran aquellos entes a los que más beneficiaba una unión que eliminase aranceles y restricciones comerciales y de transferencias de capitales; eran apenas los embriones de lo que más tarde serían las corporaciones. Nadie se benefició más de la eliminación de barreras que poco a poco transformarían Europa en un mercado único. Y luego llegaría todo lo demás, naturalmente. La progresiva desaparición de las trabas fronterizas fue positiva, pero ha sido sobre todo algo que buscaban los grandes intereses económicos.

> Quien admita el derecho de unos padres ricos a educar a sus hijos en una cara escuela privada no puede rechazar las técnicas reprogenéticas con el argumento de que no son equitativas.
>
> Lee M. Silver, biólogo molecular en la Universidad de Princeton, *Remaking Eden: Cloning and Beyond in a Brave New World* (1997). Citado por Jeremy Rifkin en *El siglo de la biotecnología*, op. cit.

Una de las máximas del Sistema Capitalista es la libertad de elección, la libertad en la capacidad de elección, pero la capacidad de ejercitar esa libertad en toda su amplitud está en función de la renta o de la capacidad de endeudamiento de cada persona o empresa.

En general, y los modelos educativos anglosajones saben mucho de eso, el acceso a una muy buena escuela infantil está vinculado a la riqueza de los progenitores, como se ha admitido desde siempre. Un paso más en esa búsqueda de lo mejor para los hijos sería el uso de ingeniería genética que mejorase campos problemáticos. Tales modificaciones podrían ser permitidas, o no, por razones diversas, pero no por razones de equidad, toda vez que la equidad no es un elemento destacable en el modelo de oferta.

5

EL MODELO DE OFERTA 2.0

> En las dos últimas décadas una quinta parte de la humanidad ha mejorado sustancialmente su nivel de vida, pero otra quinta parte ha empeorado sustancialmente y dos quintos de la gente malvive con menos de dos dólares por día. Según datos de Naciones Unidas, en 1994 345 multinacionales en el mundo tenían un patrimonio equivalente a la renta anual de países que, juntos, contenían el 45 % de la población mundial.
>
> Manuel Castells, «Tras la siembra de los vientos». *El País*, 4/6/1998.

El Modelo de Demanda supuso —provocó, implicó— una mejora espectacular del estándar de vida de amplios colectivos con respecto al que tenían antes de los años cuarenta. No fue por arte de magia, sino simplemente porque el crecimiento (y de ahí la consecución de los beneficios) se sustentó en que la mayor cantidad de personas fuese a mejor y que las diferencias entre ellas se mantuviesen dentro de unos límites. El Modelo de Oferta acabó con eso al poner el acento en que los propietarios del capital aumentasen su particular crecimiento lo más posible en un entorno de inflación lo más reducida posible; el crecimiento vendría de la suma de todo lo que consiguiese cada individuo de los que integraban el conjunto.

El texto puede resumirse así: el 20 % de la población vive mejor; el 20 %, peor; el 40 % malvive; el 20 % no existe porque no cuenta: «Los pobres no son suficientemente pobres», es decir, no son necesarios, ni para consumir ni para producir. Eso es el Modelo de Oferta, claro, pero tras el inicio de la masificación de internet se dio una vuelta de tuerca al modelo: internet permitió tres cosas, con unas implicaciones que, a mediados de los noventa, muy pocos vislumbraban: la capacidad de digitalizar cualquier tipo de información y remitirla en microsegundos a cualquier lugar del planeta; la posibilidad de que muchas personas accedan, simultáneamente, a una información determinada; la posibilidad de trabajar 24 horas diarias 365 días al año, de forma que unas unidades productivas continúen un gran número de tareas en el punto en el que las ha dejado la gente que se ha ido a dormir en otra parte del planeta.

Internet introdujo un nuevo giro al Modelo de Oferta: la productividad iba a poder crecer verdaderamente en un entorno en el que el papel regulador y equilibrador del Estado iba a menos, porque debía ir a menos a fin de no generar obstáculos a la producción, a la oferta. En un escenario como ése, poco iba a mejorar realmente el estándar de vida de la población ante el hecho de que los activos de 345 grandes compañías sumasen la renta de 2.800 millones de personas.

> El Estado de bienestar no fue más que una socialización de la caridad sin que se abordara nunca el tema imposible de la justicia.
>
> Eduardo Haro Tecglen, «Locos». *El País,* 16/10/1998.

El modelo de protección social fue implementado, básicamente, por tres razones. Una: para que la clase obrera se sintiese protegida y cubierta y pudiese preocuparse exclusivamente de producir. Otra: para comprar la paz social en un entorno de guerra fría, de tal modo que si la sociedad se portaba mal pudiera perder la protección que le brindaba el modelo. Otra más: para generar PIB, ya que las actividades y acciones desempeñadas por el modelo de protección contribuían al crecimiento.

Pero financiar un sistema de coberturas múltiples como aquél no era barato. Para financiarlo se puso la maquinaria productiva a funcionar a plena potencia y para ello se empleó a la máxima cantidad de población activa que fue posible: era imprescindible crecer al máximo a fin de que los actores pudieran pagar en forma de impuestos la máxima cantidad permisible para que los Estados a su vez pagasen esa panoplia de coberturas que brindaban a sus ciudadanías.

Se estableció un pacto: todo el mundo contribuiría para que todos, menos los megarricos, fuésemos menos pobres; es decir, se obligó a todos a contribuir a la reducción de la pobreza de todos al socializar unas cantidades estipuladas; unas contribuciones, a modo de limosnas generalizadas; pero el modelo sistémico no se planteó diseñar ni desarrollar un esquema jurídico que evitase las causas de la pobreza: simplemente era imposible porque ello hubiese supuesto entrar en unos ámbitos que ni el Modelo de Demanda, ni mucho menos el Sistema Capitalista, querían abordar. Obviamente, a medida que el Modelo de Oferta fue reduciendo el esquema de coberturas, fue aumentando más la pobreza y se tornó aún más imposible el abordaje de la justicia.

La Mano Invisible del mercado no funcionará jamás sin un puño invisible. McDonald's no puede extenderse sin McDonnell Douglas, el fabricante del F-15. El puño invisible que garantiza la seguridad mundial de las tecnologías de Silicon Valley se llama el ejército, la fuerza aérea, la fuerza naval y el cuerpo de marines de los Estados Unidos.

Thomas Friedman, consejero de Madeleine Albright, secretaria de Estado de Estados Unidos, en *The New York Times Magazine*, 28/3/1999. Citado por François Houtart en «Las alternativas creíbles del capitalismo mundializado». *Pasos*, n.º 89, 2000.

En la historia de Estados Unidos el ejército siempre ha jugado un papel fundamental, pero sólo cuando el presidente Eisenhower, que era un general de cinco estrellas, introdujo el concepto de *complejo industrial-militar*, empezó a tomarse auténtica conciencia de la importancia económica del ejército.

Las sinergias entre el mundo industrial y el militar son esenciales para la economía estadounidense debido al hecho de que su poderosísimo ejército ha de ser permanentemente abastecido de nuevos y cada vez más sofisticados dispositivos que diseñan y construyen contratistas privados bajo la supervisión y los requerimientos de los mandos militares; junto a ello, hay que subrayar el papel protector de los intereses estadounidenses en el mundo que el ejército de Estados Unidos desempeñó desde el inicio de la guerra fría.

A finales de la década del 2000 el gasto militar de Estados Unidos era mayor que la suma del gasto militar de los diez países siguientes en la lista de los mayores presupuestos militares del planeta. En términos relativos, ninguna potencia desde el Imperio romano había gastado en armamento tanto como ha hecho Estados Unidos.

Pregunta: ¿Cuáles son los mayores errores que cometen los pequeños inversores?
Respuesta: Se alegran cuando suben sus acciones y se preocupan cuando bajan. Yo me alegro cuando baja el precio de mis acciones, porque así puedo comprar más.

Warren Buffett, consejero delegado del fondo de inversión Berkshire Hathaway. *El País*, 25/4/1999.

Hasta la eclosión del Modelo de Oferta, la inversión en Bolsa se hallaba bastante limitada a profesionales expertos en mercados, pero con el nuevo modelo llegó un nuevo concepto: el *capitalismo popular*. El objetivo era que la mayor cantidad posible de personas invirtiesen sus ahorros en Bolsa con el doble propósito de capitalizarlos rápidamente y de crear un *efecto riqueza* gracias a la sensación de euforia que las alzas bursátiles causaban a los tenedores de acciones y sus efectos en la economía. En Estados Unidos, a finales de los años noventa, nueve centavos de cada dólar que se gastaba en consumo tenía como origen ese efecto riqueza.

El capitalismo popular se fue extendiendo a lo largo de los años ochenta y noventa, mucho más en los países anglosajones que en el resto del mundo. A finales de la década de 1990, el 40 % de las familias estadounidenses tenía inversiones bursátiles, aunque el 90 % de los fondos que atraían inversiones de las familias en la Bolsa pertenecían al 1 % de la población.

En cualquier caso, los antiguos expertos y fondos de inversión no sólo no menguaron su volumen e importancia, sino que los aumentaron. Uno de esos expertos es Warren Buffett, consejero delegado de uno de los fondos de inversión más rentables del planeta.

Buffett, a diferencia de otros gestores de fondos, nunca ha estado interesado en la especulación a corto plazo y en el beneficio rápido; al contrario, sus inversiones siempre han estado guiadas por la generación de negocio a largo plazo y siempre ha buscado el control de las compañías en las que invertía. Y ahí radica la diferencia.

Los pequeños inversores están preocupados por lo concreto: su jubilación, sus ahorros... y por ello se preocupan cuando cae la rentabilidad de su fondo o la de las acciones participadas por él. Pero a Warren Buffett una bajada de las cotizaciones de las compañías en las que ha invertido le abre la oportunidad de adquirir más acciones y pasar a ejercer un mayor control sobre esa o esas compañías. Tanto el pequeño como el gran inversor invierten, pero sus objetivos son radicalmente diferentes.

> En este mercado, cuanto más dinero se pierda, más valioso se es.
>
> James Borkowski, vicepresidente ejecutivo de Industrial Microwave Systems Inc, al comentar que su compañía, tras seguir los consejos de sus asesores financieros, no modificó sus planes para entrar en zona de beneficios en el 2000, posponiendo esta fecha hasta el 2001. *Cinco Días*, 21/5/1999.

La Nueva Economía introdujo una idea de proceso económico de tipo revolucionario y que cambió las perspectivas de las compañías vinculadas a internet: para llegar a alcanzar un abultado beneficio futuro es esencial contar con la mayor cuota de mercado que sea posible, y para ello es imprescindible contar con un gran volumen de negocio, es decir, con una muy elevada cifra de facturación traducida en ingresos por ventas.

Claro que eso supone que en los primeros tiempos de actividad de la compañía, y hasta que consiga una apreciable cuota de mercado, es muy posible que esos ingresos le cuesten pérdidas; de modo que cuanto más crezcan los ingresos de la empresa, más negativo será su beneficio, pero esto será una muy buena señal: indicará que su cuota de mercado está aumentando y que ya llegará el tiempo de las ganancias.

Entre 1996 y el 2000 se popularizó el concepto de *start up*, compañías nacientes, la mayoría dedicadas a algo vinculado a, o con, internet y que situaban a éste en el centro de su negocio. La operativa era siempre la misma: nacer con un capital destinado a quemarse con el fin de hacerse un hueco en el mundo y con el objetivo de cotizar en Bolsa; con la esperanza, en la inmensa mayoría de las ocasiones, de ser adquirida por un monstruo por muchos cientos de millones de dólares que se repartirían los fundadores iniciales de esas pequeñas empresas. Esta fase, conocida como Burbuja Puntocom, finalizó abruptamente en el año 2000.

El ejemplo más significativo de esta operativa fue el de Amazon, el portal de ventas por internet. Entre 1995 y el año 2000, sus ingresos pasaron de 511.000 dólares a 2.760 millones, y sus resultados de –303.000 dólares a –1.041 millones; a partir de ahí empezó a hacer las cosas de otra manera y en el año 2003, con unos ingresos de 5.260 millones de dólares, ya obtuvo unos beneficios de 35,3 millones. (Fuente de los datos: *The New York Times-El País*, 28/7/2005).

> Hoy, ser keynesiano consiste en reducir los déficits públicos.
>
> Dominique Strauss-Kahn, ministro de Economía, Finanzas e Industria de la República Francesa, en una alocución durante la preparación de los presupuestos para el año 2000. *El País*, 20/4/1999.

> El crecimiento y la creación de empleo exigen recortar la participación del Estado en la economía.
>
> Werner Müller, ministro de Economía de la República Federal de Alemania en el gobierno de coalición entre socialdemócratas y verdes. *El País*, 21/7/1999.

La socialdemocracia de los años sesenta y setenta hizo bandera de la intervención del Estado en la economía. El principio decía que éste tenía que llegar a donde la iniciativa privada no podía o no quería llegar, pero el papel real del Estado en economía solía llegar más allá del principio anunciado. La tercera vía cambió eso.

El principio que empezó a guiar el proceder, primero de la *derecha* desde el inicio de la década de 1980 y, luego, de la *izquierda* desde la introducción de la idea por parte de Tony Blair con su tercera vía, fue la de que el Estado debía desaparecer del día a día, del quehacer diario, ya que para ocuparse de la gestión de ese día a día ya estaba «el mercado». A partir del 2010, «los mercados».

El enfoque había cambiado: el objetivo no era ya que *todos* avanzasen, sino que avanzase-el-que-mejor-lo-hiciese. En el primer supuesto, el papel del Estado era fundamental porque garantizaba que eso ocurriese; en el segundo, podía llegar a ser un estorbo porque reprimía. No había ideología, tan sólo ansia por aumentar los beneficios (si tal fin se considera una ideología, entonces la había); por ello, cosas como la reducción de la desigualdad en la distribución de la renta, o sea, cosas que antes habían sido esenciales porque contribuían al avance de todos, ahora aparecían como un lastre porque perjudicaban a los mejores. Y como el *mundo privado* sabía hacer las cosas mejor, el Estado tenía que retirarse, y gastar sólo aquello que en su declinante papel pudiera recaudar. En ese contexto, no es de extrañar que a la tercera vía se le empezase a denominar «social-liberalismo».

> Los mendigos deben ir a parar a las prisiones.
>
> Jeffrey Archer, candidato por el Partido Conservador a las elecciones municipales de la ciudad de Londres. *El País,* 22/9/1999.

Para el Modelo de Oferta existían dos problemas contra los que había que luchar con todos los medios: uno era la inflación y el otro, los impuestos. La teoría del modelo suponía que la bajada de impuestos —mayor reducción cuanto más rica sea la persona física o jurídica— llevaría a un aumento de la recaudación porque esas personas ricas, al pagar menos impuestos, aumentarían su consumo y su inversión, lo que conduciría a un incremento de la actividad económica, lo cual redundaría en un aumento de la recaudación. El economista Arthur Laffer teorizó abundantemente sobre el proceso.

Todo lo cual es discutible. De entrada, la bajada de impuestos dará lugar a una caída en la recaudación, pero ocurre que, posteriormente, nada garantiza que esas personas vayan a incrementar su consumo y su inversión. Lo que es seguro es que las caídas en la recaudación, o la posibilidad de tales caídas, deberán ir acompañadas de reducciones del gasto público, algo muy en la línea filosófica del Modelo de Oferta ya que la reducción de tales gastos supone la reducción del Estado y la privatización de los servicios correspondientes, lo que generará más negocio privado.

Mucho se ha escrito sobre la ideología del Modelo de Oferta en la línea de que la reducción del gasto público, además de constituir un principio macroeconómico, era una cuestión ideológica. Lo que sí es incuestionable es que durante la primera década y media de gobiernos seguidores del modelo, fundamentalmente en Estados Unidos y en el Reino Unido, la desigualdad en la distribución de la renta se acentuó, al aumentar el control del porcentaje de la renta total que estaba en manos del 10 % más rico de la población y disminuir el del 20 % más pobre.

Este aspecto filosófico o ideológico del Modelo de Oferta fue evolucionando con el tiempo. En Estados Unidos con George W. Bush (2001) y en el Reino Unido con David Cameron (2010) nació una versión distinta: el llamado «conservadurismo compasivo», totalmente liberal en lo económico pero que consideraba aspectos sociales; versión que no compartían los elementos más radicales, como el candidato a la alcaldía de Londres Jeffrey Howard Archer, Baron Archer of Weston-super-Mare.

> Un teléfono inalámbrico no es más que una tarjeta de crédito con antena.
>
> Richard Fairbank, presidente ejecutivo de Capital One, compañía especializada en la preaprobación en el marketing de tarjetas de crédito, que en noviembre de 1999 contaba con más de veinte millones de titulares. *Cinco Días,* 11/11/1999.

El Modelo de Oferta buscaba la eliminación de trabas que pudieran limitar su expansión, pero con la masificación de internet y la apertura de las posibilidades que para las TIC suponía la versión plus de internet, se abrió la posibilidad de, a la vez, expandir el consumo de la creciente capacidad de oferta del sistema productivo que los resortes aportados por la globalización —la deslocalización, sobre todo— habían permitido crear.

Pero para vender te tienen que comprar y para ello se ha de facilitar el acceso, tanto a los bienes y servicios para el consumo como para la realización del pago. Y la telefonía móvil, tras casi dos décadas de desarrollo, podía ofrecer esa facilidad. Por otro lado, en las palabras del ejecutivo hay algo más: el reconocimiento de que el móvil podía convertirse en un medio de pago en sí mismo. El tiempo le ha dado la razón.

> La insistencia dogmática en las virtudes del libre comercio conducirá al proteccionismo.
>
> John Gray, politólogo británico, autor de la obra *Falso amanecer: Los engaños del capitalismo global*. Entrevista de Andy Robinson en *Cinco Días*, 26/11/1999.

A finales del siglo XIX se vio con claridad que la concentración de la actividad conducía al monopolio y al fin del capitalismo, y se evitó que eso sucediera, pero ello no cambió la esencia del Sistema Capitalista: tender al monopolio. A la vez, en esa carrera en que se enzarzaban los competidores, el ganador se lo llevaba casi todo durante un tiempo, hasta que otro aparecía y le destronaba.

La dinámica evolutiva del sistema fue abriendo el abanico de posibilidades para los concurrentes, y el libre comercio fue una de las vías más explotadas desde los años ochenta. Libre comercio: eliminación de trabas a la libre circulación de bienes y servicios, restricciones nulas: se impondrá el más competitivo; fuera barreras, fuera defensas... ¿Sin límites?

En esa carrera en pos del más competitivo, ¿van a permanecer impávidos los gobiernos a medida que vayan desapareciendo numerosas empresas barridas por el libre comercio? ¿Cuál será la reacción automática? Obviamente defender sus producciones, no tanto con el viejo arancel decimonónico, sino de formas más sofisticadas: requerimientos técnicos, desvalorización de la propia divisa... Proteccionismo en cualquier caso.

Pocos días después de que se pronunciase la frase citada, entre el día 29 de noviembre y el 3 de diciembre, tuvo lugar en la ciudad de Seattle el que se considera el primer acto del movimiento antiglobalización, un movimiento popular, al margen de partidos. Consistió en una serie continuada de manifestaciones y protestas en las calles de la ciudad que iba a ser la sede de la cumbre de la Organización Mundial del Comercio.

> Antes, Henry Ford fabricaba el coche y el cliente lo pagaba; ahora, el cliente paga el ordenador y Michael Dell lo fabrica.
>
> «Fabricar a medida y a precios razonables». *Actualidad Económica*, 17-23/4/2000 (cita de *The Economist*).

Una de las consecuencias de la masificación del consumo que trajo consigo la industrialización fue la necesidad de disponer, en las plantas de montaje, de una cantidad de unidades suficientemente elevada a fin de servir los pedidos que cursaban los distribuidores a medida que sus almacenes se iban vaciando al realizar ventas; es decir, el éxito de un bien implicaba tener stocks muy elevados de ese bien.

Pero tener unos stocks elevados traía consigo varios posibles problemas. Unos eran problemas teóricos: ¿qué hacer con existencias obsoletas si el bien ralentiza sus ventas? Otros eran muy reales: stocks elevados suponen elevadas dotaciones financieras para producirlos, comprarlos y guardarlos, y esas dotaciones financieras sólo se recuperarán una vez que el bien se venda. Por ello, la gestión de stocks ha sido desde los años veinte un arte más que una parte de la política económica de las empresas industriales; el ejemplo más típico de su aplicación es el subsector del automóvil, aunque, evidentemente, no sea el único.

Las TIC y sus posibilidades terminaron con casi todo el problema de los stocks de producto acabado en bastantes subsectores industriales o, al menos, brindaron la posibilidad de acabar con él. El ordenador que no está fabricado, sino que lo va *fabricando* quien lo está comprando en la web de la compañía Dell a partir de las opciones que la web le ofrece, sólo existe en la mente de ese comprador interactivo. Cuando haya finalizado de escoger todos los componentes, le solicitarán una confirmación, tras la que le pedirán que realice el pago de la compra. El comprador pagará y, sólo cuando el pago haya sido verificado, sólo entonces, la orden de fabricación se enviará y a partir de ese momento comenzará el proceso de ensamblaje. Unos días después, el comprador recibirá su ordenador.

Las TIC han posibilitado tres cosas. Máxima comodidad para quienes compran, pues evita desplazamientos hasta el punto de venta; posibilidad de configurar el ordenador, en este caso, de acuerdo con las necesidades de quien compra; eliminación de stocks del producto final; y cobro por adelantado del bien vendido. Con toda seguridad Henry Ford se hubiese quedado maravillado de un proceso como el de Dell. Una posibilidad que en los años veinte se hallaba más allá de la ciencia ficción.

> Al final, el mercado es una pantalla y en los tiempos en los que vivimos las pantallas pueden estar ubicadas en cualquier lugar. [...] Los días en los que los mercados nacionales eran iconos ya han pasado.
>
> Daniel Hodson, responsable del Mercado de Futuros y Opciones de Londres, durante la segunda mitad de la década de los noventa. *Cinco Días,* 15/5/2000.

Cuando en la década de 1980 comenzó la nueva fase de globalización económica, una de las características que más impactaron fue la deslocalización de plantas de montaje y la segmentación deslocalizada de procesos productivos; un proceso que luego, con las TIC, se multiplicó hasta el infinito.

Antes de internet, los mercados de valores estaban localizados en lugares concretos, ubicados en direcciones, y residentes en edificios sólidos y emblemáticos; y eran iconos porque eran templos en los que se obtenían los capitales con los que hacer que el mundo continuase girando. Pero con internet la deslocalización se hace absoluta y se obtiene el don de la ubicuidad, porque se convierten en accesibles en cualquier momento, desde cualquier lugar y por parte de múltiples personas —o máquinas— a la vez. Llegados a este punto los mercados dejan de tener cara y ojos, por lo que dejan de ser iconos y se transforman en algo tan simple como una pantalla, pero con muchísimo más poder.

> En la nueva economía, una buena cotización de bolsa depende más del conocimiento de los empleados que del número de plantas de fabricación.
>
> Javier Berros, responsable de aplicaciones de Recursos Humanos en IBM. *Ciberp@ís, El País,* 18/5/2000.

Uno de los mayores mitos de la historia fue la supuesta promesa de plena ocupación que las TIC y sus derivaciones traerían consigo, debido al papel tan decisivo que desempeñaría el capital humano necesario para diseñar, implementar, mantener... aplicaciones y procesos; así como para desarrollar proyectos más evolucionados. De hecho, la Nueva Economía nació con la idea de que el pleno empleo se hallaba a la vuelta de la esquina.

Claro: iba a ser un pleno empleo de un factor trabajo altamente cualificado. En el 2000, y aunque no se dijese de forma clara, ya era evidente que la automatización iba a ir sustituyendo puestos de trabajo con una reducida generación de valor. Con lo que no se contaba era con que la evolución de la tecnología hacia una creciente sofisticación, pero acompañada de una simplificación en su uso, iba a ir cerrando la gama de exigencias que el capital humano debía cumplimentar.

> La única diferencia [entre el Partido Demócrata y el Partido Republicano estadounidenses] es la velocidad con que sus rodillas alcanzan el suelo cuando las grandes compañías llaman a sus puertas.
>
> Ralph Nader, candidato por el Partido Verde en las elecciones presidenciales de Estados Unidos del año 2000. *Cinco Días*, 5/6/2000.

Para muchos estadounidenses, Ralph Nader pasará a la historia como el hombre que impidió la victoria de Al Gore en las presidenciales del 2000, ya que los votos que recibió restaron más votos al Partido Demócrata que al Partido Republicano.

En cualquier caso, el mensaje de Nader siempre ha sido el mismo. Martillo de las grandes corporaciones en su defensa de los intereses de los consumidores; y contrario a la política exterior estadounidense, que él considera corporativista e imperialista. La frase que se cita aquí es un claro ejemplo de la idea que él tenía de la política estadounidense en la época.

> La nueva economía implica hacer cosas nuevas, pero también hacer cosas tradicionales de manera nueva.
>
> Robert D. McTeer, presidente de la Reserva Federal de Texas. *El País*, 7/6/2000.

Tras la masificación de internet se produjo la expansión explosiva de un sinfín de expectativas y negocios vinculados a las TIC, con una característica común a todos ellos: la novedad. Todo eran ideas nuevas, productos nuevos, ingenios nuevos para... hacer cosas nuevas.

Pero las TIC, y toda la innovación que arrastraban, hacían posible un elemento que era lo realmente revolucionario: hacer cosas que ya se hacían, pero hacerlas de formas distintas, de modos diferentes, y siempre con un objetivo: que esas nuevas formas de hacer fuesen más eficientes. Por ejemplo, los diversos tipos de trabajos de mantenimiento.

Un equipo industrial, un ascensor, una caldera de calefacción... deben ser periódicamente revisados y mantenidos; las revisiones periódicas pueden ser realizadas de forma automática al conectar esos equipos a internet y monitorizarlos en tiempo real desde la sede del fabricante o del concesionario, y llevar a cabo los ajustes de software que sean precisos para optimizar su rendimiento. De manera similar, el control cardiaco de un paciente también puede hacerse a distancia.

> Me temo que la futura será una sociedad de exclusión, por la simple dificultad biológica para aprender cosas nuevas.
>
> José Manuel Morán, miembro del Consejo Económico y Social, en la sexta Conferencia Internacional Computerworld celebrada durante la primera semana de junio de 2000. *Ciberp@ís, El País,* 8/6/2000.

Uno de los cambios que el Modelo de Oferta trajo consigo fue la búsqueda a la desesperada de la competitividad en un entorno de cambios constantes; unos cambios provocados por esa competitividad que se buscaba a la desesperada y que pretendían sobre todo mejorar permanentemente la competitividad. La masificación de internet y la introducción masiva de las TIC en el mundo productivo aceleró esa tendencia.

Pero no todos podían seguir ese ritmo, un ritmo que a principios de la década del 2000 ya se intuía que se iría acelerando. Para seguir ese ritmo hacía falta una gran inteligencia, una enorme capacidad de trabajo y una inagotable capacidad para aprender nuevas técnicas y nuevos procesos, y para adaptarse a los cambios que se fuesen produciendo; y todo parece indicar que no todos pueden conseguirlo. La imposibilidad vendrá dada por una pura incapacidad biológica: la imposibilidad se hallará en la propia persona, en sus límites.

> El único incentivo para producir algo es alcanzar temporalmente una posición de monopolio, porque sin esa posición el precio no permitiría rentabilizar los costes marginales y cubrir los elevados costes fijos iniciales. Por tanto, la persecución constante de esa posición de monopolio se convierte en la principal fuerza impulsora de la nueva economía. Y la destrucción creativa derivada de todo ese esfuerzo se convierte en el acicate esencial del crecimiento económico.
>
> Lawrence Henry *Larry* Summers, secretario del Tesoro de Estados Unidos, en un discurso pronunciado en San Francisco en mayo del 2000. *El País,*10/6/2000.

El Sistema Capitalista tiende al monopolio porque en la lucha en la que participan todos los competidores con la idea de imponerse a los demás se irán eliminando unos a otros hasta que tan sólo uno resulte vencedor. Pero es que, además, como el objetivo de cada competidor es vencer en esa lucha, el quedar como único oferente es parte inherente a cada participante en tal lucha. Entre finales del siglo XIX y mediados del XX, la obsesión de las instituciones vigilantes de la competencia fue evitar que alguien pudiera hacer real esa posibilidad.

En el texto citado se pueden leer implícitamente dos ideas. La primera, que podría resultar inquietante, es que tan sólo si se tiene la certeza de que se va a conseguir una posición monopolista en un subsector, y se consigue, se encontrarán incentivos suficientes para desarrollar un proceso económico en ese sector.

La segunda es interesante, porque abre la puerta a la posibilidad (temporal, naturalmente) de que alguien pueda erigirse, en efecto, como monopolista; la duda que no despeja es la duración que podría alcanzar esa posición temporal, porque ¿qué sucedería si el monopolista va mejorando constantemente su proceso a fin de seguir siendo siempre competitivo?

> Lo más importante en la música es la estética y no el hecho de que haya o no instrumentistas en el escenario. En el futuro, la música será una mezcla de la convencional y la electrónica. Sólo existirán solistas, que deberán ejercitar más la memoria y no sólo tocar un instrumento, sino también actuar y protagonizar acciones ante masas. Los ritmos cambiarán y la música tendrá un componente de acción teatral.
>
> Karlheinz Stockhausen, compositor alemán. *El País*, 14/6/2000.

Cada fase de la historia ha tenido su forma característica de interpretar música. En las Edades Medias eran solistas aquellos trovadores que deambulaban de un núcleo de población a otro ofreciendo su arte; en el Renacimiento, cuartetos y quintetos que interpretaban piezas a veces muy complejas pero que se ejecutaban con muy pocos instrumentos y sin necesidad de un director visible. Sólo con la Revolución Industrial nace la gran orquesta de hasta más de cien músicos, organizada en secciones: cuerda, viento, percusión..., y con un director muy visible y omnipresente, es decir, una organización que recuerda en su estructura a una planta productiva.

Esta conceptualización empezó a cambiar en 1964 cuando Robert A. Moog construyó el primer sintetizador modular capaz de, por medios exclusivamente electrónicos, producir miles de sonidos distintos simulando —¿o reproduciendo?— diferentes instrumentos. A partir de ese momento, un solo músico, un solista, podía interpretar prácticamente cualquier tipo de composición, por lo que un «intérprete musical» podía, a la vez, llevar a cabo otros tipos de actuaciones en las que la interpretación musical no fuese la única tarea que debiese realizar.

Lo que estaba empezando a suceder es que la idea central del capitalismo, la división del trabajo, comenzaba a verse sometida a revisión. Si para obtener la máxima productividad era necesario que los alfileres fuesen producidos en fases, la tecnología permitiría que una sola persona llevase a cabo varias tareas, o todas a la vez.

> Durante veinticinco años, Microsoft ha dado el poder a la gente mediante el software para el ordenador personal. Ahora se trata de darles lo mismo pero donde quieran, cuando quieran y a través del aparato que quieran.
>
> Bill Gates, Jefe de Arquitectura de Microsoft, durante la presentación de Microsoft.Net el 22/6/2000. *Ciberp@ís*, *El País*, 29/6/2000.

Durante siglos la información estuvo constreñida a unos soportes: tabletas de arcilla, rollos de papiro, pergaminos, libros..., y a un lugar físico: archivos y bibliotecas. Es cierto que con el desarrollo del transporte fue más sencillo y rápido desplazar fragmentos de esa información, facilidad que aumentó con la aparición de elementos tecnológicos como la fotocopiadora y el fax. Pero la verdadera revolución llegó con la digitalización y con internet. En cualquier caso continuaba existiendo una limitación: la movilidad. Para acceder a una información había que estar en un lugar concreto.

Hoy la frase puede sonar extraña, pero lo cierto es que alrededor del año 2000 se sentaron las bases para hacer posible el acceso a la información desde cualquier lugar y a través de múltiples instrumentos. De esta forma, la información paulatinamente se va a tornar móvil, ubicua, atemporal y descentralizada de un aparato en concreto, de manera que cualquier elemento —persona o cosa— tenga acceso a una información generada por cualquier persona o cosa.

> La descarga de un buque en el puerto de Londres requería, en 1970, la participación de ciento ocho personas durante cinco días. En el 2000 esta tarea la realizan ocho personas en un día.
>
> De un artículo de *Time* en el que se analizaban las ocupaciones con futuro y las que retrocederán en importancia. *Ciberp@ís, El País,* 29/6/2000.

Descargar un teórico buque equivalente precisaba en 1970 de 4.320 horas de trabajo, y de sólo 64 en el 2000. De alguna manera era como si una hora de 1970 equivaliese, treinta años después, a 67,5 horas. Es decir, la productividad de descarga en el puerto de Londres se había incrementado el 6.650 % en el año 2000 con relación a 1970.

¿Cómo se había conseguido este portentoso logro? Básicamente debido a tres factores: el uso de una tecnología crecientemente eficiente, la implementación de una organización cada vez más depurada, y la incorporación de un factor trabajo idóneo para las tareas que debían realizarse.

Una mejora tan espectacular de la productividad sólo fue posible gracias a la coordinación de esos tres elementos; y tan sólo con esos tres elementos fue posible obtener tal mejora en la productividad. Es decir, únicamente aquellos que tuvieran acceso a tal trinomio podrían conseguir esa productividad, lo que suponía disponer de capital y de conocimientos, algo a lo que no tenían acceso todas las economías.

> El capital financiero necesita un rendimiento del 15 % al ano, y si no es así se habla de fracaso. Pero si los trabajadores piden un aumento del 3 % les parece demasiado.
>
> Oskar Lafontaine, exministro de Economía de la RFA y expresidente del SPD, en una conferencia del ciclo «Literatura y Compromiso Social» celebrada en Madrid el 29/6/2000. *El País,* 30/6/2000.

En 1998 el SPD obtuvo la victoria en las elecciones de septiembre y Oskar Lafontaine fue nombrado ministro de Finanzas por Gerhard Schröder, que se convirtió en canciller federal tras los comicios. En marzo de 1999 Lafontaine dimitió como ministro y renunció a todos sus cargos en el partido. El SPD había vencido en aquellas elecciones con un mensaje muy en la línea de la tercera vía de Anthony Giddens: el «nuevo centro», muy cercano a las posiciones social-liberales de Tony Blair. El motivo argüido por Lafontaine fue su desacuerdo con la evolución que le estaban imponiendo al SPD sus nuevos líderes, que lo conducían hacia el neoliberalismo. Tras su dimisión y renuncia, Lafontaine adoptó posiciones muy próximas al socialismo tradicional, y en esa línea cabe encuadrar el texto citado.

En aquellos años, en los consejos de administración y en las juntas de accionistas se instaló la idea de que un rendimiento anual normal para el capital era el 15 %, por lo que se adoptó como norma no escrita que ése era exactamente el objetivo mínimo que todos los CEO debían alcanzar; sin embargo, los incrementos salariales eran discutidos y las masas salariales reducidas, mediante dos tipos de medidas: la deslocalización de procesos y la externalización de actividades. ¿Qué sucedía? Pues que en el año 2000 la nueva conceptualización de los factores productivos era ya un hecho.

El factor trabajo tenía carácter de coste, al tiempo que se consideraba que el factor capital era un elemento básico. Mientras que el trabajo era sustituible, el capital era insustituible, y ello porque éste era imprescindible pero el trabajo era totalmente prescindible. Motivo por el cual la remuneración del trabajo debía tender a la baja, al contrario que la del capital, que debía obtener una remuneración mínima: ese 15 %.

Obviamente, unos mínimos incrementos salariales darán lugar a unos aumentos del consumo muy contenidos, e incompatibles con el aumento de la productividad que se estaba logrando; pero la combinación del acceso al crédito para los trabajadores y de unas exportaciones al alza irían dando salida a los aumentos progresivos de producción que se iban a obtener.

> No es que los ricos se estuvieran haciendo sencillamente más ricos; es que se estaban convirtiendo en extranjeros económicos creando su propio país dentro del nuestro; su propia sociedad dentro de la nuestra y su propia economía dentro de la nuestra.
>
> Comentario de un analista del *The Wall Street Journal* en torno al aumento de la desigualdad entre los ingresos de los grandes ejecutivos de las grandes compañías y los de los trabajadores de clase media y baja, que en aquel momento se situaba en 367 veces mayor la de los ejecutivos que la de los empleados (mientras que el índice era de un 40 en los años treinta). Citado por Paul Krugman en *Después de Bush. El fin de los «neocons» y la hora de los demócratas* (Crítica, 2008) y que Joaquín Estefanía reprodujo en «Duelo a muerte en OK Corral», *Babelia, El País*, 17/5/2008.

Una de las consecuencias de la implementación del Modelo de Oferta fue que la remuneración de los altos directivos comenzó a crecer a una velocidad muchísimo más elevada que la del resto de trabajadores. Ése fue un fenómeno que se dio en todas las compañías y aún se aceleró más a medida que el Modelo de Oferta se fue sofisticando y depurando. Todo lo cual supuso lo mismo que si un torpedo hubiese alcanzado la línea de flotación de la clase media.

La razón era de una lógica aplastante. La alta dirección hacía posible que la compañía obtuviese los rendimientos que hacían que las acciones de la compañía subiesen de valor; sobre todo las acciones que tenían los grandes accionistas, ya que los pequeños se movían a través de los fondos de pensiones en aquella orgía de capitalismo popular que fueron los años ochenta y noventa. También beneficiaban directamente a los propios directivos a través de un instrumento que cada vez se fue haciendo más generalizado como parte de la retribución de las cúpulas directivas: las *stock options*.

Había que ahorrar costes para que los diferenciales de rendimientos fueran mayores y había que aumentar la productividad para hacer posible ese incremento de los diferenciales de rendimientos. Teniendo en cuenta que el factor trabajo se había convertido en un elemento sustituible, era obvio que la evolución de la remuneración de ese factor trabajo iba a ir a la baja. Esta tendencia ya no se abandonaría.

> El mercado del ganador-se-lo-lleva-todo es una estructura competitiva que arroja grandes cantidades de gente con estudios al vertedero del fracaso.
>
> Richard Sennet, *La corrosión del carácter*, op. cit.

Una de las realidades que el Modelo de Demanda puso de manifiesto fue la de que *todos son necesarios*; es decir que, en principio, la contribución de cualquier persona era necesaria en el proceso productivo. (De hecho, procesos anteriores ya habían puesto de manifiesto tal conceptualización, como ocurrió con la producción en cadena de Henry Ford).

La idea de que *toda persona es necesaria* lleva implícita la de *participación*. Todos deben participar, en definitiva: produciendo, consumiendo, generando PIB; pero el Modelo de Oferta acabó con tal idea porque a partir de su introducción se pasó a un escenario en el que tan sólo algunos —muchos, de hecho, en los ochenta, noventa y 2000, pero no todos los seres humanos— eran necesarios.

Lentamente se fue desarrollando el principio de *empleabilidad*: los más aptos deben demostrar que son empleables; y paralelamente el principio de *competitividad por un empleo*, debido a que la demanda de trabajo comenzó a ser inferior a la oferta, sobre todo en los empleos de más valor y remuneración más elevada.

El resultado de todo lo cual fue la progresiva disminución de la demanda de trabajo, bien por el aumento de productividad como consecuencia de una creciente inversión, bien por la concentración de actividades debido a la creación de organizaciones más eficientes; lo que llevó aparejado un aumento del desempleo de personas cualificadas pero no empleables, de manera que se fue repitiendo en el plano laboral lo sucedido en el plano de la producción.

> Mark, un trabajador de la *City* londinense, de treinta y cinco años, recuerda aquellos años de su infancia en que el laborismo significaba *clase trabajadora* y los tories, *clase media*. «En aquellos tiempos ser laborista era aquello que nadie queríamos ser, significaba trabajar en las minas o en las fábricas. Hoy son todos iguales, estos laboristas se presentan como válidos para las clases medias, con propuestas liberales, y ya no sabes distinguirlos de los tories».
>
> Berna G. Harbour, «La magia de Blair se desvanece». *El País*, 16/7/2000.

Situándonos en el año 2000, Mark había nacido en 1965 y su infancia había transcurrido entre tal año y 1975, es decir, en pleno Modelo de Demanda, un entorno de izquierdas y derechas, cuando la ideología aún desempeñaba un papel, y cuando la clase obrera demandaba mejoras laborales a una burguesía que resistía el envite.

A pesar de las mejoras que el modelo de protección social trajo a la clase obrera, y a pesar de que gran parte de la clase media estaba formada por miembros de la clase obrera, el *nuevo laborismo* de Tony Blair supuso romper con la idea de que el Partido Laborista era para las clases trabajadoras y el Partido Conservador para las clases acomodadas.

Al adoptar la imagen —que no la realidad— de superación del concepto de *clase*, se borró de paso la diferencia entre partidos y la ideología quedó eliminada de los programas electorales. A partir de entonces, lo que importaba era la eficiencia, la capacidad de conseguir la mejora en la escala social en un entorno crecientemente liberalizado.

> Los servicios bancarios seguirán siendo necesarios; pero los bancos, no.
>
> Bill Gates, Jefe de Arquitectura de Microsoft. *Cinco Días*, 22/8/2000.

En resumen, el papel de un banco es el de financiar una actividad económica. Los bancos, al ser las bombas que hacen que se mueva la liquidez en alguna de sus formas, posibilitan que tal liquidez acuda allí donde es necesaria, bien porque la tengan en ellos depositada, bien porque la atraen desde otros depósitos de fondos. Esa tarea no es previsible que, en un entorno de tiempo razonable, deje de ser necesaria; ahora bien, ¿por qué, necesariamente, debe ser realizada por un banco?

Afirmación revolucionaria en su momento, pues plantea la posibilidad de que la financiación de proyectos y procesos la realicen compañías no financieras pero que tengan excedentes de liquidez, o redes de compañías coordinadas e interesadas en el proyecto o proceso que van a financiar. O incluso mediante otras formas de financiación entonces en pañales, como el crowdfunding.

> Solíamos decir que éramos el punto de las puntocom; ahora preferimos decir que somos vieja economía.
>
> Edward Zander, presidente de Sun Microsystems, en unas declaraciones al *Wall Street Journal* el 18/10/2000, día en que el Dow Jones llegó a descender 435 puntos (4,31 %) y el Nasdaq 181 (5,6 %). Citado por *El País*, 19/10/2000.

Entre 1997 y el 2001 el fenómeno bursátil especulativo Burbuja Puntocom supuso un cambio de concepción inversora verdaderamente curioso. Como la cotización bursátil de las acciones de las empresas que de alguna manera tenían contacto con internet se disparó, todas las empresas querían ser puntocom, es decir, estar vinculadas de alguna manera a internet.

Cuando el proceso se agotó por completo en 2001, a partir de ese momento sucedió todo lo contrario: nadie quería tener acciones de las denominadas compañías tecnológicas y todas las compañías buscaban tener una imagen sólida vinculada a elementos fundamentales, antiguos, con solera. En octubre de 2002, el índice Nasdaq, que recoge la cotización de empresas tecnológicas, había descendido al nivel de valores que mostraba en 1996, siguiendo una evolución que recordaba a la Burbuja de los Tulipanes que se produjo en Holanda entre 1635 y 1637.

> [Soy] absolutamente contrario a un plan de sanidad nacional [porque] no quiero que el gobierno federal tome las decisiones por los consumidores o por los proveedores [de servicios sanitarios].
>
> George W. Bush, candidato por el Partido Republicano a las elecciones presidenciales de Estados Unidos, en un debate televisivo con su oponente Al Gore celebrado el 17/10/2000. *Cinco Días*, 19/10/2000.

La *Social Security Act* de 1935, aprobada durante la administración Roosevelt, introdujo en Estados Unidos las pensiones de jubilación y la prestación por desempleo, pero dejó sin cubrir la cobertura médica y la invalidez.

La razón por la cual la sanidad no quedó cubierta por un sistema federal varía en función de quién esté contando la historia. Para un político o un economista seguidor de un capitalismo puro es una cuestión ideológica que el Estado no intervenga en la vida de las personas; para quienes están en contra de esta visión, todo se reduce a una cuestión de puro negocio.

Las coberturas médicas en Estados Unidos, excepto si se es anciano o muy pobre, y sólo desde la aprobación en 1965 de una nueva Ley de Seguridad Social por parte de la administración Johnson, consumen una enorme cantidad de recursos públicos y privados. A pesar de dedicar Estados Unidos el 12 % de su PIB a sanidad pública y privada, el 16 % de su población no tiene cobertura médica debido a que, o bien no tiene suficientes recursos para pagar una póliza sanitaria, o bien no es suficientemente pobre como para ser atendido por Medicaid. En el Reino Unido, país que dedica el 6 % de su PIB a sanidad, la totalidad de su población tiene acceso a la sanidad pública. En 2013 la administración Obama introdujo en Estados Unidos la ayuda pública para las personas que no pudieran pagarse una póliza médica privada.

> En un mundo en el que las transacciones no cuestan nada, los mercados se vuelven irrelevantes.
>
> Jeremy Rifkin en una entrevista en *El País*, 22/10/2000.

La anterior puede parecer una afirmación revolucionaria, pero todo depende del contexto. Los mercados de bienes y servicios sirven, en el Sistema Capitalista, para asignar recursos. (Los mercados financieros son —en el momento que esto escribo— otra cosa: un lugar, básicamente, de especulación). Los mercados asignan recursos poniendo en contacto a oferentes y demandantes, y su labor tiene una remuneración: el coste de intermediación. Pero ¿qué sucedería si tal labor fuese innecesaria?

Las TIC permiten la multiconexión entre un número ilimitado de elementos, todos con todos, todos entre sí, todos a la vez. Entonces, en un escenario en el que todos los oferentes de un bien o de un servicio pudieran estar conectados con todos los demandantes de ese bien o servicio, el intercambio sería directo, por lo que el coste de intermediación sería nulo. Lo cual arrojaría como resultado que los mercados son innecesarios. En el momento en que la frase de Rifkin se pronunció, todavía era un escenario bastante utópico. Hoy ya es cierto al menos en algunas actividades. Mañana será totalmente factible y generalizable.

(Esta idea forma parte de una amplia reflexión que Jeremy Rifkin aborda en *La sociedad de coste marginal cero* [*The Zero Marginal Cost Society: The Internet of Things, the Collaborative Commons and the Eclipse of Capitalism* (2014)].

El viejo establishment era un club. El nuevo es una red.

Walter Isaacson, en aquel momento director ejecutivo de *Time Magazine*. Citado por Jeremy Rifkin en *La era del acceso*, op. cit.

Tradicionalmente los clubs han sido los lugares en los que, con un trasfondo deportivo, cultural o de la práctica de una actividad, se reúnen personas, hombres en la inmensa mayoría de los casos, para tratar los temas que tienen en común y para poner en común negocios que pudieran interesar a algunos de sus miembros. Los más famosos en Europa han sido los clubs ingleses del siglo XIX y de principios del XX, debido a las relaciones que en ellos se desarrollaban y a las funciones de lobby que desempeñaban en una sociedad en la que los protagonistas principales eran precisamente los miembros de esos clubs. La figura se importó a Estados Unidos. De hecho, el establishment estaba formado por los miembros de clubs.

Entre las paredes del edificio de solera que albergaba un club se tejían contactos y se sellaban alianzas, que posteriormente cristalizaban en negocios beneficiosos para los miembros; pero antiguamente eso requería una localización y un desplazamiento, cosa factible cuando prácticamente todos los miembros residían en el Londres de 1880 o en la Nueva York de 1925. En cambio, hoy en día sería imposible que ocurriese nada parecido, porque ahora el establishment se halla desparramado por todo el planeta.

Por ello es una red espacial la figura que mejor resume lo que es esta nueva versión del club, y es internet la red que este networking utiliza para desarrollar sus contactos, de manera que ha pasado a convertirse en el edificio donde se aloja el nuevo establisment. Ayer era necesario y suficiente pertenecer a un club para acceder al poder, porque sólo los miembros de las élites tenían el poder suficiente para ser admitidos en un club; hoy, estar en esa red es necesario para posibilitar el acceso al poder.

> Las franquicias [...] se van convirtiendo en una especie de funcionarios de las grandes corporaciones.
>
> E. O. Wright, «Class Boundaries in Advanced Capitalist Societies», *New Left Review*, julio-agosto de 1976. Citado por Jeremy Rifkin en *La era del acceso*, op. cit.

Una franquicia es un acuerdo por el que alguien, propietario de los derechos de explotación de algo, cede tales derechos a otro u otros para que los utilicen a cambio de otro algo, habitualmente de un pago. Las franquicias nacieron en Estados Unidos en la década de 1930 y se desarrollaron masivamente a partir de la de 1950.

La ventaja para el propietario es evidente, porque la inversión que debe realizar y el coste de mantenimiento es mucho más reducido que si él pusiese en marcha la distribución; una ventaja mayor cuanto mayor sea la red de franquiciados con la que cuente. En el límite, con un riesgo muy contenido y controlado, a través de una red de franquicias una compañía tiene una red de delegaciones en permanente contacto: teledirigidas. Desde los años cincuenta, el crecimiento de la figura de las franquicias ha sido espectacular, y todo indica que seguirá siendo así.

> Estamos en una nueva economía y el mercado está dispuesto a pagar por la posición de mercado, no necesariamente por activos.
>
> Jeffrey Skilling, en el año 2000, director general de Enron. Greg Ip, «La era de las empresas vulnerables». *Wall Street Journal-Cinco Días* 5/4/2002.

Hasta hace escasos años, tres décadas más o menos, la potencia de una compañía se medía por el volumen de sus activos. Muchos edificios, mucha maquinaria, muchos terrenos, delegaciones en el extranjero, despachos localizados en edificios emblemáticos, una plantilla nutrida... Un día todo eso cambió y las empresas empezaron a ser valoradas por su capacidad para generar *cash flow* y por las patentes que desarrollaban.

En la época de los activos inmateriales lo importante era el papel que se jugaba en el mercado en el que te movías. Enron, compañía dedicada a la distribución de energía eléctrica, no disponía de activos gigantescos, pero tenía el control del suministro de electricidad de California. Su poder, potencia y representatividad eran monstruosas, pero se pasó de la raya en sus esfuerzos por seguir creciendo: en 2002 presentó solicitud de quiebra voluntaria tras detectarse que había utilizado compañías que no aparecían en su balance para ocultar parte de su deuda, lo que desencadenó una crisis de confianza, ya que la empresa era auditada, regularmente, por Arthur Andersen.

> En 1970, el máximo responsable de una empresa cobraba [en Estados Unidos] cuarenta veces el salario medio de un trabajador, y en el año 2000 cobraba mil veces más. En los últimos veinte años la renta en Estados Unidos creció el 30 %, pero en las familias de clase media la renta sólo ha subido un 10 %.
>
> Paul Krugman, catedrático de Economía en la Universidad de Princeton, en su intervención en el Vigésimo Congreso Mundial de Cajas de Ahorros celebrado en Madrid entre el 21 y el 23 de mayo de 2003. Citado por L. Aparicio en *El País,* 23/5/2003.

> Hemos vuelto a la era del gran Gatsby [...]. En 1970, el 10 % más rico de la población acaparaba el 33 % de los ingresos. En treinta años, la tendencia ha sido volver a 1920, cuando imperaba la jerarquía social y el 10 % de la población recibía el 45 % de los ingresos.
>
> *Idem*. Citado por Fernando Martínez en *Cinco Días,* 23/5/2003.

Para alcanzar su objetivo —el crecimiento a través del pleno empleo de los factores productivos—, el Modelo de Demanda cuidó mucho dos aspectos: por un lado, remunerar con bastante suficiencia al factor trabajo (España quedó al margen de tal dinámica) y, por otro, realizar auténticos esfuerzos para reducir la desigualdad en la distribución de la renta a través de una política fiscal muy agresiva. Con el Modelo de Oferta todo eso quedó atrás.

Lo importante pasó a ser el control de la inflación y la remuneración del capital y de aquellos profesionales que obtuvieran *el mayor valor para el accionista*. Las políticas fiscales fueron perdiendo sus componentes redistributivos y al mismo tiempo las remuneraciones menores, las que estaban vinculadas a la creación de un menor valor, fueron descendiendo; sólo aumentaron las mayores remuneraciones y la remuneración del capital. Esa tendencia ya no se detendría, aunque se vio amortiguada por la creciente concesión de crédito, un factor que enmascaró durante un tiempo la situación de las clases media y baja, pero a costa de generar un enorme nivel de deuda de las personas y familias.

> En este siglo, menos de un 5 % de la población producirá los bienes y servicios que consuma el resto, así que no necesitamos una fuerza laboral masiva.
>
> Jeremy Rifkin en *Human 2001*, Tercer Congreso Nacional de Recursos Humanos y Capital Intelectual, celebrado en Madrid el 20 y 21 de marzo de 2001.

La aplicación de la tecnología y los métodos de la Primera Revolución Industrial consiguió, por vez primera en la historia, aumentar verdaderamente la productividad. Y, a partir de ahí, su aumento ya no se detendría.

Pero hasta la década de 1980 la generación de PIB requería de la aplicación de una creciente cantidad de factor trabajo, aplicación que no estaba reñida con la también creciente aplicación de tecnología, debido a que el objetivo era producir siempre más. Como, paralelamente, se sabía que el modelo siempre absorbería posibles crecimientos de precios que pudieran producirse, no existía conflicto.

En los años ochenta tal concepción comenzó a cambiar y en ello influyeron dos aspectos: el diseño y la implementación de tecnologías cada vez más productivas, y la incorporación a los procesos productivos de métodos de trabajo y sistemas de organización que, al apoyarse en esas tecnologías, conseguían optimizar la producción de lo que fuese. Lenta, pero imparablemente, el factor trabajo empezó a ser menos necesario, y esa tendencia siguió creciendo a lo largo de las décadas siguientes.

Cada vez se necesita menos factor trabajo, y cada vez una mayor parte del factor trabajo que se precisa sólo hace falta a tiempo parcial, y temporalmente, no de forma indefinida. Por un lado, una parte cada vez menor de ese factor trabajo ha de tener una hipercualificación; pero, al mismo tiempo, la creciente automatización y simplificación del uso de la tecnología hace posible que una parte del factor trabajo sea de cualificación reducida, y, en consecuencia, esté *subremunerado*.

Lo que plantea Rifkin es una extrapolación de la situación del momento: si la tecnología y la organización productiva continúan evolucionando a la velocidad y del modo como lo han hecho hasta ahora, en algún momento del siglo XXI tan sólo serán necesarios 350 millones de personas para generar la totalidad del PIB del planeta. Da igual que eso ocurra mañana o en el año 2076: en términos históricos un siglo no es nada, y máxime si el resultado del cambio es que se produzca un excedente de población activa tan espectacular.

Entonces la pregunta, evidentemente, es: ¿qué hará esa población que no será necesaria para generar PIB, ya que su intervención sería contraproducente debido a que no actuaría de forma plenamente eficiente?

> Con todo el respeto a las teorías revolucionarias, los pobres de la Tierra no quieren ir a las barricadas, sino a Disney World.
>
> Thomas L. Friedman, *The Lexus and the Olive Tree*. Anchor Books, 2001.

El XIX fue el siglo de las revoluciones, de los motines, de las asonadas, de las revueltas. Existía un profundo sustrato ideológico, pero la razón principal de toda esa rebelión era la miseria, la feroz miseria que afectaba a la inmensa mayoría de la población. No hay peor enemigo que quien no tiene nada que perder, y si a quien nada tiene que perder se le proporcionan unos principios ideológicos, el resultado son las barricadas.

A partir de la década de 1870, y debido en gran medida al apreciable aumento que experimentaba la productividad, la burguesía empezó a comprender que eso era así; y el capitalismo industrial y sus grandes compañías, tras la Segunda Guerra Mundial, se aplicaron el cuento. Luego, a partir de la década de 1970, a medida que paulatinamente fue descendiendo la necesidad de factor trabajo, también fue desapareciendo la posibilidad de montar una revolución, entre otras razones porque quienes podían hacerla tenían cosas que perder.

El llamado «modo de vida occidental» se convirtió en el referente; y la globalización se encargó de difundir la relación entre *bienestar* y *consumo* entre los habitantes de las economías denominadas «emergentes», que pugnaban por trabajar en los talleres de las empresas deslocalizadas en donde se elaboraban los bienes que las matrices comercializaban. Esos trabajadores no pensaban en montar una revolución, por un par de razones. Primero, porque había unos gobiernos no-democráticos que se encargaban de mantener el orden conveniente; y segundo, porque la época en que se pensaba que la justicia y la conquista de la tierra podía alcanzarse a través de una revolución ya había pasado. La felicidad ya no se hallaba en la toma de ningún Palacio de Invierno, sino en disfrutar de las atracciones de Disney World.

> [...] el mecanismo de los mercados bursátiles tiene un perfil muy parecido al de la estafa de la pirámide: mientras no se interrumpa la entrada de dinero fresco, nadie pierde.
>
> Enric González, «El "capitalismo popular" entra en crisis». *El País Negocios,* 18/3/2001.

> La abuelita en Dubuque, Iowa, con un fondo de inversión de acciones tecnológicas está pagando la mansión de un ejecutivo en Pacific Palisades.
>
> William Braman, presidente ejecutivo de inversiones de John Hancock Funds, en Boston, al comentar las ventas de sus acciones que algunos altos ejecutivos realizaron antes del desplome de Wall Street en marzo del 2001. *Cinco Días,* 26/3/2001.

> Hay que adelgazar: menos gente, menos oficinas y menos expectativas.
>
> Bill Burt, gestor de uno de los fondos que controlan el capital de JDS Uniphase, compañía californiana de fibra óptica, al explicar la decisión empresarial de eliminar cinco mil empleos, el 20 % de su plantilla. Enric González, «La confianza de los consumidores de EE. UU. cae ante la oleada de ajustes de plantilla». *El País,* 25/4/2001.

Antes del boom inversor que desembocó en el derrumbe bursátil de 1929, la inversión en Bolsa se hallaba reservada a expertos que, además, solían ser muy conservadores en sus decisiones. Tras la burbuja de los años veinte no volvió a haber otra que desatara un paroxismo semejante, hasta la llegada de la Burbuja Puntocom a finales de la década de 1990; claro que, para llegar a esta última, antes fue necesario que se extendiera el concepto de *capitalismo popular* en los años ochenta.

En los países anglosajones, la inversión bursátil a través de los fondos de pensiones se disparó. Había una fiebre inversora pero, además, existía la necesidad de complementar las muy reducidas pensiones británicas y estadounidenses, y el aumento desmedido de las cotizaciones de las puntocom realimentó la fiebre inversora.

La Burbuja Puntocom se vio, además, abonada por la tendencia a obtener el mayor valor posible en las acciones cotizadas por parte de los directivos de las empresas, fenómeno que se había iniciado en la década anterior y que llevó a recortes de costes en cascada a fin de mejorar la valoración de las acciones: en el colmo del paroxismo hubo compañías que llegaron a anunciar falsos recortes de personal y a vincular el bonus de sus directivos a las reducciones de personal que fuesen capaces de implementar.

El estallido de la burbuja supuso enormes pérdidas para personas que no sabían en qué estaban invertidos sus ahorros. En cuanto se produjo el estallido de esa burbuja, la inversión bursátil se restringió. Sin embargo lo que no se detuvieron fueron las reducciones de factor trabajo y las ganancias de eficiencia.

> La modelo Webbie puede estar en dos sitios al mismo tiempo y nunca tiene granos ni pide una subida de sueldo.
>
> John Casablancas, al hablar de su creación, Webbie Tookay, top model virtual. *El País,* 8/5/2001.

La industria manufacturera, la transformadora y la extractiva asumieron con suma rapidez la expansión de las TIC debido a que la reducción de costes y la ganancia de versatilidad y flexibilidad que suponían eran evidentes. En cambio, pocos vieron al principio sus posibilidades en otros ámbitos.

La moda tiene mucho de industrial, pero lo inmaterial juega en este sector un papel básico. Hay cosas como la creatividad y el glamour que son esenciales, y los desfiles de presentación de las nuevas colecciones forman parte importante del entramado. Pero los desfiles encierran dos problemas: se localizan en un lugar físico que sólo resulta accesible para un número determinado y limitado de personas, y los implementan personas físicas que están sujetas a tensiones de todo tipo.

Un desfile virtual realizado por modelos virtuales permite la accesibilidad planetaria en tiempo real: la ubicuidad, y la eliminación de las tensiones que pueden afectar a las personas. Con una ventaja adicional: el límite lo marcará siempre la tecnología. De hecho, la modelo Webbie pertenece al grupo de los trabajadores perfectos.

> Una compañía que apuesta su futuro en su gente debe prescindir de ese 10 % más bajo y seguir prescindiendo de él cada año para mejorar su nivel de competitividad y liderazgo.
>
> Jack Welch, presidente de General Electric, al comentar en mayo de 2001 su estrategia de personal, basada en el *ranking forzado*. Isabel Piquer, «Despidos casi anunciados». *El País Negocios*, 3/6/2001.

Posiblemente, la de Jack Welch sea una de las proclamas más diáfanas que se hayan hecho sobre la importancia de la productividad y la importancia de colocar la mejora de la productividad en el top de los objetivos de una compañía.

La idea contenida en esta frase tiene dos lecturas en principio antagónicas. Por un lado, se manifiesta sin lugar a dudas el valor que tiene el personal para la compañía que trabaja con esta mentalidad. Pero, por otro lado, esa misma compañía ha de reducir cada año el 10 % de su plantilla. ¿Cómo se sostiene esta aparente contradicción?

El objetivo de esa estrategia consiste en lograr que la empresa tenga como empleados tan sólo a los mejores en cada momento, y únicamente para realizar las tareas que sean verdaderamente esenciales. Al operar así y buscar la mejora continua se detectará que una parte de esos trabajadores resulta excedente, ya que hay tareas que pueden ser externalizadas o automatizadas; por este motivo, es preciso prescindir de esa parte de trabajadores para cuidar al resto, tanto en ambiente como en remuneración y a fin de que continúen mejorando la dinámica de la compañía. Lo cual permitirá prescindir a su vez de otra parte de los trabajadores, como resultado directo del hecho de que se ha optimizado el funcionamiento de la empresa.

Lo mejor de todo es que Jack Welch no pone límites a este proceso. Y así, cada compañía encontrará en cada momento su dimensión humana óptima, y podrá seguir mejorando o detener la mejora cuando crea conveniente. De hecho, y si la tecnología lo permitiese, en una compañía tipo que empezase con cien trabajadores, la aplicación del método de Mr. Welch, conseguiría, al cabo de diecisiete años, realizar todo el trabajo esencial con un solo trabajador.

CRONOLOGÍA

1979 Con Margaret Thatcher en el Reino Unido y, en 1980, con Ronald Reagan en Estados Unidos, se produce la eclosión del neoliberalismo y el fin del Tratado de Detroit. Debido al estancamiento en la tasa de beneficio en las industrias centrales de la economía estadounidense, el capital decidió acabar con el espíritu del tratado, y forzó a los trabajadores a aceptar otras condiciones de trabajo. Al mismo tiempo, el capital comenzó también un proceso de externalización desde sus plantas propias hacia otras que pertenecían a diferentes manufacturadores; y, además, comenzó la deslocalización de actividades a otros países. Y, en otro terreno, potenció los aspectos financieros de las relaciones productivas, en aspectos como el incremento del valor de las acciones, los procesos de absorción, troceamiento y venta de empresas. (Véase 1950).

1980 Fundación del Partido Verde alemán.

— Estados Unidos. *Depository Institutions Deregulation and Monetary Control Act*. La aprobación de esta ley supone que se anula casi toda la regulación creada para mantener separados los bancos comerciales y los de inversión, que se inició en 1933, con lo que arranca el desmantelamiento del sistema de regulación bancaria.

— Creación del canal televisivo de noticias CNN.

— Explotaciones petrolíferas en el mar del Norte.

1981 En Estados Unidos, la deuda de las familias alcanza el 60 % de su renta anual; en 2007 alcanzará el 119 %.

— Comercialización del PC de IBM y del sistema operativo MS-DOS.

— Comienzan las emisiones de la MTV.

1982 Primera generación de telefonía móvil.

— En Francia se inaugura el servicio de consulta de datos (ferrocarriles, servicios aéreos...) Minitel, operado por la telefónica France Telecom. El servicio estuvo vigente hasta junio del 2012.

— Despliegue de los euromisiles.

— Estados Unidos sigue avanzando en la desregulación. La *Garn-St.Germain Depository Institutions Act* desregulariza el sector de las entidades de préstamo y ahorro —cuyos depósitos contaban con garantía federal—, y a partir de ese momento esta clase de entidades ya puede invertir los ahorros de los depositantes libremente. Los cambios legislativos llevados a cabo durante la administración Reagan pusieron fin a las restricciones establecidas durante el New Deal, las cuales limitaban la capacidad de las familias para adquirir viviendas sin entregar una cantidad importante de dinero a cuenta; además, se establecieron criterios más flexibles en la concesión de créditos al consumo.

— El presidente de la FED (Reserva Federal), Paul Volcker, recorta por tercera vez en seis semanas los tipos de interés, lo que supone el empujón definitivo para la expansión del *capitalismo popular*.
— México declara la suspensión de pagos unilateral de su deuda, dando comienzo a lo que se conoce como la «década perdida» en Latinoamérica. Los acreedores trataron de canjear las deudas por activos reales de los deudores.
— En Austria nace el concepto de *Cash Converters*, empresas que compran artículos que ofrecen los consumidores y proceden a su posterior venta para obtener un beneficio.
— El desmantelamiento de la compañía estadounidense ATT inicia la era de la desregulación de las telecomunicaciones.

1983 El Motorola DynaTAC 8000 XL es el primer teléfono móvil susceptible de ser utilizado como tal, pues no requiere que un operador conecte a dos interlocutores manualmente.
— Primera descripción en un foro internacional de la obtención de plantas transgénicas.
— En Estados Unidos, la confluencia de las redes Arpanet Milnet (militar) y CSNET (investigación informática) da lugar a internet.

1984 Lanzamiento del sistema operativo Mac OS. En 1985 se presentará la versión 1.0 del sistema Microsoft Windows.
— Primeros estudios sobre el *efecto invernadero*.
— Principio del fin del poder sindical tras la reacción del gobierno británico a la huelga de los mineros de 1984-1985.
— El Vaticano critica y persigue la Teología de la Liberación.
— Estados Unidos y el Reino Unido aplican reformas fiscales entre 1984 y 1986 con el objetivo de incrementar el peso de los impuestos indirectos y reducir el de los directos. Estas medidas se imitan pronto en numerosos países.

1985 (22 de septiembre) Acuerdos del Plaza. El G-5 acuerda apreciar sus divisas respecto al dólar con el objetivo de que éste no siga apreciándose como consecuencia de los altos tipos de interés que mantenía la FED (Reserva Federal) para financiar de este modo el creciente déficit estadounidense. El argumento para tales acuerdos fue que, o bien las divisas se apreciaban o Estados Unidos iniciaría una política proteccionista para defender su industria interior.
— Europa. Acuerdo de Schengen por el que los ciudadanos de los países firmantes viajarán libremente por todos los territorios de Alemania, Francia, Bélgica, Países Bajos y Luxemburgo; posteriormente se irán uniendo otros países.

1986 En Vietnam comienza la reestructuración económica: liberalismo económico y dictadura política (*Doi Moi*: renovación).
— En Estados Unidos la cobertura sanitaria deja de garantizarse por ley y deja de contemplarse como un derecho de la ciudadanía para pasar a ser un bien regulado por la oferta y la demanda. En

compensación se crean los sistemas Medicaid (asistencia sanitaria a los pobres) y Medicare (a los ancianos), aunque con coberturas muy limitadas.

— Europa: Tratado del Acta Única Europea. Legislación que permitirá crear un mercado único a fines de 1992. (Entró en vigor en 1987).

1987 (22 de febrero) Acuerdos del Louvre. Intentos de que el dólar no siga depreciándose; sin embargo, la divisa norteamericana continuó bajando, cosa que fue determinante para la formación de la burbuja japonesa de finales de los ochenta, debido a la apreciación del yen. La situación competitiva de Estados Unidos mejoró porque era el país emisor de la moneda de cuenta mundial, y porque la FED (Reserva Federal) redujo los tipos de interés.

— En Estados Unidos empieza el desarrollo exponencial de la banca de inversión especializada en el diseño de OPA, emisiones de bonos y especulación con valores.

1988 En la República Popular China, puesta en marcha del *socialismo de mercado*.

— Creación del Panel Internacional sobre el Cambio Climático como agencia especializada de la ONU.

1989 (5 de noviembre) Inicio del Consenso de Washington. Desarrollado a lo largo de los años noventa, este conjunto de normas se convirtió en el reglamento al que debían adecuarse las economías subdesarrolladas si querían obtener ayudas de organismos internacionales, o capitales de inversores exteriores.

— (9 de noviembre) República Democrática Alemana: el portavoz del gobierno anuncia la inminente posibilidad de que se autorice el cruce de la divisoria entre las dos partes de Berlín. Eso bastó para que comenzara una marea humana que hizo inútil el Muro de Berlín y que, en la práctica, supuso el fin del llamado «socialismo real».

— Primeros programas de ajuste en Latinoamérica.

— En Japón se alcanzan por primera vez los máximos de la burbuja inmobiliaria (hasta junio de 1992).

— Francis Fukuyama publica el artículo «The End of History?» en la revista *The National Interest*. El triunfo indiscutible del Sistema Capitalista Liberal supone, según este autor, el fin de la historia tal y como hasta ahora era conocida.

Principios de los años 90 Comienza la utilización del fracking para obtener gas.

1990 Inicio del Proyecto Genoma Humano.

— (1 de julio) Unión Europea: entra en vigor la libre circulación de capitales.

1991 Primera Guerra del Golfo y nuevo orden internacional.

— Reunificación de Alemania.

— (19-21 de agosto) Intento de golpe de Estado en la URSS para acabar con las reformas iniciadas por el presidente Gorbachov.
— (Diciembre) Fin de la URSS y del sistema de economía planificada.
— En el Reino Unido, Tim Berners-Lee diseña el primer navegador web.
— Segunda generación de telefonía móvil.
— En Estados Unidos el presidente Clinton se compromete a crear un seguro médico que cubra a toda la población. En 1995, al controlar el Partido Republicano la Cámara de Representantes y el Senado, y con los lobbies de las compañías aseguradoras en contra del proyecto, se entierra la idea de un seguro médico universal.
— Primeras observaciones de nanotubos de carbono que permiten la construcción de estructuras duras, flexibles y de tamaño subcelular.

1992 (7 de febrero) Tratado de la Unión Europea (Tratado de Maastricht) en el que se fijan condiciones para la creación de una moneda común en Europa.
— En Suiza se pone en marcha la World Wide Web.
— En la Cumbre de la Tierra se instituye el concepto de *desarrollo sostenible*. Firma de la Convención Marco de Naciones Unidas sobre el Cambio Climático.
— El Partido Demócrata estadounidense aprueba un programa centrista.

1993 (Enero) Creación de Mosaic, el primer navegador de internet de uso sencillo.

1994 UE: Wolfgang Schäuble y Karl Lamers presentan un documento en el que se aborda la idea de *la Europa a dos velocidades*.
— Jeremy Rifkin publica *El fin del trabajo*. Explica por qué la necesidad de factor trabajo en un mundo cada vez más automatizado será decreciente.

1995 Lanzamiento de Windows 95 y Windows CE; de Real Audio 1.0, un programa que posibilita la audición de una emisora de radio por internet; de la primera versión del navegador Explorer; del lenguaje Java; del estándar de grabación de discos CD-R; de la conexión USB (Universal Serial Bus) gracias al acuerdo entre varias compañías.
— (Diciembre) Entra en funcionamiento AltaVista, primer índice de referencias web en internet de uso sencillo, es decir, el primer buscador de uso general.
— Anthony Giddens enuncia los principios de la tercera vía que definirá la nueva política del Partido Laborista británico.
— Creación de la Organización Mundial del Comercio con el propósito de liberalizar el intercambio comercial para favorecer el desarrollo.
— Primera fase de internet: «¿Quién visita los sitios?».

1995-2000 Burbuja Puntocom.

1996 (24 de abril) El Congreso de Estados Unidos aprueba la Ley de Antiterrorismo y Pena Capital Efectiva que permite la utilización de las fuerzas armadas contra la población y suspender selectivamente el *hábeas corpus*.

— (4 de julio) Nace Hotmail, un servicio de correo accesible desde cualquier lugar, con una capacidad gratuita de 2 MB. En diciembre de 1997, cuando contaba con 8,5 millones de suscriptores, se vendió a Microsoft por 400 millones de dólares. En 1999 tenía 30 millones de suscriptores.

1997 Protocolo de Kioto para frenar el cambio climático.

— Reino Unido: la nueva socialdemocracia llega al gobierno.

— UE: se aprueba el Pacto de Estabilidad y Crecimiento, que establece como objetivo la estabilidad presupuestaria de los países miembros y un límite de déficit del 3 % que, en caso de incumplimiento, debe corregirse al año siguiente.

— Aparición del primer weblog (o blog): «*Scripting News*», de Dave Winer.

— Netscape Communications, compañía creada por Marc Andreessen, uno de los creadores de Mosaic, lanza Netscape Navigator, primer navegador de internet de uso masivo.

1998 En Estados Unidos, Sergey Brin y Larry Page crean Google.

— Segunda fase de internet: «Ingresos brutos generados».

— Reino Unido: fin de la gratuidad de la enseñanza universitaria. Se aprueba una matrícula de 1.000 libras esterlinas por curso. En el 2004 se elevó esa suma hasta las 3.000 libras, y en el 2011, mediante un proyecto de ley elaborado por el gobierno laborista y aprobado por la coalición de conservadores y liberales, se permitió a las universidades cobrar hasta 9.000 libras por curso, aunque los estudiantes no tendrían que pagar hasta que tuvieran trabajo y ganasen 21.000 libras anuales.

1999 En Estados Unidos se promulga la *Gramm-Leach-Bliley Act*, que deroga ciertas regulaciones que aún sobrevivían de la *Glass-Steagall Act* de 1933 tras la derogación de 1980, entre ellas la posibilidad de que los bancos de inversión puedan adquirir bancos comerciales y viceversa. Además, la nueva legislación permite las inversiones cruzadas de la banca, las firmas de inversión, los fondos de alto riesgo, los inversores institucionales, los fondos de pensiones y las compañías de seguros.

— (Junio) En Estados Unidos, Shawn Fanning, Jordan Ritter y Sean Parker lanzan la primera versión de Napster, una plataforma que permite compartir recursos entre ordenadores gracias al principio P2P (*peer-to-peer*). Fue denunciada debido a que se utilizó, fundamentalmente, para intercambiar música de forma gratuita.

2000 Tercera fase de internet: «Beneficios obtenidos».

— (1 de julio) En el Reino Unido nace Friends Reunited, la primera red social. Estaba originalmente orientada a facilitar que se mantuviera contacto entre amigos que habían sido antiguos alumnos de colegio.

— Jeremy Rifkin publica *La era del acceso*. La posibilidad de acceder al uso de bienes en el momento en que se necesitan y donde se necesitan elimina progresivamente la compra de dichos bienes a fin de obtener su propiedad.

6

LA TRANSICIÓN DEL MODELO DE OFERTA: EL MODELO DE OFERTA POTENCIADO

> En el capitalismo de producción la función de la mercancía era satisfacer necesidades, en el capitalismo de consumo era cumplimentar deseos, en el capitalismo de ficción es suscitar fantasías.
>
> Vicente Verdú, «Las tiendas espectáculo». *El País*, 8/7/2001.

Puede datarse la eclosión del Sistema Capitalista en 1820 cuando es botado el primer buque con casco metálico y la máquina de vapor ya se halla completamente asentada. Aquél era un capitalismo con un objetivo muy concreto: abastecer de bienes a unos consumidores cuya capacidad de absorción era limitada, pero cuyas ansias eran infinitas. El objetivo era producir, porque una vez creada la oferta se creaba la demanda.

El tiempo fue pasando y aquellos consumos de primera necesidad se fueron depurando a medida que las primeras necesidades quedaban cubiertas y las rentas crecían. A partir de la Segunda Guerra Mundial el deseo comenzó a despuntar, deseo suscitado por bienes y servicios que pueden no ser necesarios; deseos fomentados y satisfechos por un capitalismo que produce lo que se le solicita tras haber generado el deseo en el consumidor.

Pero la evolución de las cosas condujo a la superación de esa fase, y en ello influyeron mucho las posibilidades ofrecidas por las TIC y la facilitación del acceso al endeudamiento. La fantasía se halla más allá del deseo y está tan vinculada tanto a lo intangible como a lo material. Una vez que los deseos se habían cumplido, aún quedaba soñar, imaginar..., y a brindar consumos que a ello contribuyeran se dedicó el capitalismo. Entre finales de 2001, cuando terminó la recesión causada por la explosión de la Burbuja Puntocom, y el año 2007, ¿cuántos reclamos publicitarios recuerdan que incluyeran la frase «... de sus sueños»?

> En el sistema anterior yo vendía más, las pensiones eran más elevadas y teníamos seguridad. [...] Nos aseguraron que con la democracia llegaría la riqueza; ahora dicen lo mismo de Europa... ¡Pero yo no me lo creo!
>
> Ilona, sesenta y nueve años, vendedora desde 1960 en el mercado de Teleki (Hungría) de las verduras que recoge en su huerta de media hectárea. Ramón Lobo, «Hungría, entre el fatalismo y la esperanza». *El País*, 5/8/2001.

Posiblemente haya en la historia escasos ejemplos de decepciones tan tremendas como la experimentada por los países de la Europa central tras la caída del Muro de Berlín. Son países que, tras los acuerdos de Yalta, quedaron en la órbita de la URSS y por tanto adoptaron el sistema de economía planificada y un modelo político de partido único y nula libertad individual. La desaparición del Bloque del Este en 1991 generó en esos países unas expectativas enormes, amplificadas por la propaganda de *el otro lado*. Se suponía que iba a producirse un gran cambio en lo político y una gran abundancia en lo económico. El tiempo se encargó de liquidar todas esas expectativas.

Las economías de estos países, que habían sido planificadas, y con carencias muy significativas en tecnología, fueron *trasladadas* de golpe y sin transición al capitalismo. Y era un capitalismo prácticamente sin ningún amortiguador como el que, por ejemplo, suponía el modelo de protección social en la Europa occidental. A eso hay que añadir que se trataba de unos Estados desorganizados y abiertos a la intervención de hombres poderosos, muchos de ellos procedentes del antiguo establishment, y que se apropiaron de los resortes de la economía.

Diez años después, el retroceso en las condiciones de vida de la mayor parte de las poblaciones de los países de economía planificada era evidente. La evolución de tal decorado fue la emigración de quienes pudieron, el empobrecimiento general y el surgimiento de partidos políticos ultranacionalistas. Para la mayoría de la población, el cambio de sistema no fue rentable.

> Benidorm es el caso extremo de concentración y de eficiencia industrial, lo que le ha llevado a ser el espacio más divertido para el turismo de masas. Es como una coca-cola de litro. La gente sabe a lo que va. Lo que promete Benidorm, lo cumple. Así que raramente defrauda. A los jóvenes proletarios europeos les ofrece un San Fermín continuo, con lo que cumple una función an-

> tropológica. En los países del norte de Europa desapareció la fiesta campesina, que suponía un momento de ruptura de la vida laboral asociado al despilfarro programado, donde la gente subvertía ciertos órdenes del mundo establecido a través de una bacanal, para luego volver a la cotidianidad. Esa bacanal estaba compuesta de tres elementos: alcohol, danza y sexo furtivo. La industrialización, con su monótono calendario continuo, rompió esta fiesta, que no ha tenido sustitutivo hasta que se les ha ofrecido Benidorm y otros destinos similares que ofrecen precisamente alcohol, danza y sexo furtivo.
>
> José Miguel Iribas, sociólogo. Entrevista de Miquel Alberola en *El País*, 6/8/2001.

Uno de mayores cambios que supuso la Revolución Industrial aconteció en el plano social: en el ritmo y en el modo de vida. La Era Agraria, con su calendario estacional, delimitaba un modo de hacer que era conocido y en el que hasta las licencias que de vez en cuando se permitían de cara al estricto orden moral existente eran también conocidas. En las fiestas anuales y durante unos días, casi todo lo que estaba prohibido durante el resto del año pasaba a estar permitido, no de manera explícita, pero sí implícitamente. Era un desahogo para una vida con casi ninguna variación y con muchas carencias. En la Era Agraria todo tenía un ciclo: las siembras, las cosechas y las fiestas populares.

Con la Era Industrial todo cambió. Los procesos productivos no conocen ciclos naturales, porque hasta los mantenimientos que deben realizarse están programados. Además, en las ciudades en cuyos suburbios residen los trabajadores de los centros productivos todo se halla regulado, delimitado. No hay lugar para fiestas populares, sobre todo en los orígenes de esa era, cuando se estaba formando la base de capital sobre la que levantar el entramado industrial, unos inicios en los que la norma eran las larguísimas jornadas laborales, que luego se transformaron en trabajo por turnos que abarcarían las 24 horas del día.

Pero el ser humano se adapta a los cambios con mucha más dificultad y con mucha más lentitud de lo que ocurre con la evolución de las máquinas. A medida que la productividad fue mejorando masivamente a partir de 1880, se redujeron las jornadas de trabajo y se instauraron días de fiesta, pero eso contribuía poco a cubrir esas ansias de desahogo atávico propias del ser humano.

A partir de la Segunda Guerra Mundial, a medida que se fue instituyendo la clase media y conforme las rentas fueron creciendo, el turismo de masas en lugares especialmente diseñados para ese fin pasó a desempeñar el papel que antaño tenían aquellas fiestas populares anuales que se celebraban en pueblos y aldeas tras las cosechas. La diferencia es que ahora el desahogo está organizado, programado, industrializado y mantenido dentro de un desorden ordenado. Un orden que permite a la clase media tratar de emular lo que hacen *los ricos* en sus destinos de descanso de lujo, por lo que también los centros vacacionales de masas desempeñan una función social.

> La trata de negros y el colonialismo es lo que ha permitido el desarrollo de Occidente. Es sin duda la base del capitalismo. Ahora tienen que pagarnos por toda esa mano de obra gratuita.
>
> Alioune Tine, secretario ejecutivo de la Coordinadora de ONG para la Conferencia contra el Racismo celebrada en Durban entre el 31 de agosto y el 7 de septiembre de 2001. *El País*, 25/8/2001.

La trata de esclavos y la esclavización de habitantes de África por parte de tratantes africanos que luego los vendían a tratantes europeos para su utilización fundamentalmente en América se desarrolló entre finales del siglo XV y principios del XIX. (Existió otra variante: la oriental, llevada a cabo por árabes).

Se concebía al esclavo como un utensilio; de alguna manera podía ser asimilado al concepto de un bien de capital; por ello, al apropiarse, en contra de la voluntad de sus suministradores de una fuerza de trabajo, y además no remunerarla, se estaba produciendo una explotación usurpatoria y una acumulación primitiva no capitalista que sentó las bases de un sustrato productivo cuyos propietarios obtuvieron a cambio unos beneficios. Karl Marx desarrolló en profundidad esta interpretación.

La esclavitud nació por necesidad, porque se precisaba de un factor trabajo muy resistente, pero con un coste de mantenimiento muy reducido, a fin de poner en marcha ciertos procesos productivos en unos momentos en que no se disponía de tecnologías sustitutorias. En cuanto se vislumbraron esas tecnologías, desde que hizo eclosión la Revolución Industrial, la esclavitud fue abolida. De hecho, la economía británica, la que más había utilizado la esclavitud, fue la primera en abolirla y en perseguirla, ya que los nuevos modos de hacer precisaban de personas libres cuyo trabajo fuese remunerado y que consumieran los bienes que el maquinismo iba a suministrar.

> No tengo ganas de que mis desfiles se conviertan en un cocktail party, más bien pretendo que la gente salga vomitando.
>
> Alexander McQueen, modisto, en declaraciones a *The Independent Magazine* en septiembre de 1999. Citado por Vicente Verdú en «La moda nos subleva». *El País,* 2/9/2001.

> Es terrible decirlo, pero los atuendos más interesantes son los de los pobres.
>
> Christian Lacroix en declaraciones a la revista *Vogue*. Citado por Vicente Verdú en «La seducción del delincuente». *El País,* 26/8/2001.

Desde la eclosión del pop art, la moda dio un vuelco: al igual que el arte, se popularizó en el sentido de que adoptó un componente de no-exclusividad que surge en un mundo hasta entonces vinculado a altos precios y a ambientes exclusivos, pero adoptó un ingrediente de originalidad que cambiaba muy rápidamente según el momento y la circunstancia. La moda se volvió más accesible para las clases populares, aunque la moda popular también se *exclusivizó* en unos diseños vinculados a lo cultural, a lo artístico y a lo musical.

Recién comenzados los 2000, tras el estallido de la Burbuja Puntocom, había un cierto hartazgo en cuanto a las creaciones existentes. Tras la burbuja, se buscaban nuevas formas de negocio que llegarían con la masificación exponencial del crédito, lo que se vio perfectamente reflejado en el sector de la moda.

Se imponen temas diferentes, en apariencia raros, recuperados y con posibilidades, que son capturados por los *hacedores de tendencias* y convertidos en prendas y complementos que tendrán la versión exclusiva por un lado y la popular por otro; pero siempre con un toque de personalización, aunque sea aparente, y, sobre todo, de originalidad, a fin de que sea deseado y consumido.

> Pregunta: Entonces ¿no considera razonable salvar a las compañías aéreas?
>
> Respuesta: Las autoridades de control del tráfico aéreo impidieron a las compañías volar durante varios días. Esto les hace acreedoras de una indemnización, pero para ello bastaría con mil millones de dólares; no hacen falta los quince mil millones que ha aprobado el gobierno. No hay ninguna razón para que reciban tanto.
>
> Pregunta: Pero, entonces, muchas empresas irán a la suspensión de pagos.

> Respuesta: ¿Y qué? Que quiebren, no pasa nada. La empresa privada vive según el sistema de pérdidas y ganancias. Perder es casi más importante que ganar.
>
> Milton Friedman. Entrevista de Michaela Schiess en *Der Spiegel*, reproducida por *El País*, 11/11/2001.

Milton Friedman, fallecido en 2006, es uno de los portaestandartes del llamado «neoliberalismo». El término nació a finales de los años treinta de la mano de unos economistas liberales que partían del reconocimiento de que el modelo liberal *antiguo* había desarrollado una serie de fallos que desembocaron en la Depresión, fallos que era preciso corregir; por ello, el neoliberalismo se olvida de la Mano Invisible y admite la intervención del Estado —se acepta que es quien corrige las rigideces, para favorecer así la fluidez económica— y también la intervención de los bancos centrales —que regulan la oferta monetaria y los tipos de interés, a fin de controlar la inflación—. Se llevaron a la práctica sus teorías con los gobiernos de Margaret Thatcher y la administración Reagan.

Los sucesos del 11 de septiembre pusieron en marcha una serie de regulaciones estatales que no gustaron a los puristas del neoliberalismo. Milton Friedman fue uno de quienes más se opusieron a tales regulaciones, con razonamientos a partir de sus fórmulas liberales. A él le pareció que la prohibición decretada a las aerolíneas para desempeñar su negocio tenía que ser objeto de indemnización, al haber sido impuesta por el Estado. Pero ¿ayudas por la caída del tráfico aéreo como consecuencia de esos sucesos? En absoluto.

Si las compañías, por unas deficientes previsiones, por una mala organización o por falta de flexibilidad no habían considerado supuestos como el que ocurrió, y ello les ocasionaba caídas en su negocio y pérdidas, era su problema. Y si eso producía desempleo y parón económico, el asunto no debía atenderse con fondos de los contribuyentes. ¿Por qué? Pues porque para el neoliberalismo «perder es casi más importante que ganar». Evidentemente, la postura de Milton Friedman no era la mayoritaria en la galaxia de las compañías afectadas.

> Yo no digo que me guste la globalización o que no me guste la globalización, pero creo que la generación que sigue a la mía no conoce otra cosa. Ellos se encuentran expuestos a las mismas cosas al mismo tiempo y esto crea una nueva cultura en la cual, a lo

> ancho de todo el mundo, la gente desea las mismas cosas y vive al mismo tiempo.
>
> Tom Ford, director creativo de Gucci, en unas declaraciones reproducidas por *The New York Times Magazine* el 2/12/2001. Citado por Vicente Verdú en *El estilo del mundo. La vida en el capitalismo de ficción*. Anagrama, 2003.

Una de las características de internet es que permite que acceda a la información un número prácticamente ilimitado de personas a la vez, y hacerlo en tiempo real e independientemente del lugar en el que esas personas se encuentren. Es obvio que ello creará o ayudará a crear patrones de conducta y de gusto que tenderán a estandarizarse.

Es decir, en principio internet —que no es sino la evolución lógica de la globalización— acaba con la diferenciación al propiciar que las personas que participan en los eventos —ya posglobales— tiendan a hacer las mismas cosas de los mismos modos, en un gigantesco proceso de asimilación; además, la tecnología permite incluso que cada partícipe añada su toque personal a lo que será un estándar común.

Una publicidad diseñada científica y específicamente generará deseos semejantes en todo el globo; unos deseos que una moda única, aunque en apariencia diferenciada, satisfará a un mercado de consumo que ya será planetario.

> El Real Madrid es como Walt Disney pero todavía sin explotar.
>
> Florentino Pérez, presidente del Real Madrid Club de Fútbol, en el año 2001. Citado por Vicente Verdú en *El estilo del mundo*, op. cit.

Desde su instauración a principios del siglo XIX, el Sistema Capitalista tuvo un objetivo: obtener el máximo beneficio posible, cubriendo las necesidades de la población. Durante más de un siglo las necesidades, primarias o no, propias de la especie humana o creadas por el sistema, se limitaron a bienes materiales, en consecuencia el camino fue producir cada vez más y hacerlo mediante una tecnología orientada a un fin productivista. Las TIC modificaron esta perspectiva.

Cuando internet y sus tecnologías asociadas se masificaron, la práctica totalidad de la población de las economías desarrolladas ya tenía sus necesidades materiales cubiertas, por lo que podía empezar a pensar en otro tipo de necesidades, las pertenecientes al mundo de la ensoñación y vinculadas a aspectos intangibles.

El símil es diáfano: Walt Disney fabrica sueños, y a través de tales sueños es posible acceder a ciertas experiencias, y en la frase citada eso se traduce así: el Real Madrid fabrica fútbol que, enfocado como puro espectáculo, permite también obtener experiencias. Espectáculo que las TIC permitirán difundir, y experiencias a las que, gracias a las TIC, será posible acceder. Un fenómeno que tan sólo hace falta explotar, al igual que Walt Disney lleva décadas explotando el suyo.

> En una sociedad justa, la hija de un tendero de Hartlepool debe tener las mismas posibilidades de llegar a juez de la Audiencia Nacional que la hija de un médico de Harley Street.
>
> Peter Mandelson, «La tercera vía no es la única vía». *El País* 13/1/2002.

Peter Mandelson, nombrado barón de Mandelson en el 2008 por la reina de Inglaterra, fue el cerebro encargado de traducir la filosofía de la tercera vía a un conjunto operativo de propuestas de gobierno que se materializaron en el «nuevo laborismo», con Tony Blair y Gordon Brown como cabezas visibles.

El nuevo laborismo no buscaba objetivos ideológicos como la redistribución de la renta a través de la fiscalidad, sino que pretendía obtener resultados muy prácticos: potenciar la medicina preventiva; mejorar las comunicaciones, especialmente las TIC; basar la progresión personal en la meritocracia; y propiciar la igualdad de oportunidades.

Su razonamiento era muy simple: mejorando esas facetas se mejora la actividad, y garantizando que todas las personas tengan igualdad real de oportunidades se consigue que los mejores puedan alcanzar puestos de responsabilidad, lo que redundará en beneficio del país y de sus compañías, porque logrará que aumente la oferta de trabajo cualificado.

Vincular la igualdad de oportunidades al concepto de *sociedad justa* era una forma de vestir una idea que, entendida como intervencionista, podía ser vista como agresiva para algunas conciencias. Sin embargo, ¿quién va a oponerse a que una sociedad sea más justa partiendo de la subjetividad que el mismo concepto encierra?

(Nota. Hartlepool es la circunscripción por la que Peter Mandelson fue elegido durante doce años diputado en la Cámara de los Comunes del Parlamento británico y Harley Street, calle próxima a Regent's Park, una vía con una gran concentración de profesionales de la medicina privada).

> [El Banco Central Europeo está] sordo a los llamamientos de nuestros pueblos e indiferente a su suerte.
>
> Jean-Pierre Chevènement, exministro de Investigación y Tecnología, de Educación y de Defensa durante la presidencia de François Mitterrand. Dejó el PSF por su oposición a la Primera Guerra del Golfo. Fundador del Mouvement Républicain et Citoyen y candidato a las elecciones presidenciales de la República Francesa. Joaquín Prieto, «Chevènement, el tercer hombre». *El País*, 7/2/2002.

El Banco Central Europeo, el BCE, se creó en 1998 con un objetivo único: mantener la estabilidad de precios y luchar a toda costa contra la inflación (en aquellos momentos la deflación era algo que se estudiaba en los libros de historia). El BCE se encargó de tener todo en orden para la entrada en vigor del euro el 1 de enero de 1999 como moneda de cuenta, y de preparar el decorado para su entrada en circulación como moneda única el 1 de enero del 2002.

Cierto, el BCE hubiese podido ser investido con otras prerrogativas adicionales, como la de la promoción del crecimiento económico, objetivo del que también se ocupa su homólogo estadounidense, el Banco de la Reserva Federal; pero no, el BCE es absolutamente impermeable a lo que suceda en la Unión Económica y Monetaria de la Unión Europea (UEM) y en cada país, aparte de dar recetas y elaborar informes sobre cómo conseguir la estabilidad no inflacionaria.

Los primeros 2000, y tras la recesión que supuso el estallido de la burbuja tecnológica, fueron años de paz y sosiego, y de crecimiento, y el BCE pudo dedicarse a su objetivo. Luego, a partir del 2010, las cosas fueron de otra manera. Pero eso es ya otra historia.

> La fuerte competencia de un producto intensivo en mano de obra conduce a nuevos planteamientos orientados a la mejora de la productividad.
>
> Fragmento del comunicado emitido por Lear Corporation para anunciar el cierre de su planta de elaboración de cables para la automovilística Volvo (100 % de la producción de la fábrica) radicada en Cervera (Lleida, España) y su traslado a Polonia. Lluís Visa, «Una multinacional de EE. UU. cierra su planta de Lleida por los elevados costes salariales». *El País*, 9/2/2002.

Desde los años sesenta se estaban produciendo deslocalizaciones: traslados de actividades intensivas en factor trabajo a lugares en los que el precio de la mano de obra era más bajo. España había sido en este sentido un destino deseado: costes reducidos, población activa abundante, legislación medioambiental muy permisiva, prohibición del movimiento sindical...

Las primeras deslocalizaciones masivas se realizaron en los ochenta, sobre todo hacia el Sudeste Asiático, y, posteriormente, y tras la desaparición del sistema de economía planificada, hacia la Europa del Este, en los noventa.

La de Lear en Cervera fue una de las primeras plantas españolas en cerrar en un goteo de deslocalizaciones que ya no se detendría. Poco importó que la fábrica tuviese el segundo Convenio Provincial del Metal más barato de España: en relación al valor añadido aportado, sus costes de personal eran mucho más elevados que en Polonia, y hacia allí se fue la producción.

Y una de las cosas que ese goteo de cierres puso de manifiesto fue la nula capacidad de previsión de las autoridades económicas nacionales y locales, que no hicieron absolutamente nada ante una situación que estaba *cantado* que iba a producirse desde muchos años antes de que se produjera.

> [Ante el aumento del tráfico de música por internet], ¿cabe pensar que las grandes compañías pierdan juego? Hay quien lo cree así, en línea con los que toman el ciberespacio por un lugar utópico, pero es más probable que ese territorio siga colonizándose por el capital y que los servidores, los programas, el marketing, los hits se concentren en manos de gigantes, aunque en lo sucesivo sin que un bien físico, un CD, un DVD, sino sólo el sonido, sea la mercancía a la venta.
>
> Vicente Verdú, «El fin de los discos». *El País*, 24/2/2002.

Hay opiniones, escritos y razonamientos que son proféticos, y esta frase, referida a la música, se ha cumplido al completo: ¿qué importa el continente cuando lo que se compra es el contenido?

Lo verdaderamente significativo es lo que subyace en esa idea. Internet fue vendido como un espacio de libertad absoluta sin limitaciones ni cortapisas, en el que todo tenía cabida y todo era intercambiable.

Napster, el primer servicio de intercambio de archivos P2P, nació a mediados de 1999 y en diciembre comenzaron las primeras denuncias, que obligaron a cerrarlo en septiembre de 2001. El razonamiento seguido para litigar contra el servicio se basaba en la conculcación de los derechos de autor, pero las grandes discográficas se hallaban tras los procesos judiciales. En 2008 Napster abrió como tienda de música. Por su parte, iTunes, el mayor servicio de venta de música y contenidos multimedia en internet, fue presentado por Apple el 9 de enero del 2001.

> Pregunta: ¿Cuánto pesa la marca en el valor de su empresa?
>
> Respuesta: Digamos que en los sesenta, bastaba el producto. En los setenta, se hizo necesario trabajar en la distribución. En los ochenta, empezamos a pensar en la organización industrial. En los noventa, la comunicación pasó a un primer plano. Hoy, para tener éxito, a partir del producto se debe abarcar toda esa cadena. La marca es muy muy importante.
>
> Entrevista a Luciano Benetton, presidente del Grupo Benetton. Entrevista realizada por S. Tobarra y A. Trillas. *El País Negocios*, 24/3/2002.

Magistral repaso a lo que en cada momento de los últimos cuarenta años ha sido lo más importante en el valor de una compañía, fundamentalmente de una compañía potente y de extensión mundial.

En las décadas de 1960 y 1970, en pleno Modelo de Demanda, lo importante era producir, comprar y vender. En la década de 1980, con el Modelo de Oferta, la eficiencia se hace cada vez más esencial. En la de 1990, en un Modelo de Oferta cada vez más depurado, y dando por supuesto que una compañía funciona como un reloj, el objetivo es llegar a todos, desde luego al mayor número de consumidores que sea posible. En los 2000 no hay nada que sea más importante que lo demás: todo lo es y, a la vez, lo es siempre y en todas partes, porque cada parte del proceso ha de ser parte de un conjunto armónico.

¿Qué añadiría a esa pregunta hoy Luciano Benetton tras ceder a su hijo Alessandro la presidencia del grupo en abril del 2012? Posiblemente que la capacidad de fidelización de unos consumidores que hoy disponen de toda la información accesible en la red es, junto a la optimización de la cadena a la que ya se refería Luciano, lo que mejor complementa el valor de una marca.

> El Banco Mundial ha anunciado que para avanzar en la línea de reducción de la pobreza se necesitaría una aportación adicional de entre 40.000 y 60.000 millones de dólares anuales. Kofi Annan, el secretario general de la ONU, la ha concretado en 50.000 millones de dólares, el doble de lo que se ha previsto en el Consenso

> de Monterrey. Pero el hecho es que desde la autodestrucción de la Unión Soviética, la ayuda oficial al desarrollo se ha reducido espectacularmente, sobre todo en EE. UU., pero también en la UE. Lo que demuestra que, como el Plan Marshall, tenía objetivos geopolíticos y que estaba muy vinculada a la guerra fría.
>
> Joaquín Estefanía, «Cuando la política económica es retórica». *El País*, 24/3/2002.

Cuando finalizó la Segunda Guerra Mundial, Europa era un mosaico de países desorganizados, empobrecidos hasta la extenuación, y con una clase obrera con una conciencia sindical muy arraigada y aumentada por las privaciones. En Europa faltaba de todo y en Estados Unidos sobraba, así que el Plan Marshall ayudó a encauzar una situación determinada por la realidad de la guerra fría.

En las dos décadas siguientes las colonias europeas fueron obteniendo la independencia: unas, de forma pacífica; otras, después de las guerras de liberación. Mientras, en Latinoamérica, Estados Unidos fue propiciando en los diversos países la implantación de regímenes proestadounidenses. En cualquier caso, los años comprendidos entre 1950 y 1990 fueron pródigos en la aparición de teorías sobre el subdesarrollo y sobre cómo detenerlo. Qué duda cabe de que el freno a la propaganda de *el otro lado* mucho influyó en ello.

En el año 2000 Naciones Unidas fijó los Objetivos de Desarrollo del Milenio, ocho propósitos de desarrollo humano que los 189 países miembros acordaron conseguir para el año 2015: erradicar la pobreza extrema y el hambre; implantar la enseñanza primaria universal; promover la igualdad entre los géneros y la autonomía de la mujer...

> Al igual que los años noventa fueron los de las redes, este decenio será el de compartir procesos.
>
> Juan Antonio Zufiria, director general de IBM Global Services.

> [La externalización de la tecnología y los procesos de negocio es la tendencia actual] no sólo por recortar costes, la razón clásica, sino porque las empresas son conscientes de que no pueden seguir el ritmo de evolución de las tecnologías y de que si quieren competir deberán acudir a alguien externo que entienda de ello.
>
> Manuel Corral, responsable de los servicios de outsourcing de IBM España y Portugal. Citado por Marimar Jiménez en «El pago de la informática por uso». *Cinco Días*, 13/4/2002.

En el 2004, una compañía creada en 1911 bajo el nombre de Computing-Tabulating-Recording Company (CTR) y rebautizada en 1924 como IBM, anunció la venta de su división de ordenadores personales a la compañía china Lenovo. A partir de ese momento IBM se convirtió en una empresa de investigación y suministro de soluciones tecnológicas.

La tecnología estaba avanzando muy rápidamente y todo apuntaba a que las cosas ya no podían ser llevadas de forma individualizada. «Compartir procesos»: información, riesgos, oportunidades... en grupos de trabajo que diseñaran las soluciones que en cada momento los usuarios precisasen y que pagasen por acceder a su uso pagando por lo que necesitasen; unos servicios realizados por expertos exteriores, ya que la evolución de las TIC imposibilita que desde dentro las empresas puedan realizar todos los procesos que puedan necesitar.

> Vosotros, los mineros y los metalúrgicos, los obreros arruinados por el euromundialismo de Maastricht; vosotros, agricultores con pensiones de miseria y condenados a la ruina, sois las primeras víctimas de la inseguridad.
>
> Jean-Marie Le Pen, líder del Front National y candidato a las elecciones presidenciales de la República Francesa del año 2002, tras conocer sus primeros resultados de la primera vuelta —obtuvo el 17,2 % de los votos válidos— en la noche del 21 de abril. Citado por G. Martí en «El voto de la nostalgia, el odio y el miedo». *El País,* 22/4/2002.

¿A quiénes estaba dirigiéndose Jean-Marie Le Pen cuando pronunciaba estas palabras? A los trabajadores de la *vieja economía*, a aquellos que día tras día iban sintiéndose más inseguros porque cada vez eran menos necesarios.

Adolf Hitler creó en 1920 un servicio para mantener el orden en los mítines en los que intervenía y que adoptó el nombre de Sturmabteilung, o SA, tras un discurso que pronunció en Múnich en 1921 (el término fue tomado de unas tropas de asalto especializadas del Imperio alemán). La característica definitoria de las SA era que estaban fundamentalmente integradas por miembros de la clase trabajadora, ocupados o parados.

(Las SA, aunque oficialmente permanecieron activas hasta el final de la Segunda Guerra Mundial, fueron descabezadas en la Noche de los Cuchillos Largos —del 30 de junio al 2 de julio de 1934—, cuando sus líderes fueron ejecutados por orden de Hitler, a quien preocupaba el poder que estaban acumulando y la tensión que eso creaba con otros cuerpos y jefes de la organización nacionalsocialista).

> [...] hay un gran cambio tecnológico, y el papel de los sindicatos debe ser facilitar el cambio tecnológico en los mercados laborales y no bloquearlo, y la forma de hacerlo es luchar por la protección de los trabajadores en el momento del cambio, no insistir en una estructura ya inexistente de trabajos.
>
> Anthony Giddens, director de la London School of Economics e ideólogo de la tercera vía en una entrevista. *El País*, 12/5/2002.

> No existen en la economía globalizada de hoy derechas o izquierdas, sino buena o mala gestión del espacio público.
>
> Tony Blair, primer ministro británico, en la Asamblea Nacional Francesa el 24/3/1998. Citado por Vicenç Navarro en «Socialdemocracia sin clase trabajadora». *El País*, 22/5/2002.

Una de las últimas veces en que la ideología apareció en el mensaje político, económico o cultural fue en el mensaje «*No Future*» del movimiento punk original, en 1973, y en los pocos años que siguieron antes de que sus símbolos fuesen comercializados. Definitivamente, la ideología desapareció del día a día y de los mensajes de partidos políticos y sindicatos desde que, con el Modelo de Oferta, el centro de todo pasó a ser la *maximización del valor para el accionista*. Y suprimida la ideología, quedó la realidad.

La década de los ochenta fue la del inicio de la automatización masiva: la productividad debía mejorar y la oferta necesitaba tener el camino libre para conseguirlo; nada debía frenarla y menos los sindicatos. El cambio de operativas que traía consigo la tecnología era inevitable, ineludible, por lo que no debía ser retardado. Superada ya la lucha de clases, los sindicatos no debían enquistarse en posturas finiquitadas, sino que debían favorecer ese cambio, facilitándolo y reclamando protección para los trabajadores que se viesen afectados por el cambio, bien reclamando programas de recolocación o cursos de formación que ayudaran a que los parados fuesen más *empleables*, bien con una mayor indemnización mientras gestionaban el cambio. Pero nada más.

Y eso era así porque la vieja dicotomía entre *derechas* e *izquierdas* había quedado marginada tras el fin de la guerra fría, por lo que aquellas teóricas posturas de izquierdas que guiaban a los sindicatos de clase debían ser erradicadas. El Estado ya no debía regalar nada a nadie, ya que lo único importante era la eficiencia, es decir, hacer lo que hay que hacer, y eso deben hacerlo los mejores, independientemente del color político que tengan y de si son empleados públicos o no. En consecuencia, ¿dónde había quedado el papel de la ideología? Y, ¿dónde, presumiblemente, va a quedar el de la política?

> El desarrollo de internet es muy desigual, y si las compañías de telecomunicaciones continúan privatizándose y convirtiéndose en monopolios, nunca llegará a universalizarse. [...] Si la instalación de la red se deja en manos privadas, no trabajarán en zonas más pobres o incluso en las áreas más despobladas de países ricos porque no será rentable económicamente. Mientras que no se considere un servicio público como los transportes o correos, quedarán bolsas de población al margen de internet. Es posible que estas áreas nunca lleguen a estar conectadas. Es un problema político, una cuestión de ideología. Son los gobiernos los que tendrán que invertir en crear esta infraestructura; de lo contrario, la diferencia entre países será cada vez mayor.
>
> Andreas Broeckmann, holandés, treinta y siete años. Director artístico del festival de cultura electrónica Transmediale International Media Art de Berlín. Margot Molina en *Ciberp@is, El País, 6/6/2002*.

En los primeros años del proceso de masificación de internet, numerosos teóricos de la red se preguntaron si ésta debía tener la consideración de servicio público debido a las enormes ventajas sociales que podía brindar. Era una época en la que, en proporción a la renta disponible, acceder a la red era caro, de ahí la preocupación expuesta en el texto citado.

El tiempo ha pasado y hoy el acceso se ha abaratado enormemente, lo que ha permitido que llegue a lugares verdaderamente recónditos; sin embargo, actualizada la reflexión, el planteamiento de lo que un servicio público debe ser plantea cuestiones delicadas: ¿hasta qué punto deben los Estados, los municipios, los gobiernos regionales, continuar garantizando la prestación de qué servicios públicos?

En su inicio, los procesos, los inventos, las revoluciones están plagadas de sueños; luego, la realidad fabricada paralelamente al desarrollo de las ideas va modulando su día a día. Nadie se plantea ya que internet tenga que ser un servicio público, pero a ninguna compañía

—privada— que lo suministra se le ocurriría no tratar de llevarlo hasta los confines de la Tierra. Sobre todo si la tecnología que lo posibilita no cesa de abaratarse.

> Una de las cosas que hemos aprendido en esta era de la globalización es que la distinción entre lo que sucede fuera y dentro de nuestras fronteras está desapareciendo. Tendremos que encontrar un nuevo equilibrio entre las libertades individuales y los poderes policiales que tendrá que inclinarse un poco hacia los poderes policiales.
>
> Richard Haass, director de planificación política del departamento de Estado de Estados Unidos tras la formación de un superministerio coordinador de la seguridad interior. Entrevista de J. P. Velázquez-Gaztelu en *El País,* 12/6/2002.

> En el pasado la gente era anónima y teníamos sólo trozos de su información; mañana os conoceremos a todos y podremos anticipar el futuro, gracias a la interconexión del conocimiento. Habrá menos privacidad, pero más seguridad.
>
> John L. Paterson, asesor en seguridad del gobierno estadounidense, en su intervención ante un grupo de periodistas en el seminario «El precio de la privacidad», organizado por Unisys, cuyo presidente, Larry Weinbach era, en ese momento, asesor del Comité Nacional para la Seguridad en Telecomunicaciones de Estados Unidos. *Ciberp@ís, El País,* 4/7/2002.

Los sucesos del 11 de septiembre de 2001 transformaron radicalmente la percepción de muchas cosas, entre ellas la de los conceptos de *seguridad* y *privacidad.*

En septiembre de 2001 hacía 56 años que había finalizado la Segunda Guerra Mundial, 48 la de Corea y 28 la de Vietnam, y la Primera Guerra del Golfo había sido un conflicto muy localizado que se resolvió muy rápidamente, por lo que más de la mitad de la población de los países desarrollados no había participado directamente en ninguna contienda y, salvo en España y Portugal y en los países de la Europa del Este, la democracia llevaba muchas décadas implantada satisfactoriamente en gran parte del mundo desarrollado. Es decir, los recuerdos de represión de quienes los tuvieran eran cada vez más tenues; para los jóvenes, los dictadores se habían convertido en iconos pop; y todo el mundo se sentía seguro y con su vida privada protegida. Hasta que llegó el 11-S.

A partir del 11-S la seguridad se puso por encima de todo, hasta convertirse en un concepto único y con mayúsculas. Conocer y analizar la mayor cantidad de información posible de personas, entidades, hábitos, países, compañías pasó a ser el objetivo prioritario de los servicios de seguridad, tanto de los Estados como de las empresas: los primeros, pagados con dinero público; los segundos, con los beneficios que obtenían al vender sus bienes y servicios. Una obtención de información que se vio abonada por los crecientemente sofisticados métodos basados en las TIC.

De la noche a la mañana, la privacidad comenzó a retroceder porque el sentimiento de inseguridad era obsesivo, pero también porque prácticamente no se oyeron voces que denunciaran el retroceso en la privacidad: no las había. Las inversiones en seguridad y en contraespionaje se dispararon, tanto a nivel público como privado. Estados y compañías comenzaron a gastar ingentes cantidades para su protección. Y en eso estamos.

> La dispersión de los lugares de trabajo, ocio y vivienda ha conllevado un aumento insostenible de los costes de transporte e infraestructuras. Así que una vez demostrado que el modelo de ciudad difusa no funciona, se están volviendo los ojos hacia un urbanismo más compacto en el que los edificios tengan usos mixtos y exista un control sobre el territorio para frenar la proliferación de adosados.
>
> Guillermo Vázquez Consuegra, arquitecto, en el seminario «La Ciudad Ideal», impartido en los cursos de verano de la Universidad Complutense de Madrid. Citado por Margot Molina en «Un grupo de arquitectos defiende la ciudad policéntrica para afrontar el futuro». *El País*, 17/7/2002.

La Revolución Industrial supuso la urbanización intensiva de la población debido a que las fábricas se instalaban en los núcleos urbanos o cerca de los ya existentes; la atracción de mano de obra fue rellenando los espacios. Tras la Segunda Guerra Mundial, desde Estados Unidos comenzó a extenderse un fenómeno: el traslado de las residencias a las zonas limítrofes de las ciudades, en urbanizaciones compuestas por viviendas unifamiliares de clase media y alejadas de las urbes en decenas de kilómetros; lo cual hizo que el *downtown* pasara a ser un lugar exclusivamente de trabajo que se vaciaba al llegar la tarde y que se volvía a llenar a la mañana siguiente. El fenómeno se incrementó con la construcción de enormes centros comerciales accesibles en automóvil.

Imparablemente se fue produciendo una dispersión que fue disparando los costes de logística y de gestión. Mientras el crecimiento económico fue en mayor o menor medida constante, todo fue bien, porque mayores costes también suponían un mayor PIB; pero la contrapartida era un creciente gasto de recursos cuyo retorno cada vez estaba menos claro.

En los 2000 el modelo comenzó a ser abiertamente cuestionado, sobre todo por el desperdicio de recursos que suponía, y empezó a plantearse el concepto de *edificios multiuso*, algo que las posibilidades brindadas por las TIC posibilitaba. Desde la perspectiva actual (2014) la idea parece muy plausible debido a las decrecientes necesidades de factor trabajo y al espectacular avance de la posibilidad de realizar a distancia un gran número de actividades que las TIC pueden ofrecer.

> Las empresas se están haciendo ubicuas. Se extienden a todas partes, al domicilio particular, a una terminal del aeropuerto, a un hotel. Es una oportunidad enorme de ampliar la productividad porque las personas podrán trabajar y conectarse a los mismos servicios estén donde estén.
>
> Rafael Pérez, responsable de pymes de Cisco Systems. Citado por Marimar Jiménez en «El mundo es la oficina». *Cinco Días*, 5/8/2002.

> Ser un trabajador en el futuro significará mucho más que ser un trabajador en la actualidad. Y también menos, porque, en el camino, se habrá perdido la facultad para delimitar dónde empieza y acaba la obligación. Dónde empieza y termina nuestro enlace con la empresa y, en consecuencia, hasta dónde llega —si llega— la propiedad del yo.
>
> Vicente Verdú, «El hogar y la oficina». *El País*, 20/12/2002.

Uno de los aspectos fundamentales que se derivan de la masificación de internet es la posibilidad de no tener que vincular a un lugar concreto la generación y recepción de cualquier cosa que sea digitalizable y transformable en materia de información.

Gracias eso, las personas generadoras de alto valor, las que eran verdaderamente necesarias para que las entidades, las compañías, las instituciones funcionasen, podían moverse a cualquier lugar porque podían convertir ese lugar en su lugar de trabajo cuando se encontrasen en él y, por consiguiente, en un lugar que pasaba a ser sucursal de la compañía en la que trabajara cada una de esas personas. En ese momento moría lo local tal y como hasta ese momento había sido entendido.

La consecuencia inmediata de tal conectividad era la posibilidad de acceder a un experto en cualquier lugar del planeta cuando se le necesitase, en lo que se requiriese, y durante el tiempo preciso, pagando por su labor y limitando la vigencia del contrato a la de la realización de la tarea. El número de profesionales de alto nivel en plantilla de las empresas, por tanto, además de movilidad completa, podía verse muy reducido. Mientras, las tareas de escaso valor y elevado consumo de factor trabajo eran progresivamente llevadas a zonas de bajos salarios y casi nulo control de las condiciones de trabajo: la información necesaria para su trabajo llegaría puntualmente a su destino. La empresa ubicua había llegado.

> Aspiramos a que el cliente no tenga que mover un dedo.
>
> Félix Tejada, director de Servicios Logísticos de Logista, en referencia a la evolución esperada de la logística. Ricardo De Querol en «La reina de los envíos». *Cinco Días,* 7/8/2002.

A medida que la Revolución Industrial fue avanzando, la especialización fue ganando terreno, pero no sólo desde una óptica industrial, como en la fábrica de alfileres de Adam Smith, sino desde la óptica de los servicios relacionados con las actividades desempeñadas.

El objetivo pasó a ser, cada vez más, que cada empresa, cada taller, cada unidad productiva pudicra dcdicarsc cxclusivamentc a aquello que constituía el centro de su actividad: su *core business*, y no tuviese que preocuparse ni distraerse con temas que se apartaban de ese centro. Y los servicios logísticos constituyen un grupo de esos temas no centrales.

Rápidamente la logística se fue transformando en un elemento absolutamente imprescindible, debido a que facilita la obtención de una mayor productividad y, por tanto, contribuye a lograr una mayor eficiencia a quienes se sirvan de ella. Porque la logística estrecha el espacio y comprime el tiempo.

> Una vaca europea recibe un subsidio de dos dólares y medio al día; una japonesa, siete dólares. [...] Cada empleo que se salva en el sector textil de los países industrializados [gracias a las barre-

> ras arancelarias] cuesta alrededor de treinta y cinco puestos de trabajo en el mismo sector en países de bajos ingresos. [...] Buena parte de esas ayudas van aumentando a medida que aumenta el nivel de producción, lo que contribuye a que se genere un exceso de producción en competencia con los productos de los agricultores de los países en desarrollo.
>
> Nicholas Stern, economista jefe del Banco Mundial, en la alocución sobre el impacto del proteccionismo en las economías de los países subdesarrollados, pronunciada en la cumbre del FMI y del BM celebrada en Washington entre el 27 y el 29 de septiembre del 2002. Citado por Ernesto Ekaizer en *El País,* 28/9/2002.

La deslocalización masiva de actividades productivas empezó a producirse a finales de los años ochenta. La mecánica estuvo clara desde el principio: producir en un país subdesarrollado que cuente con un elevado nivel demográfico o con un nivel demográfico suficiente es muchísimo más barato que producir en un país desarrollado siempre que el proceso productivo sea intensivo en factor trabajo: a mediados de los noventa, mientras que el coste medio de la hora de trabajo industrial en Estados Unidos era de 17,50 dólares, en China era de 0,65. Es decir, las empresas deslocalizaban sus procesos productivos porque lo que producían les salía más barato.

Cierto. Como en otros casos en los que han ocurrido fenómenos que han supuesto pérdidas para la clase trabajadora, se buscaron razones justificativas: «¿No nos quejábamos de que los países subdesarrollados no tenían oportunidades para crecer? Bien, pues ahora las tendrán». Y para el desempleo que generaba en los desarrollados, también se buscaron salidas: «Se reciclarán y se ocuparán en empleos generadores de mayor valor». La realidad es que en muchas de las plantas deslocalizadas se producían situaciones de explotación colonial, y que muchos de los trabajadores desplazados de la industria encontraron empleos, sí, pero en el sector servicios y con remuneraciones menores, lo que hizo aumentar el pluriempleo, sobre todo en Estados Unidos, a fin de intentar mantener poder adquisitivo.

El sector agrario no fue ajeno a esta disyuntiva, no tanto porque se produjeran procesos de deslocalización —al menos no al principio, pero sí después— como por el hecho de que producir en países pobres y atrasados, y luego importar, abarataba sustancialmente el precio: una banana ecuatoriana colocada en un punto de venta de Hamburgo tenía un precio inferior a un plátano canario. Entonces apareció un planteamiento obvio que no dejaba de ser una variante de la ricardiana teoría de la ventaja comparativa: si el precio de la banana de Ecuador es inferior al precio del plátano de Canarias, hay que dejar de producir en Canarias e importar bananas de Ecuador. Máxime en un sector, el agrario, que absorbe casi el 45 % del presupuesto comunitario y tan sólo genera el 2 % del PIB de la Unión Europea.

Y en el sector industrial las cuestiones eran semejantes a las formuladas: ¿deben eliminarse las ayudas a la agricultura europea? ¿Se ignora el hecho de que Europa pasará a ser dependiente de la producción de otros países? ¿Qué hacer con el factor trabajo desplazado del sector agrario? Hoy en día, la respuesta a estas preguntas sigue pendiente.

> Cuando Monsanto entrega las semillas a los agricultores no las vende realmente, es un acuerdo de uso, que permite a los agricultores usar las semillas y su ADN una sola vez. Y dependen por el resto de sus vidas de Monsanto. Las compañías van a crear vastas redes entre suministradores y usuarios, para monopolizar el poder a la velocidad de la luz.
>
> Jeremy Rifkin. Entrevista de Adolfo Estalella en *Ciberp@ís, El País*, 29/8/2002.

El objetivo del Sistema Capitalista era producir y vender, lo que comportaba un traspaso de la propiedad del objeto, y eso estaba bien porque comportaba generación de beneficios en todas las fases del proceso; pero ese proceso podía sofisticarse.

Desde el Neolítico, la obtención de semillas de los frutos de las cosechas ha sido la base de la agricultura. A lo largo del tiempo, esas semillas habían experimentado muy escasas variaciones y trasladaban de una cosecha a la otra las ventajas e inconvenientes de una variedad... Hasta que llegó la denominada agricultura transgénica.

La fabricación de semillas modificadas permitió superar problemas de otro modo insalvables: resistencia a ciertas plagas, a temperaturas extremas, posibilidad de alargar procesos de maduración... El problema es que estas semillas producen frutos cuyas semillas, aunque se sembraran, no producirían ninguna planta, de modo que los agricultores que utilizan las semillas modificadas pasan a ser cautivos de la empresa que les suministró por primera vez las semillas.

Se gana en productividad y en variedades (aunque otras se pierden al no ser tan rentables), pero se pierde en libertad e independencia. Con el sistema antiguo las semillas podían obtenerse de un fruto o comprarse, pero con el nuevo lo que se compra es el acceso al uso de una tecnología, de la información que posibilita el nacimiento de una planta, y que requiere adquirir una nueva información, tal vez nuevamente modificada con nuevas características, para generar una nueva cosecha.

> Para mí, ésta es la nueva violencia política, la violencia de la supervivencia, de la injusticia social. En América Latina, hace veinte años, si un pobre tenía una pistola, se iba al monte a cambiar el mundo. Hoy atraca un banco. Esa violencia ha costado más muertes que las guerrillas. Y más dinero: en Brasil se gasta en seguridad el equivalente al 10 % de su PIB. O sea, el equivalente a todo el PIB de Chile.
>
> Ignacio Ramonet, director de *Le Monde Diplomatique en español*, *Guerras del siglo XXI*, Mondadori, 2002. Citado por Miguel Mora en *El País*, 19/9/2002.

Una de las cosas que quedaron diáfanas con el arma nuclear fue que tal arma existía y se sofisticaba para no utilizarla; otra cosa que se dedujo —y que la guerra fría se encargó de demostrar— es que en el futuro no habría guerras mundiales, pero sí conflictos locales en los que los dos bloques irían definiendo sus posiciones y delimitando sus influencias. Los golpes de Estado y la actividad guerrillera que en Latinoamérica se fueron produciendo y desarrollando pueden encuadrarse en estos conflictos locales.

El proceso descolonizador, cuando derivaba en guerras de *liberación* —y la actividad de las guerrillas latinoamericanas es posiblemente el ejemplo más significativo—, era vestido con un manto de lucha contra situaciones injustas perpetradas por dictaduras autóctonas habitualmente sostenidas por el *imperialismo yanqui*. Pero ese halo liberador se diluyó de golpe cuando la guerra fría comenzó a declinar entre 1986 y 1987.

Desaparecida la guerra fría fueron desapareciendo también los componentes ideológicos que movían muchos de estos movimientos revolucionarios. Las dictaduras reales, las militares, fueron transmutándose en oligarquías con rostro de democracias formales. La política acabó siendo el destino de bastantes de aquellos antiguos guerrilleros; otros derivaron hacia la actividad delictiva. Aunque en casi todos los escenarios los problemas continuaron siendo los mismos.

> El Estado de bienestar del siglo XX trató a los ciudadanos como iguales. El del siglo XXI les tiene que tratar también como individuos.
>
> Tony Blair, primer ministro del Reino Unido, en el congreso del Partido Laborista del 2002 celebrado en Blackpool. Citado por Walter Oppenheimer en *El País,* 2/10/2002.

Cuando tras la Segunda Guerra Mundial se empezó a generalizar el modelo de protección social dentro del estado de bienestar en que la economía planetaria había entrado tras la Depresión, uno de los objetivos prioritarios que se perseguía era obtener una creciente igualdad entre las rentas disponibles de los ciudadanos. Se trataba de reducir las diferencias sociales y mitigar conflictos sociales que tan de manifiesto había puesto la *lucha de clases* del siglo XIX.

Para ello se diseñaron políticas fiscales redistributivas que, a través del gasto público, desplazaran renta desde las más altas hacia las más bajas. En este proceso ambos ganaban: la ciudadanía con menos recursos ganaba servicios, atención e ingresos; mientras que las capas con mayores posibilidades ganaban pedidos para sus fábricas, más actividad profesional y más tranquilidad callejera. El esquema se basaba en un humanitarismo que buscaba una teórica igualdad.

El modelo Thatcher-Reagan trastocó esa búsqueda de igualdad y puso el acento en el otro lado: en maximizar el valor para el accionista y en eliminar trabas para la oferta. La igualdad había dejado de ser importante, pero con ese abandono del ideal de igualdad se corría el peligro de que la capacidad de muchas personas válidas quedase sin descubrir; de ahí la estrategia de la tercera vía: cada persona debe responsabilizarse de sus actos, pero el Estado debe dar a todos las posibilidades para que desarrollen sus capacidades en un entorno en el que nadie es igual a otro, pero en el que todos son individuos con capacidades. Reducir la desigualdad social no es un fin, pero sí lo es garantizar la igualdad de oportunidades porque si ésta no existe, se desperdiciarán recursos que podrían beneficiar a toda la sociedad.

> Algunas cosas que se remontan al inicio del Estado social, en tiempos de Bismark y que hace treinta, cuarenta o cincuenta años aún tenían su justificación, han perdido hoy su carácter urgente.
>
> Gerhard Schröder, canciller de la República Federal de Alemania, en el primer debate parlamentario de la legislatura. Citado por Javier More-

no en «Schröder pide sacrificios a los alemanes mientras cae en picado su popularidad». *El País*, 30/10/2002.

Lo que en el fondo fondo ha buscado desde sus remotos orígenes el modelo de protección social ha sido reducir la desigualdad entre quienes obtenían más ingresos, fuese su origen cual fuese, y quienes tenían ingresos más reducidos; las razones pueden englobarse en dos grupos: reducir la conflictividad social y, en segundo lugar, garantizar que quienes menos tienen accedan a un cierto nivel de consumo que, a su vez, generará un cierto nivel de crecimiento y, evidentemente, de negocio.

Cuando en 1883 el canciller Bismark puso en marcha el embrión de lo que posteriormente se convirtió en el sistema de pensiones que hemos conocido, está claro que la razón que más primaba era la primera; cuando tras la Segunda Guerra Mundial se generalizó en Occidente el Estado de bienestar era el segundo motivo el que destacaba. Pero en ambos casos la reducción de la desigualdad era EL objetivo encubierto.

Cuando el 14 de marzo del 2003 el canciller alemán Gerhard Schröder, socialdemócrata, anunció en el Bundestag las líneas maestras de lo que se conocería como la Agenda 2010, dibujó el inicio del fin de la idea básica que había promovido el modelo de protección social: aquellas reformas que rebajaban impuestos directos, aumentaban indirectos y recortaban derechos sociales, estaban indicando que la reducción de la desigualdad había dejado de ser un objetivo y que, en todo caso, debía ser cada individuo quien redujese su desigualdad con arreglo a su responsabilidad. De ahí que «algunas» prestaciones, según el canciller socialdemócrata, ya no tuvieran «justificación».

El canciller Gerhard Schröder y su *Neue Mitte* [«nuevo centro»] se halla en la estela del premier británico Tony Blair y el New Labour. En este grupo, aunque con características propias, también se incluyeron el primer ministro francés Lionel Jospin, el presidente estadounidense Bill Clinton, el presidente argentino Carlos Menem, el secretario general del PSOE José Luis Rodríguez Zapatero («Bajar impuestos es de izquierdas», mayo de 2003) y otros miembros de una izquierda evolucionada hacia lo que se dio en llamar el «social-liberalismo».

> No puede ser que los jóvenes contribuyamos a las actuales pensiones, que en pocos años tengamos que pagar el doble en aportaciones y además que tengamos que contratar pensiones privadas.
>
> Anna Lührmann, diputada en el Parlamento alemán por Los Verdes, al comentar la reforma de las cotizaciones sociales presentada por el go-

bierno a fin de aumentar la contribución particular al sistema de pensiones. *El País,* 12/11/2002.

El sistema de pensiones denominado «de reparto», vigente en la inmensa mayoría de los países en el momento de escribir este texto, se basa en la llamada «solidaridad intergeneracional»: quienes en un periodo determinado cotizan están pagando la pensión de quienes en ese periodo la están percibiendo. Y será la generación que vendrá después la que, cuando cotice, pagará la de quienes ahora cotizan. El modelo es simple y estuvo funcionando a pleno rendimiento desde la década de 1950 hasta el 2010, cuando algunos países empezaron a tener problemas para pagar las pensiones con normalidad, como es el caso de España que, desde el 2011, tuvo que recurrir a su caja de reserva.

El problema radica en que los parámetros existentes, y los que se supuso que se mantendrían —y que se cumplían— cuando el sistema de pensiones se diseñó y se puso en marcha, posteriormente han dejado de cumplirse. Antes había una esperanza de vida total de sesenta y cinco años, o sea, una esperanza de vida —tras la jubilación— de sólo dos años; y existía además el pleno empleo real del factor trabajo. Es decir, el sistema de pensiones actual, diseñado según aquellos parámetros, es hoy insostenible.

Hoy los jóvenes se encuentran en una tesitura compleja. La situación es la siguiente: estos jóvenes se ven abocados en su mayoría a un desempleo estructural elevado; a un subempleo que se materializa en una concatenación de contratos a tiempo parcial, remunerados parcamente y con importes ni fijos ni periódicos y regidos más a menudo por contratos de obra y servicio, es decir, autónomos, que por contratos laborales. De ahí lo que manifiesta la diputada alemana, muy en consonancia con lo que me han expuesto mis alumnos en varias ocasiones: «En el mejor de los casos nosotros vamos a cotizar para pagar tu pensión, pero ¿quiénes van a cotizar para pagar las nuestras?».

La solución apuntada es que los trabajadores participen en fondos privados de pensiones, pero ni todos podrán hacerlo, debido a las remuneraciones que obtendrán, ni están garantizadas las rentabilidades financieras precisas para asegurar importes que brinden un estándar de vida suficiente, acorde al menos con el actual.

El futuro de la manufactura para mí está en fabricar sin personal siempre que sea posible.

Peter Evans, director general de Evans Findings, al comentar su objetivo de duplicar la producción en los próximos dos años sin aumentar el personal. Citado por Timothy Aeppel en «Cada vez son más las compañías que funcionan sin operarios en EE. UU.». *WSJ-Cinco Días*, 20/11/2002.

En los últimos veinte años, la producción de acero estadounidense aumentó de 75 millones de toneladas a 102 millones. En el mismo periodo, de 1982 al 2002, el número de trabajadores de la siderurgia en Estados Unidos se redujo de 289.000 a 74.000.

Jeremy Rifkin, «Producir más bienes con menos trabajadores». *El País*, 30/12/2002.

Posiblemente, el mayor logro de la Revolución Industrial fue diseñar un proceso productivo que permitía obtener un producto con un valor mucho mayor que el de los insumos introducidos en el proceso. A partir de ahí se produjo el mejoramiento de dicho proceso: ir reduciendo los costes de los insumos y las cantidades de insumos necesarias para producir los bienes previstos.

En una dinámica como la descrita es inexorable que el objetivo llegue a ser el plantearse como límite fabricar con *cero insumos*, lo que es imposible: pero no lo es reducir su número, cantidad o valor. A partir de 1870 la burguesía industrial buscó aumentar sus márgenes al mejorar constantemente la productividad a base de inversión, lo que llevó a Karl Marx a formular su teoría sobre la tendencia decreciente de la tasa de ganancia. El capitalismo corrigió la deriva con un aumento de salarios y del número de días festivos y una reducción de la duración de la jornada laboral, pero siempre en un contexto de producción al alza y buscando, siempre, maximizar las cantidades producidas. Lo que no sucede ahora.

La tecnología orientada a la producción ha experimentado un avance gigantesco, y todo apunta a que va a continuar en esa línea. Paralelamente, ya no se busca producir series infinitas de bienes idénticos dirigidos a un número enorme de consumidores estándar con suficiente poder adquisitivo, sino series limitadas, personalizadas y orientadas a quienes puedan consumir esos bienes según su poder de compra.

Hoy, por parte de la producción, cabe pensar como posible un escenario en el que con un muy escaso número de trabajadores, o con ninguno, se produzcan por medios automatizados las cantidades precisas de bienes que sean necesarias y con las características específicas demandadas para cada uno de los bienes, haciendo que resulte casi alcanzable aquel límite consistente en fabricar, al menos, con cero insumo de *factor trabajo*.

> Nosotros somos socialistas de sociedad, no de Estado.
>
> Pascual Maragall, secretario del PSC, ante el Consejo Nacional del partido, en Barcelona el 25 de enero de 2003. Citado por Pere Rusiñol en *El País*, 26/1/2003.

Puede entenderse esta cita como una manifestación filosófica de los inicios del cambio que un partido socialista estaba experimentando en aquellos años. Es excluyente, porque asume que en el socialismo hay dos vertientes: quienes piensan que el socialismo tiene que estar centrado en el Estado y quienes piensan que debe estarlo en la sociedad. Ya no hay posibilidad de acuerdo: es uno o el otro, pero no los dos, porque se excluyen mutuamente.

La *sociedad* pasa a ser un conjunto de individuos, pero no cualquier conjunto de individuos ni todos los individuos; por ello, el socialismo de la tercera vía ha superado a los trabajadores vestidos con un mono azul manchado de grasa que puño en alto cantan «La Internacional» y reivindican el papel del Estado, y se centra en aquellos que piensan en la sociedad en términos de individuos. De ahí que, por eso, la tercera vía, en su momento, fuese calificada de *socialismo chic*.

> Se extiende la idea de que el sistema sanitario, que tiene recursos limitados, no va a poder afrontar la creciente demanda derivada del envejecimiento de la población y el aumento de las patologías crónicas. Y ante este conflicto, se perfilan dos posturas: la del utilitarismo, que propugna maximizar el beneficio para el mayor número posible de pacientes, lo que significa dar prioridad a quienes más se pueden beneficiar de un tratamiento; y la de la ética de la igualdad, que defiende que hay que repartir los recursos igualitariamente entre todos, es decir, de forma equitativa.
>
> Carlos Álvarez-Dardet, catedrático de Salud Pública en la Universidad de Alicante y director de la revista *Journal of Epidemiology & Community Health*. Citado por M. Pérez Oliva en «El enfermo como culpable». *El País Salud*, 8/7/2003.

Desde que tras la Segunda Guerra Mundial se instauró en casi toda Europa la sanidad pública financiada con contribuciones fiscales pagadas por todos los ciudadanos en función de sus ingresos, el objetivo fue la sanidad universal, es decir, la extensión de los cuidados sanitarios sin límite de prestación a todos los residentes de un país que los precisen. Y, de hecho, puede decirse que a finales de los años setenta tal objetivo se había conseguido.

Pero sólo se consiguió gracias a unos parámetros concretos: un nivel tecnológico determinado, un nivel de ingresos fiscales suficiente, un nivel de ocupación de la población activa prácticamente total... Y esa situación empezó a cambiar a partir de los años ochenta. Es decir, mientras que la demanda de servicios sanitarios no cesaba de aumentar debido, entre otras razones, a la mejora de la propia tecnología sanitaria, los recursos con los que la sanidad pública podía contar estaban disminuyendo o, en el mejor de los casos, se estancaban en términos reales.

Lo que plantea la cita es muy simple: o se elige a quienes mejor podrán aprovechar los recursos existentes, o se reparten por igual esos recursos existentes y se llega hasta donde se pueda llegar. No hay más, pero lo que el autor sugiere es que alguien, en algún momento que cada vez se halla más cercano, tendrá que escoger qué camino seguir.

> La clase media atraviesa una crisis de identidad. Han desaparecido sus elementos distintivos, ya sea en función de la educación, los salarios o posesiones materiales. No existe un modelo de familia media [...].
>
> Daniel Wade, padre de la familia residente en Londres que abrió su casa a cincuenta personas durante un semestre cada domingo, de 11.00 h a 17.00 h. Citado por Lourdes Gómez en «Míranos, no te cortes». *El País de las Tentaciones,* 17/10/2003.

> En 1960 trabajaban cinco por cada jubilado. Hoy día son sólo tres y en el año 2030, cuando nuestros hijos se sienten aquí, por cada dos en activo habrá un jubilado. A esto se añade que los jubilados y jubiladas disfrutan de la renta el doble de tiempo que en 1960.
>
> Gerhard Schröder, canciller alemán, en su intervención en el congreso del SPD celebrado en la localidad de Bochum. Citado por José Comas en *El País,* 18/11/2003.

> Si América está viviendo una guerra de clases, la mía está claramente ganando.
>
> Warren Buffett, presidente del fondo de inversión Berkshire Hathaway, en su carta anual a los accionistas correspondiente al 2004 y remitida en la primera semana de marzo, al comentar la rebaja de impuestos promovida por el presidente George W. Bush. Citado por Miguel Rodríguez en «Buffett ve pocas oportunidades de inversión en renta variable». *Cinco Días,* 9/3/2004.

El mensaje común a estas tres frases es el mismo: esa porción de población comprendida entre el 10 % más rico y el 20 % más pobre, fraccionado a su vez en estamentos determinados por su renta, un estamento que fue creado, desarrollado y expandido tras la Segunda Guerra Mundial y que pivotaba sobre el pleno empleo y el modelo de protección social, es decir la clase media, está desapareciendo. Por una razón muy sencilla: está dejando de ser necesaria para el sistema.

Aquellos elementos que la caracterizaban y que la llenaban de significado, el trabajo y el consumo, han perdido significado al ser crecientemente menos necesario el primero y al ser cada vez menos accesible el segundo, por estar disminuyendo los salarios y ser la capacidad de endeudamiento cada vez más limitada.

A la vez, y en parte por lo anterior, las pensiones, quintaesencia del modelo de protección social, son año tras año menos sostenibles, en gran medida debido a que sus ingresos son proporcionalmente decrecientes (aunque se diga que su problema es de gastos). Además, aquel temor de *los ricos* a que hordas de obreros desarrapados invadieran su espacio de bienestar ha desaparecido tras el fin de la guerra fría y la pérdida de soporte ideológico que ese final trajo consigo, y a la necesidad decreciente del factor trabajo que reduce la cantidad utilizada de trabajadores.

La brecha entre *ricos* y *pobres*, expresada en la creciente desigualdad, pone de manifiesto el retroceso social que desde hace años se está produciendo. La clase a la que pertenece Warren Buffett ha ganado la guerra de clases frente a una parte de la población crecientemente empobrecida; sin embargo, Buffett no era partidario de la rebaja de impuestos que comentaba porque no quería la inestabilidad que tal empobrecimiento podría ocasionar. La concesión de crédito masivo a la clase media fue su última contribución a un modelo que ya daba muestras de agotamiento.

Y, bueno, el hoy excanciller Gerhard Schröder se equivocó bastante: actualmente en España sólo hay 1,98 cotizantes ocupados por cada pensionista que cobra su pensión.

> Puede ser enormemente atractiva la idea de gravar la fiscalidad del capital, pero ¿qué hacemos si se nos va?
>
> Pedro Solbes, vicepresidente y ministro de Economía y Hacienda del Reino de España en una comparecencia en el Senado el 15 de junio de 2004. Citado por Lucía Abellán en «La Agencia Tributaria clasificará a los contribuyentes según el riesgo de fraude». *El País,* 16/6/2004.

La fase de la globalización económica iniciada en los años ochenta acabó con la localización de las actividades manufactureras: una planta de producción podía estar allí donde el factor trabajo fuese más barato, y la digitalización de la información llevó la deslocalización hasta sus últimos extremos. Pero hacía ya tiempo que otro de los factores económicos había superado las fronteras políticas: el capital.

El capital hoy puede moverse a la velocidad de un clic, y se desplazará en función de la rentabilidad que pueda obtener y de los gravámenes a los que esté sujeto. Es muy significativo que un miembro de un gobierno nominalmente de izquierdas haga manifestaciones como ésta, que en el fondo lo que indican es la superación, en la práctica, del concepto de *frontera* y de *soberanía*: «¿Qué hacemos si se nos va?».

> Todo el problema de la economía moderna es que la corporación, sea del petróleo, de los laboratorios farmacéuticos o de las empresas químicas, ya no trabaja como antes. No creen en la necesidad de establecer estrategias a largo plazo. Los accionistas y los bancos de inversión que escriben los informes quieren resultados espectaculares inmediatamente.
>
> Robert Mabro, presidente del Oxford Institute for Energy Studies. Entrevista de Ernesto Ekaizer en *El País,* 24/10/2004.

Hasta la década de 1980 se daba una correlación positiva entre *lo real* y *lo financiero*, es decir, entre la parte de la economía que-fabricaba-cosas y la parte que-gestionaba-los-dineros. El sistema financiero, en sus aspectos bancario y bursátil, financiaba operaciones llevadas a cabo en el mundo productivo y con los beneficios que en este sector se obtenían se remuneraba al mundo de las finanzas. Uno sin el otro no tenían sentido y a ambos se añadía el ahorro de las familias, unas cantidades que los elementos financieros hacían circular, distribuyéndolas, a modo de bombas que movieran agua. En los ochenta todo eso cambió.

En parte porque fue posible; en parte porque el factor capital comenzó a adquirir una importancia muy superior al factor trabajo; en parte porque cada vez eran precisas cantidades más masivas de capital..., el hecho es que *lo financiero* comenzó a llevar una vida al margen de *lo real*, una vida propia, independiente, y que se tradujo en que aquél (factor capital) fue dejando de necesitar a éste (factor trabajo) para existir.

En la práctica ello supuso una visión cortoplacista en el que *mañana* acabó siendo considerado como largo plazo, y en una realidad en la que la producción, fuera de lo que fuese, y aquello con lo que se comerciase pasaron a ser tan sólo el medio utilizado para generar *dinero* con el que remunerar largamente a todos los actores del proceso financiero, y no sólo a los accionistas, convertidos en numerosas ocasiones en rehenes de procesos que no controlaban.

> Si tengo que ir a una fiesta importante y me siento triste, Percocet realmente me quita el mal rollo. Me convierte en una persona animada y muy sociable, que no es como soy normalmente.
>
> Warren St. John y Alex Williams, «Los hay que vencen el estrés vacacional a "pildorazos"». *The New York Times-El País*, 22/12/2004.

Los años comprendidos entre el 2002 y el 2007 fueron los años de *el mundo va bien*. Los años en los que todo era posible porque todo era factible al estar permitido a cualquiera acceder a cualquier nivel de endeudamiento que le permitiese alcanzar su sueño. Evidentemente, en un entorno como ése, no estar bien, no sentirse bien o no comportarse bien no tenía cabida ni era aceptable.

Desde los años ochenta proliferaron medicamentos y sustancias orientadas a mejorar el rendimiento, a reducir el cansancio, a eliminar la ansiedad o a propiciar el descanso; de todos, posiblemente el más conocido es el Prozac de los laboratorios de Eli Lilly and Company, comercializado a partir de 1987. Pero desde finales de los noventa comenzaron a generalizarse componentes químico-farmacéuticos cuyo objetivo era, simplemente, ayudar a *sentirse bien*.

En un mundo exitoso, en crecimiento, en el que todo era posible, ¿cómo iba alguien a no estar receptivo, a no sentirse bien? Incomprensible e inaceptable situación, máxime cuando una batería de sustancias lo posibilitaban y lo fomentaban: sentirse bien contribuía a hacer negocios, lo que generaba un mayor sentimiento de bienestar.

> Pregunta: El gran reto de España, y también de Europa, parece ser elevar la productividad, un indicador que funciona mucho mejor en Estados Unidos. ¿Cómo se hace?
>
> Respuesta: Es una especie de píldora amarga. Echando a más trabajadores e invirtiendo en tecnología para hacerlos más productivos. O exportando trabajos a Asia. Es posible que las empresas europeas lo hagan porque necesitan competir con las esta-

dounidenses, que ya lo hacen. Pero va a ir en contra de los trabajadores.

Robert F. Engle, Premio Nobel de Economía en 2003. Entrevista de Lucía Abellán en *El País,* 9/6/2004.

Para fabricar la misma cantidad de coches cada año hace falta un 5 % menos de mano de obra, porque eso es la competitividad. ¿Qué hacemos con ese 5 % de trabajadores que sobra cada año?

Juan Antonio Fernández de Sevilla, presidente de la Asociación Nacional de Fabricantes de Automóviles y Camiones (Anfac), en declaraciones a *La Tribuna de la Automoción,* donde comentaba la petición de los fabricantes de automóviles al gobierno para que arbitrase medidas que les permitieran reducir sus plantillas. Citado por E. P. en «Los fabricantes de coches piden medidas para reducir plantilla». *El País* 7/2/2005.

Uno de los fallos que Karl Marx cometió cuando construyó su teoría del derrumbe del sistema capitalista fue suponer que la burguesía, los propietarios de los medios de producción, no harían absolutamente nada para revertir la situación de colapso a la que conducía la tendencia decreciente de la tasa de ganancia provocada por la creciente sustitución de trabajo por capital. El capitalismo, simplemente, tuvo que aumentar un poco los salarios, reducir la jornada de trabajo, permitir unas cuantas fiestas y aumentar la producción, a fin de que sus trabajadores consumieran lo que antes habían producido.

Lo que en este razonamiento tantas veces repetido suele no contarse es que el capital pudo obrar así porque la atmósfera entonces existente exigía, requería, una cantidad creciente de factor trabajo para producir una cantidad creciente de bienes o de servicios; cierto: cada vez en menos cantidad, pero siempre en una tendencia creciente. Hasta que eso empezó a dejar de ser así.

En los años ochenta comenzó una tendencia imparable en aquellos subsectores que más capital utilizaban y donde la competencia era más cerrada, como el del automóvil. Lo cierto es que la demanda de trabajo, lenta pero inexorablemente, se fue despegando de las cantidades de bienes y servicios producidas, de tal modo que de forma creciente las cantidades producidas empezaban a no guardar relación alguna con el factor trabajo utilizado. Ello era posible gracias al aumento de la productividad, un aumento logrado a través de la inversión: en tecnología que automatiza procesos, y también en lograr una organización eficiente que optimice las rutinas de los procesos. La consecuencia de tal proceder es obvia: la tendencia decreciente de la demanda de trabajo, por ser decreciente la necesidad de factor trabajo.

En los años de *el mundo va bien* el problema pudo quedar bastante difuminado debido a que la demanda de bienes y servicios, alimentada por un crédito creciente, maximizó la producción y ocultó el estancamiento de los salarios reales; sin embargo, ya entonces la realidad estaba llamando a la puerta: independientemente del lugar en el que la planta productiva se encontrase, la necesidad de factor trabajo era decreciente; lo que fue dando lugar a una pregunta ignorada por todos los políticos independientemente de su color, y orillada por casi todos los expertos en sociología y economía y por todos los sindicatos: ¿qué hacer con todos esos trabajadores que no son necesarios?

> El único empleado directo mío es el director general.
>
> Stelios Haji-Ioannou, fundador de EasyCruise, la primera compañía de cruceros de bajo coste, al comentar que todo el personal de la compañía estaba subcontratado. Citado por Cecilia Fleta en «Cruceros a 75 euros la noche». *El País*, 16/4/2005.

Los años ochenta supusieron la puesta en marcha o la generalización de un abundante número de procesos tendentes a incrementar la eficiencia organizativa de los procesos productivos. La deslocalización geográfica posiblemente sea el más conocido, pero la externalización de actividades desde las compañías hacia otras compañías especializadas o hacia profesionales expertos en las actividades deslocalizadas fue la que más impacto inmediato tuvo.

La idea era que la compañía se quedase con aquel personal que verdaderamente fuese esencial para llevar a cabo las tareas de coordinación que posibilitasen la realización de la actividad. Y mediante la contratación de terceros para que se encargasen de la ejecución física de las tareas que hacían posible la realización de la actividad objeto de negocio de la compañía.

En el caso de la frase expuesta, esa empresa, ofertante de un servicio, tan sólo precisaba de una persona que llevase a cabo la coordinación de los procesos necesarios para desempeñar su actividad. Al contratar esos procesos a otras empresas externas, el personal lo aportarían estas empresas, que tomarían sólo el necesario, el preciso, y se harían cargo de posibles bajas por enfermedad o accidente de *su personal* (que muy bien también podía ser externo), pero que contarían en todo momento con el personal necesario para quien contrataba el servicio.

El trabajador, por tanto, dejaba de estar vinculado a un puesto de trabajo y a una razón social. Podía hoy estar en una compañía realizando una tarea y mañana en otra llevando a cabo otra diferente, lo que suponía que el factor trabajo pasaba a constituir una *commodity* al dejar de estar un puesto de trabajo vinculado a una persona.

> Usted no puede verlos porque trabajan en nuestras oficinas, no de cara al público. Pero hay muchos aprendices que vienen del Este. Dispuestos a trabajar más horas por menos salario. Nosotros ya padecemos unos contratos bastante abusivos, trabajamos nueve horas al día y con demasiadas áreas. Además de atender a los clientes y el teléfono, tenemos que limpiar nuestros aseos, las mesas y las oficinas. Nos dan un euro al día por ese trabajo. Y si nos negamos, ahí está la puerta. Los aprendices del Este aceptan el trabajo encantados.
>
> Olivier (prefirió ocultar su apellido), recepcionista de la cadena de hoteles Accor, al opinar sobre el voto negativo en el referéndum sobre el proyecto de Constitución europea celebrado en Francia el 29 de mayo de 2005. Citado por Francisco Peregil en «El miedo y el descontento lograron el "no"». *El País,* 30/5/2005.

La conversión del factor trabajo en una *commodity* ha tenido consecuencias distintas según el valor añadido que el trabajo aportara. Cuanto menor fuese el valor añadido que generase ese puesto de trabajo o cuanto menos tecnología utilizase, mayor era su intercambiabilidad y menor su valoración, es decir, menor el salario pagado.

La incorporación de los países del Este de Europa a la Unión Europea y la extensión a sus ciudadanías de la capacidad de trabajar en cualquier país miembro de la Unión Europea, en función de la cláusula de libre circulación de personas, supuso, de golpe, un aumento espectacular de la oferta de trabajo, de cualquier nivel de cualificación, pero, en particular y en proporción, de los niveles de formación más bajos, aunque no necesariamente.

De pronto, los trabajadores de los países occidentales europeos se encontraron con una competencia de parecido nivel de formación o superior, que estaba dispuesta a realizar las tareas que ellos realizaban, o un mayor número, por un salario menor y con peores condiciones laborales.

La ampliación al Este de la Unión Europea supuso un elemento adicional de degradación de las condiciones de trabajo de la Europa occidental, y para la demanda de trabajo una ventaja muy temporal, ya que las ventajas iniciales fueron desapareciendo a medida que se generalizó la disponibilidad de estos trabajadores.

Del «Y yo, ¡por menos!» decimonónico se pasó al «Yo, por lo que me corresponda» del siglo XX; y estamos caminando hacia el «Yo, por lo que me den» del XXI. Cuando la oferta excede a la demanda, y máxime cuando esta demanda va a la baja, el precio desciende. Y el factor trabajo no es una excepción a esta regla.

> [...] no puede ser que cada vez que anda en danza un nuevo modelo se someta a los trabajadores a un chantaje que termina recortando derechos logrados con mucho esfuerzo.
>
> Antonio Carvajal, trabajador de General Motors en la planta de Figueruelas, miembro del sindicato CC. OO. y uno de los representantes de los trabajadores en el comité de empresa. Citado por C. Montserrat en «Los sindicatos de GM en Zaragoza rechazan el plan de contención salarial». *El País,* 2/10/2005.

Utilizando una categorización sin reconocimiento oficial, las empresas pueden dividirse en dos grupos: por un lado, las que son generadoras de grandes volúmenes de PIB y empleadoras de elevadas cantidades de factor trabajo y, por otro, el resto. Las empresas ensambladoras de automóviles pertenecen a la primera categoría.

Generar un elevado volumen de PIB y dar ocupación a un significativo número de trabajadores proporciona a esas empresas una fuerza inmensa en las negociaciones en las que participan, sea con los sindicatos o con las administraciones públicas; a su favor siempre cuenta con un argumento: la posibilidad de deslocalizar la producción a otras latitudes llevándose hacia donde sea una nueva inversión o trasladando la producción de una planta ya establecida, para de ese modo, obtener ventajas. España es un país en el que el automóvil desempeña un papel crucial: en conjunto puede llegar a generar el 10 % del PIB y su producción se exporta en casi el 90 %.

El caso expuesto en la frase citada constituye un ejemplo típico. La empresa matriz ha exigido unos nuevos requisitos —incrementos salariales equivalentes a sólo el 50 % del incremento del IPC entre el 2008 y el 2010; reducción de la flexibilización de la jornada; y congelación de los beneficios de antigüedad— como condición para no llevarse el ensamblaje del modelo que sustituirá al modelo Meriva a la planta que General Motors posee en Gliwice (Polonia). Con matices, los trabajadores de las automovilísticas siempre han acabado aceptando las propuestas empresariales. En caso de discrepancias, los gobiernos regionales y municipales siempre han actuado en el papel de pacificadores, destacando las ventajas que para la zona supone que la inversión no vaya a otro lado.

> Con estos jóvenes se crearon unas lógicas expectativas. La generación anterior, la mía y la de mis hermanos menores (yo nací en el 46), creció con las vacas gordas, pudo cumplir el sueño de matar al padre, esto es, de superarlo en todo: mejor casa que los padres, mejores trabajos... Pero para estos mileuristas, que han tenido, paradójicamente, mejores oportunidades en forma de estudio, el futuro no está donde debía estar.
>
> Enrique Gil Calvo, sociólogo. Citado por Antonio Giménez Barca en «La generación de los mil euros». *El País*, 23/10/2005.

El término *mileurista* fue utilizado por vez primera por la señora Carolina Alguacil en una Carta al Director del periódico *El País* publicada el 21 de agosto del año 2005. Las palabras del doctor Gil Calvo nos trasladan a una época en la que los jóvenes tenían expectativas y en la que estaban convencidos —porque ello era posible— de que podrían vivir mejor que sus padres, porque según la dinámica histórica hasta ese momento así había sido. Pero eso empezó a truncarse en los años setenta.

Hasta mediados de la década de 1970 una joven o un joven sabía que tenía asegurado un empleo en el que sería remunerado según la categoría profesional, y que esa remuneración iría incrementándose año tras año. Obviamente también sabía que a mayor cualificación y mejores relaciones sus posibilidades aumentaban, pero en la década siguiente eso empezó a cambiar. La generación que en los años ochenta alcanzó la edad laboral ya empezó a tener dificultades para lograr un puesto de trabajo; de hecho, es la primera generación en la que el trabajo por cuenta propia empezó a despuntar; dificultades que fueron aumentando en los noventa: a principios de esa década el desempleo juvenil en España se situó en el 40 %.

El boom vivido por la economía española en la primera mitad de los 2000 redujo ostensiblemente el paro juvenil, pero a cambio de reducir las remuneraciones. Aumentó la oferta de trabajo, parte de la cual fue a la inmigración, y muchos jóvenes abandonaron los estudios para trabajar (España pasó a encabezar las listas de fracaso escolar de la OCDE). Pero los salarios crecieron muy poco o se estancaron, y lo hicieron en una época en que el IPC español era elevadísimo, por lo que éstos comenzaron a perder poder adquisitivo de forma acelerada. Con las implicaciones que eso tuvo para las cotizaciones a la seguridad social.

La población en general se encontraba metida en un mundo muy agresivo. Y esto lo sufría en particular la llamada «generación Y» (los nacidos entre 1981 y 1996), la que se considera como la generación más cuidada y mejor formada de la historia de España. Y eso ocurría en un año, el 2005, en el que teóricamente las cosas en España iban bien. Su situación, en general, lejos de mejorar ha empeorado.

> En España, a pesar de que la jornada laboral es muy larga, la productividad es de las más bajas de Europa, lo que indica que tenemos un problema que no hemos resuelto bien.
>
> José María Polo, autor de *Retribución emocional* (Granica, 2005), en declaraciones a *Cinco Días,* 19/10/2005.

España, en términos económicos, sufre un retraso histórico: la Revolución Industrial llegó, a nivel nacional, con casi un siglo de retraso. Paralelamente, y en gran medida debido a lo anterior, el modelo productivo español es muy intensivo en factor trabajo. Y a la vez, la estructura del PIB de España está basada en el medio y bajo valor añadido, algo que no es ajeno a los dos primeros aspectos.

Como consecuencia de lo anterior, la productividad en España (por unidad de factor productivo efectivamente utilizado) ha sido siempre reducida, y siempre más reducida que la de los países europeos más desarrollados. Ilustrativo es que en la fase de mayor crecimiento en España de la época moderna, la productividad se redujese.

Como el valor añadido de lo elaborado en España no es alto, y como el nivel de competencia ha sido reducido, a la compañía española media no le ha sido rentable invertir ni mejorar en la cualificación de su plantilla. Más horas extras o más trabajadores cumplían los requerimientos productivos, y lo hacían a unos costes que el mercado interior asumía. El PIB crecía y también la ocupación del factor trabajo, pero caía la productividad, que se recuperaba cuando el desempleo aumentaba y el PIB crecía escasamente o decrecía.

El problema de España, pienso, no es de jornada laboral sino de inversión y de estructura de PIB, es decir, de modelo productivo. La tasa de actividad española es del 59 %, mucho menor que otras de nuestro entorno, lo que indica que el desempleo aún sería superior si esta tasa creciese. Pero históricamente el modelo productivo español no ha podido absorber ni siquiera a su población activa *habitual*. Una muy elevada tasa de desempleo incluso en épocas de esplendor, un alto subempleo, una reducida productividad, un PIB per cápita que roza la media europea. Un cocktail letal para un país de 46 millones de habitantes.

> Quienes salen cada noche a quemar coches pertenecen a la tercera generación, la que tiene entre 13 y 18 años, que en muchos de estos barrios representa hasta el 15 %. Son chavales que nunca han visto a sus padres trabajar, que no han conocido más vida que la del paro y la delincuencia, que carecen de modelos de ningún tipo.
>
> El profesor Sadek, miembro del claustro de un centro educativo de enseñanza de secundaria de un barrio de Bobigny, en el departamento de Seine-Saint Denis, donde comenzaron los sucesos acaecidos en Francia entre octubre y noviembre del 2005. Citado por J. M. Martí Font en «Francia fracasa en su política de integración». *El País,* 6/11/2005.

> Pregunta: ¿Qué está pasando en Francia?
> Respuesta: Nada que no se explique, al menos en parte, por la grave crisis económica que atraviesa el país y que a menudo se oculta sólo porque afecta a las clases más bajas, las que hacen el trabajo manual. Se han destruido miles de empleos en este sector, y con ellos se ha destruido la cohesión de las familias. [...] Los jóvenes de los suburbios, o al menos muchos de ellos, han perdido el respeto hacia sus mayores porque éstos ya no pueden aportarles nada, [...] ven en sus padres la imagen del fracaso.
>
> Ahmed Ben Naoum, nacido en Argelia en 1944, profesor de Sociología y de Antropología en la Universidad de Perpignan, al comentar los sucesos acaecidos en Francia entre octubre y noviembre del 2005. Entrevista de Miquel Noguer en *El País,* 10/11/2005.

Francia, desde el siglo XIX, es un país de inmigración: el 25 % de su población es de origen extranjero; pero fue tras la guerra de Argelia (1954-1962) cuando la inmigración se aceleró. La política del Estado francés con respecto a la inmigración ha sido la del intento de integración de los inmigrantes en los valores de la República.

La inmigración tendió a instalarse en los *banlieues*, suburbios de grandes dimensiones construidos junto a pequeñas localidades situadas en la corona de las grandes ciudades y donde pasaron a residir miles de habitantes, muchos de los cuales habían abandonado barrios de esas grandes ciudades. En esos suburbios se instalaron al principio los campesinos franceses emigrados a las ciudades, e inmediatamente después lo hicieron los emigrantes de ultramar.

Enseguida quedó patente que tanto los servicios con que fueron dotados esos barrios como los presupuestos de mantenimiento y para nuevas dotaciones eran insuficientes en gran medida debido a la gran afluencia de inmigración, parte de ella sin papeles oficiales, que se fue amontonando en apartamentos de familiares y amigos, y que desbordó los ya insuficientes servicios de esas zonas. El problema se agravó desde que el desempleo, ya muy elevado entre la inmigración, aumentó a partir de mediados de los 2000.

Entre octubre y noviembre del año 2005 una oleada de disturbios, en gran medida en forma de quema de automóviles estacionados en esos mismos barrios, recorrió los *banlieues* próximos a las grandes ciudades francesas.

> Un cierto grado de cambio climático es ya inevitable [...]. Todos los países necesitan adaptarse a los impactos inevitables, pero los países en desarrollo serán los que sufran los impactos más fuertes y necesitan asistencia.
>
> Halldor Thorgeirsson, coordinador del Programa sobre Métodos, Inventarios y Ciencia de la Convención Marco de Naciones Unidas sobre Cambio Climático. Citado por Alicia Rivera en «España afronta la Cumbre del Clima con el mayor aumento de emisiones de los países ricos». *El País*, 28/11/2005.

El sistema capitalista es contaminador porque durante casi dos siglos estuvo externalizando costes a coste cero mediante el método de arrojar a la naturaleza subproductos y desperdicios. El problema estriba en que, cuando se ha sido plenamente consciente de las implicaciones que tal proceder comportaba, resulta por completo imposible revertir totalmente las consecuencias, y de ahí la inevitabilidad de algunos efectos.

El medio ambiente es lo más global con que cuenta el planeta Tierra, y lo ha sido siempre, porque es imposible ponerle fronteras, de ahí que cuando un país contamina, los efectos se extiendan a todo el planeta; lo que sucede es que los países menos desarrollados son los que utilizan medios de producción y procesos productivos más contaminantes, por lo que la reducción del impacto que eso produce precisará de ayuda exterior.

La moraleja de esta historia es doble. Por un lado, la humanidad, en estos dos últimos siglos, ha hecho cosas que ya no tienen vuelta atrás; por otro, eliminar, reducir, mitigar los efectos sobre el medio ambiente es tarea de todos, no de un solo país o de un grupo de países, es decir, se precisa coordinación y colaboración.

> Hasta cierto punto, estamos enganchados. Existe el miedo a que si no lo miras, te estás perdiendo algo fundamental. Si no respondes de inmediato, das la impresión de ser un incompetente, de que no compites como es debido. El cliente, el comprador, el jefe, pasará a la siguiente persona. Eso es estresante.
>
> Julie Morgenstern, experta en gestión del tiempo y autora de *Never Check E-mail in the Morning*. Citado por Lizette Alvarez en «¿Le sobran un par de horas al día para leer sus e-mails?». *The New York Times-El País*, 8/12/2005.

> Una vez me preguntaron a qué hora empiezo por la mañana. Yo duermo con esto (un teléfono móvil de última generación), lo pongo al lado de la cama y estoy conectado a todas horas. Yo no empiezo ni acabo, yo vivo con esto.
>
> Entrevista a Antonio Pérez, presidente y consejero delegado de Eastman Kodak. Citado por Luis Doncel en *El País*, 15/4/2007.

Productividad: ésc es el concepto prioritario, único podría decirse, desde que se superó la recesión del 2000, lo que significa que es prioritario exprimir hasta la última migaja de factor productivo, y el factor trabajo lo es, y con el desarrollo alcanzado por las TIC ya es posible.

Ya no es suficiente con ser un muy buen profesional, tener amplísimos conocimientos de las responsabilidades asignadas, ser altamente competente; es imprescindible serlo siempre y a todas horas, y para ello es indispensable estar siempre conectado, siempre dispuesto.

¿Por qué? Pues porque la oferta de trabajo es superior a la demanda, a todos los niveles, en todos los órdenes, y cuanto más crezca la eficiencia, mayor diferencia existirá entre oferta y demanda de trabajo. Hacer así, actuar así, es condición necesaria para optar a un nivel elevado de reconocimiento y valoración profesional; independientemente del género e independientemente del lugar.

> La época de despilfarro del capitalismo se ha acabado, o está tocando a su fin. Entiendo que en los cincuenta se diseñaran auto-

> móviles como el Impala, que era un alarde de belleza, de decoración. Pero me parece que en un mundo masificado todo eso es insostenible, que hay que ajustar los productos a las necesidades. Porque, al fin y al cabo, ¿qué es un coche? Pues es una sillita con ruedas para cuatro personas. No hace falta que se convierta en una falla [valenciana] ni permitir que consuma un litro más de lo imprescindible. Por eso he hecho este Impala en el momento de su estallido, para simbolizar un «hasta aquí hemos llegado» de la civilización de la abundancia.
>
> Javier Mariscal, diseñador y artista, al comentar una de sus últimas obras: el estallido de un Chevrolet Impala de 1959. Citado por Llàtzer Moix en «Tanto despilfarro se va a acabar». *La Vanguardia*, 15/12/2005.

El consumo es el elemento perpetuador del sistema capitalista. Por ello ha de ser el mayor consumo posible, y de los bienes de mayor precio posible, y tal proceso de consumo debe producirse con la mayor frecuencia posible. La producción irá por detrás: reponiendo, renovando, ampliando el catálogo de bienes y servicios que hay que consumir... Pero es el consumo el protagonista, el actor principal.

El problema radica en que, para alimentar tal proceso, se precisa de una capacidad de absorción de bienes y servicios prácticamente ilimitada; y lo que se consume, de una u otra forma, hay que pagarlo. A la vez, la producción debe garantizar que alimentará las demandas que se produzcan, pero con la mayor rapidez y a los precios más contenidos, porque lo cierto es que aunque el consumo creció, la capacidad productiva fue aumentando incluso más que aquél.

Próximos al final del periodo en el que *el mundo iba bien*, ya era perceptible que la capacidad de absorción de bienes se estaba agotando y que la rapidez requerida para absorber la creciente oferta lo que estaba haciendo era desechar bienes que aún se encontraban en perfecto uso; es decir, despilfarrando. Lo que sucede es que lo segundo se vio después de que se manifestase lo primero, no antes; lo que da que pensar.

> Resulta disparatado que antes un solo asalariado con ocho horas de trabajo ganara lo suficiente para mantener a una familia de cuatro miembros y ahora tengan que trabajar dos personas para mantener a una media de tres y pico.
>
> Constanza Tobío, catedrática de Sociología de la Universidad Carlos III, al comentar la encuesta de empleo del periodo 2002-2003 elabo-

rada por el INE. Citado por Charo Nogueira en «De la herencia del pluriempleo al fútbol a las 10 de la noche». *El País,* 19/12/2005.

La gente tiene que aceptar mucho más riesgo en su vida, porque todas estas cosas que antes estaban más o menos aseguradas —el trabajo, la atención sanitaria, una pensión— son ahora variables.

Peter Cappelli, profesor de gestión empresarial en la Wharton School of Business de la Universidad de Pensilvania, al comentar los recortes y eliminaciones sucesivas de los planes asistenciales que están aplicando un número creciente de compañías estadounidenses. Citado por Mary Williams Walsh en «La pensión empresarial tiene los días contados». *The New York Times-El País,* 26/1/2006.

El fin de la Segunda Guerra Mundial supuso la puesta en marcha de un nuevo modelo cuyo diseño había comenzado a partir de mediados de los años treinta. Una de sus características era la de garantizar a la población activa un empleo de por vida; otra, un aumento progresivo en los salarios de los ocupados; otra más, garantizar unos ingresos mínimos en la vejez; otra, ésta sólo en Europa, ofrecer una sanidad universal suficiente, aunque en Estados Unidos las compañías comenzaron a ofrecer seguros médicos y planes de pensiones como complementos a la remuneración.

El esquema funcionó mientras lo hizo el modelo económico. La recaudación fiscal —en Europa— y los beneficios de las compañías —en Estados Unidos— permitieron asegurar puestos de trabajo y posibilitaron cubrir esas garantías sociales, pero cuando a partir de mediados de los setenta la situación comenzó a cambiar... las cosas pasaron a ser distintas. La plena ocupación dejó de ser imprescindible, rebajar costes de producción se convirtió en algo prioritario, combatir la inflación pasó a ser esencial, aumentar las cotizaciones bursátiles era el máximo objetivo que un CEO tenía que lograr. Empezaba a dibujarse otro escenario en el que el *bien-estar* de la ciudadanía dejaba de ser un objetivo, y dejaba de serlo tanto a nivel económico como social e incluso político. A partir de ahí comenzó una carrera a la baja de garantías y seguridades, en la que cada vez más personas han ido quedando a un lado y se han convertido en subsidiarias o en innecesarias; de tal modo que las personas que aún tienen acceso a aquellas garantías y seguridades antes universales están pasando a tener la consideración de afortunadas.

> El sector sigue creciendo constantemente, batiendo récords año tras año, porque la industria está constantemente cambiando y presentando productos que el consumidor quiere y sin los cuales no puede vivir.
>
> Gary Shapiro, presidente de la Asociación de Electrónica de Consumo, durante la feria anual de electrónica de Las Vegas (Consumer Electronics Show). Citado en «El consumo electrónico volverá a romper récords, gracias a móviles, televisores y MP3». *Ciberp@ís*, El *País*, 12/1/2006.

La estrategia que adoptó la denominada «electrónica de consumo» fue muy simple: ofrecer un creciente número de productos que tuvieran un tiempo de vigencia reducido, porque enseguida iban a ser reemplazados por otros que ofrecerían características más avanzadas, y siempre al máximo precio que el posible comprador pudiese pagar. La movilidad disparó el consumo de estos gadgets, pero fue la masificación de internet y la obsesión por estar conectados lo que elevó los bienes en este grupo a la categoría de iconos.

Se trataba de convencer a la población de que todos los individuos precisan un nuevo producto; crear la necesidad de tal modo que tener tal objeto pasase a ser esencial y, por tanto, deseado. Pero para que el bien se consuma, es preciso un poder de compra: una renta o una capacidad de endeudamiento suficientes. Es lógico que fuese entre los años 2001 y 2007 el momento en el cual el subsector de la electrónica de consumo, externalizado y con producciones a bajos costes, alcanzó dimensiones gigantescas.

> Volkswagen no tiene que construir automóviles más baratos, sino producir de forma más barata (y para eso el grupo necesita) transformaciones profundas.
>
> Bernd Pischetsrider, presidente ejecutivo de Volkswagen, en la presentación de los resultados del grupo correspondientes al año 2005. Citado por J. Comas y S. del Arco en «Volkswagen impulsa su plan de reestructuración para asegurar el futuro del consorcio». *El País,* 8/3/2006.

Volkswagen tiene que producir a menores costes. ¿Y cómo se consigue eso? Pues aumentando la productividad. Y, para ello, ¿qué es necesario? Depurar la organización para hacerla más eficiente: invertir en procesos que reduzcan el consumo y utilicen mejor los factores productivos; reducir los precios de compra de los elementos utilizados...

La realidad del subsector del automóvil ya no pasa por manufacturar modelos de menores prestaciones y acabados más sencillos a un precio inferior, sino por incrementar la productividad. Diversos estudios apuntan a que son los automóviles de gama Premium los que proporcionan a las compañías automovilísticas mayores márgenes, máxime desde que la clase media se halla en visible retroceso.

> Si queremos crear más empleo, Europa necesita jóvenes que estén preparados para afrontar riesgos y fundar su propia empresa.
>
> Günter Verheugen, vicepresidente de la Comisión Europea, al comentar las 71 iniciativas puestas en marcha en 42 institutos de Asturias consistentes en que 1.323 jóvenes de dieciséis y diecisiete años participasen en un programa de desarrollo empresarial en el que invertirían, exportarían y competirían al vender productos de artesanía asturianos. Citado por Javier Cuartas en «Los nuevos empresarios tienen 16 años». *El País,* 5/3/2006.

> Mi vida será mucho peor que la de mis padres [...]. Los derechos sociales están cayendo uno tras otro; los ricos son cada vez más ricos. Este año los beneficios de las grandes empresas han sido los mayores de la historia, pero para la gente normal hay muy pocas posibilidades.
>
> Monique R., veintiún años, estudiante de Biología en la Universidad París VII, en una de las múltiples manifestaciones contra el Contrato de Primer Empleo. Citado por J. M. Martí Font en «Las protestas de los estudiantes franceses ponen a la defensiva al gobierno de Villepin». *El País,* 15/3/2006.

> En 1975, el 94 % de los jóvenes, un año después de terminar los estudios, encontraba trabajo; hoy no llega al 70 %; en esa época, el salario de una persona de treinta años era sólo el 15 % inferior al de un asalariado de cincuenta años, hoy es el 40 % menor; en cuanto a la vivienda, un año de salario a los treinta años permitía comprar en París 9 metros cuadrados, hoy no llega a 4.
>
> José Vidal-Beneyto, «Marzo del 2006 no ha sido Mayo del 68». *El País,* 22/4/2006.

En la primavera del año 2006 ya se podía intuir que las cosas no podían continuar yendo como hasta ese momento habían ido. La deuda privada había alcanzado cotas insostenibles y la mayor parte del crecimiento se sostenía en el consumo. En el fondo era una cuestión de expectativas: ya no era posible ir a más, y los jóvenes eran quienes más limitadas tenían las posibilidades, las expectativas.

Las iniciativas, tanto a nivel nacional como local, más bien eran tentativas que básicamente provocaban rechazo o se sustentaban en posibilismos. En Francia, el Contrato de Primer Empleo que creó el gobierno de Dominique de Villepin en enero del año 2006, y por el que las empresas podían despedir —sin preaviso y durante los dos primeros años— a los jóvenes contratados de hasta veintiséis años de edad, sólo provocó constantes protestas que acabaron forzando la retirada de la ley el 10 de abril. En Asturias, una región en la que entre 1986 y el 2006 se han destruido 100.000 empleos, el equivalente al 25% de su población ocupada, 1.323 jóvenes participaron en un programa de desarrollo empresarial. En estas fechas, en Estados Unidos, un estudio realizado a nivel federal había concluido que los jóvenes de veinte años de edad vivirían peor de lo que vivieron sus padres cuando tuvieran entre veinticinco y treinta años.

Inexorable e inevitablemente se estaba produciendo la degradación de las expectativas de futuro; para todos, pero sobre todo para la generación mejor formada y cualificada de la historia. ¿El motivo? Una demanda decreciente de cualquier tipo de trabajo, que contrastaba con una oferta creciente de mano de obra.

> Si yo soy un hombre de negocios quiero ir a China porque no hay sindicatos, no les preocupan los derechos humanos y el sistema fiscal es un caos. Puedo hacer dinero allí.
>
> Jing Huang, experto de la Brookings Institution. Citado por Lluís Bassets en «Combate de sumo». *El País,* 20/4/2006.

En 1979 se produjo un cambio radical en la concepción económica imperante en la República Popular China: de ser un país de economía planificada, donde el Estado dirigía cualquier aspecto de la actividad económica y donde la inversión extranjera era prácticamente imposible, pasó a ser un país con una creciente apertura a la inversión exterior. Una nueva inversión orientada hacia la exportación, aunque sujeta a permisos y autorizaciones gubernamentales. En lo político, el modelo no experimentó la más mínima variación. El nuevo modelo que se introdujo en China fue una evolución del que se creó en Japón en 1868 al comenzar la era Meiji, aunque en China la mayor parte de las aportaciones de capital procedían de la llegada de inversiones procedentes del exterior.

Pero la competitividad de China pivotaba sobre unas bases muy concretas: nula libertad política, nulos derechos de los trabajadores, una enorme oferta de trabajo, salarios muy bajos y condiciones laborales extraordinariamente precarias; frente a eso, una productividad muy escasa por las carencias existentes en infraestructuras y equipamientos, un sistema bancario propiedad del Estado y sujeto a sus políticas, y todo ello acompañado por una corrupción totalmente institucionalizada.

Con las limitaciones propias de un modelo como ése y pensando en bienes de unas características muy concretas, es cierto que en China se han podido obtener rentabilidades elevadas, pero si comparásemos esos resultados con los de una economía actual, tecnológicamente integrada y puntera, la pregunta es: ¿cuán competitiva es la economía china?

> Nuestro objetivo a treinta años vista es tener un control tan exquisito sobre la genética de los sistemas vivos que, en lugar de hacer crecer un árbol, talarlo y hacer con él una mesa, seremos capaces de hacer crecer directamente la mesa.
>
> Rodney Brooks, director del Laboratorio de Inteligencia Artificial del Massachusets Intitute of Technology. Citado por Mónica Salomé en «Bienvenidos al nanomundo». *El País Semanal*, 23/4/2006.

La evolución de las especies, el darwinismo, partía de que *la vida* evolucionaba según unos principios sobre los que la humanidad no tenía ninguna influencia: sucedían cosas, y sobrevivía quien mejor se adaptaba, pero nada más.

En la década de 1920 la productividad experimentó un aumento espectacular: el trigo ya no crecía: se fabricaba, pero era una intervención desde fuera y muy tangencial: abonos, técnicas de cultivo, plaguicidas...

El nacimiento de los organismos genéticamente modificados supuso el cambio de decorado: el cambio se realiza desde dentro, al reprogramar la herencia genética, cambiar las características del origen para obtener lo que se pretende, por ejemplo, conseguir una semilla de la que brote... una mesa.

> Buscan escapar. Les mueve el deseo de ser alguien que quieren ser, pero quizá no pueden. [...] La casa de los sueños es siempre la misma. Estilo Frank Lloyd Wright sobre el mar. Los coches

son Ferrari. Y la gente es increíblemente bella, y visten como supermodelos.

Philip Roseadle, fundador y director general de Second Life. Citado por Patricia Fernández de Lis en «Mi otra vida virtual». *El País Semanal*, 6/8/2006.

Un metauniverso, un espacio virtual cuya utilidad reside en describir espacios tridimensionales con fines profesionales. Second Life es un metauniverso, pero su finalidad es la de crear un mundo en el que los participantes, en forma de avatar, lleven a cabo actividades al interactuar con otras personas caracterizadas de igual modo. Second Life fue desarrollado por Linden Lab y lanzado el 23 de junio del 2003 y fue el primer lugar en el que existió una moneda virtual, el linden, equivalente en valor a un dólar estadounidense, con el que pueden llevarse a cabo transacciones económicas.

Como decía su fundador, Second Life ofrecía la posibilidad de ser quien se quisiese ser y hacer lo que se quería hacer pero que, por las razones que fuese, era imposible hacer en el mundo real. Todo es perfecto y glamuroso, digital.

Los años dorados de Second Life fueron el 2007 y el 2008, cuando el modelo ya estaba tocado de muerte. Compañías, políticos, músicos y artistas compraban un espacio y una escenografía en el metauniverso para tener acceso a unos usuarios que nunca abundaron: los escenarios de Second Life siempre estaban prácticamente vacíos.

La importancia de este mundo virtual radica en dos aspectos. Por un lado, puede considerarse la primera manifestación masiva de lo que se conoció como «la Web 2.0»: las redes sociales; por otro, llevó hasta sus últimos extremos la capacidad de ensoñación y de metamorfosis que internet puede ofrecer; de hecho, hoy la red se halla más próxima a la realidad de lo que en su momento se supuso que podía estar (http://secondlife.com).

CRONOLOGÍA

2001 En Estados Unidos, sucesos del 11 de septiembre (Torres Gemelas). Desde ese mismo día empieza a producirse el alejamiento entre Estados Unidos y Europa: «Ha llegado el momento de dejar de fingir que Europa y Estados Unidos comparten la misma visión del mundo» (Robert Kagan, *Poder y debilidad. Europa y Estados Unidos en el nuevo orden mundial*).

— En Estados Unidos, Apple lanza la primera versión del iPod.

2002 (1 de enero) El euro se convierte en moneda de uso real.

— Francis Fukuyama publica *Our Posthuman Future: Consequences of the Biotechnology Revolution*. La entidad científica y moral que surja a partir de las prácticas biotecnológicas y genéticas será poshumana.
— Rodney A. Brooks publica *Cuerpos y máquinas. De los robots humanos a los hombres robot*. Las máquinas se erigirán como compañeros interactivos que alterarán nuestra manera de ser.
— Se va insinuando una tendencia hacia el oligopolio que ya afecta a subsectores estratégicos. En Estados Unidos ocurre en campos como las gasolinas; la compra por parte de Microsoft y SAP de compañías especializadas en el diseño de software para pymes a medida; la solicitud de las grandes compañías a sus proveedores para que asuman riesgos financieros, de diseño, etcétera. En Europa, el Tribunal de Primera Instancia de la UE desestima la prohibición dictada por la Comisión Europea para que un operador turístico del Reino Unido absorba a otro del mismo país, lo que llevará a que el 79 % del mercado turístico británico esté dominado por sólo tres operadores; la razón esgrimida es la de que la comisión no acreditó que tal concentración pudiera perjudicar la competencia.
— Por vez primera, un gobierno de un país capitalista —el alemán, del SPD— plantea la posibilidad de establecer una legislación laboral que obligaría a los jóvenes desempleados solteros a aceptar un puesto de trabajo en cualquier lugar del país, incluso si el salario es menor al que tenían en su anterior empleo, so pena de reducción del subsidio que cobra ese joven por no tener un empleo; también plantea que los desempleados de larga duración, tras un cierto periodo de tiempo, dejen de percibir el subsidio, y propone que reciban sólo una renta básica social.
— En Estados Unidos comienzan a concederse los préstamos hipotecarios *subprime*.
— En Estados Unidos se consigue que un átomo actúe como un transistor.
— Holanda y Bélgica aprueban la eutanasia en varios supuestos de enfermedad incurable o irreversible.
— De forma creciente, aunque operativamente de manera aún limitada, va extendiéndose la tecnología Wi-Fi.
— (Marzo) Nace Wikipedia (Wiki = *What I know is*).
— (22 de marzo) En Canadá, el programador Jonathan Abrams crea Friendster, una de las primeras redes sociales que superó el millón de usuarios. El nombre es una palabra compuesta de *friend* y Napster. Fue muy popular hasta la aparición de MySpace en 2003, Facebook en 2004 y Twitter en 2006.
— La compañía IBM crea un transistor basado en la nanotecnología del carbono, de mucha mayor velocidad de proceso que los de silicio.

2003 (20 de marzo-1 de mayo) Segunda Guerra del Golfo, que se inicia en forma de ataque contra Irak y lanzada en solitario por Estados Unidos y Reino Unido.

— (14 de marzo) El canciller federal Gerhard Schröder (miembro del SPD e introductor de la tercera vía en Alemania: lo que allí se llama el «nuevo centro») presenta en el Parlamento el proyecto legislativo Agenda 2010, un conjunto de medidas legislativas tendentes a desregular el mercado de trabajo para mejorar la competitividad del país y de este modo incrementar las exportaciones. Consta de dos bloques. La elaboración del primero estuvo asesorada por Peter Hartz, director de Recursos Humanos de Volkswagen, de tal modo que los bloques legislativos en los que se englobaron las medidas son conocidos como Hartz I a IV, el último del 1 de enero de 2005. Medidas: I) Los trabajadores desempleados están obligados a aceptar un empleo aunque el salario sea inferior a la prestación por desempleo que están percibiendo. II) Creación de los minijobs: contratos de trabajo temporales y a tiempo parcial *subremunerados*, pero exentos de impuestos (en el 2013 se estimaba que 7 millones de alemanes tienen este tipo de contratos). III) Reducción de 32 a 12 meses del tiempo durante el que se percibe la prestación por desempleo, y en paralelo pérdida progresiva de ayudas sociales y a la vivienda. IV) Fusión de las oficinas de paro con los servicios de protección social. El segundo bloque retrasó la edad de jubilación de los 63 a los 65 años; y programó la jubilación a los 67 en 2017; además, subida de las cotizaciones a la seguridad social para los trabajadores, e introducción del copago sanitario. Paralelamente se redujo el impuesto sobre ingresos. (Véase enero de 2014).

— Europa: varios gobiernos europeos (Alemania, Austria, Francia, Italia, Portugal y otros) presentan proyectos orientados a reducir el modelo de protección social.

— (2 de junio) G-8, cumbre de Evian: creación de un Grupo de Acción contra el Terrorismo que actúe como autoridad supranacional. Para ello los países compartirán medios en materia judicial, información y *otros*.

— El G-8 concluye que los recortes en el modelo de protección social son la mejor forma de adaptarse a la globalización.

— (23 de junio) Nace Second Life, un metauniverso en el que, tras registrarse, se puede diseñar un avatar de uno mismo y llevar una vida virtual en la que se va interactuando social y económicamente con otras personas e instituciones presentes en ese mismo metauniverso.

— (Julio) En Londres, convocada por Tony Blair, se celebra una reunión de líderes socialdemócratas mundiales: la Conferencia para un Gobierno Progresista, en la que se abordan el desarrollo de la nueva izquierda y sus características: pragmatismo y responsabilidad.

2004 (Junio) Acuerdos de Basilea II. Cada entidad financiera ajustará su capital en función de su particular estimación de riesgo asumido por ella misma.

2005 (Febrero) En un artículo publicado en el *McKinsey Quarterly*, «Innovation blowback: Disruptive management practice from Asia», John Seeley y John Hagel III desarrollan el concepto de *innovation blowback,* que contempla las consecuencias que pueden tener en los países occidentales las inversiones que realizaron años atrás en los países subdesarrollados; es decir, las herramientas y procesos que pueden aplicarse en los países cuna de las empresas inversoras a partir de desarrollos que llevaron a cabo en las denominadas «economías emergentes».

— (Mayo) En Estados Unidos nace *The Huffington Post,* una web informativa cuyo eje lo ocupan las aportaciones de los lectores.

— (Finales de octubre-principios de noviembre) Disturbios en varias ciudades francesas provocados mayoritariamente por jóvenes de entre 14 y 18 años debido a la situación de pobreza y la ausencia de expectativas en las que viven y a su falta de identidad nacional.

— Reforma del Pacto europeo de Estabilidad y Crecimiento impulsada por Alemania y Francia. Se dispondrá de tres años para reconducir el déficit excesivo y, según catálogo de situaciones, no se sufrirán sanciones.

— En Estados Unidos, Raymond Kurzweil publica *La Singularidad está cerca. Cuando los humanos transcendamos la biología.* La potencia informática llega a un punto en el que la inteligencia de las máquinas no sólo sobrepasa a la de los humanos, sino que también asume el control del proceso de invención.

— (Octubre) La Comisión Europea considera «insostenible» el nivel de endeudamiento de las familias en la UE.

— (10 de octubre) En Estados Unidos, George Gilder publica en la revista *Wired* el artículo «The Information Factory», donde explica y comenta las posibilidades del Cloud Computing.

— (Noviembre) El director gerente del FMI, el doctor Rodrigo Rato, afirma, en una conferencia pronunciada en Madrid, que los mercados no están valorando suficientemente los riesgos existentes.

— (Noviembre) El Banco de Inglaterra advierte del excesivo apalancamiento de ciertas operaciones de absorción de compañías, lo que en la práctica supone la desaparición de la idea de riesgo.

7

LA FASE DE PRECRISIS

El modelo de desarrollo de la economía española es insostenible.

Julio Segura, catedrático de la Universidad Complutense de Madrid en la presentación del informe «La productividad en la economía española», el 22 de noviembre de 2006.

Entre 1996 y 2007 España estuvo sumida en una irrealidad que le hizo vivir en un mundo inexistente. El origen de este sueño se halla en la incorporación de España al euro; su vehículo fue el subsector de la construcción; el motor, el endeudamiento privado.

En marzo del 2006 el precio medio del metro cuadrado construido alcanzó su cota máxima en la tendencia de crecimiento exponencial en el que se hallaba inmerso desde hacía más de diez años; luego, hasta finales del año 2007 aún continuó creciendo, pero a un ritmo menos que proporcional. Desde el año 2005, para cualquiera que quisiese leerlos, los datos macroeconómicos españoles eran claramente insostenibles, pero muy pocos se atrevieron a decirlo a no ser que no les importase ser tachados de aguafiestas y de catastrofistas. A mediados del año 2006 ya era evidente que aquella tendencia iba a tener un final abrupto.

En el año 2007, mientras el presidente del gobierno de España estaba pronunciando la frase «La economía española juega en la Champions League de las economías mundiales», otra realidad se estaba manifestando, otra realidad que se había ido larvando desde que otro presidente del gobierno pronunciase en 1997 otra frase también histórica: «España va bien».

Cuando llegó el año 2005, en pleno auge español, la productividad española era la misma que Suecia mostraba en 1973 y sólo era algo mayor que la de Austria y Francia en ese mismo año, pero sensiblemente menor que la de Noruega en dicho año. Durante el periodo 1996-2005 España era el único país europeo (e incluyendo a Estados Unidos y a Japón) en el que el crecimiento de la productividad había sido negativo. El único. Pero España iba «bien» y las manifestaciones de los políticos decían que los españoles eran cada día más ricos: la riqueza inmobiliaria del país pasó del 370 % de la renta bruta disponible en 1999 a casi el 800 % en el 2006.

Pero la verdad profunda era diferente. En el año 2007 cuando, según el gobierno, España estaba en lo máximo de lo máximo, la realidad mostraba que, según el crecimiento medio que tuvo lugar entre los años 1995 y 2005 en España y en una serie de países con los que España se comparaba, España tardaría 58 años en alcanzar el nivel de renta de Dinamarca, 57 el de Austria, 36 el de Bélgica y 34 el de Holanda.

En 2006, en lo máximo de lo máximo del boom español, mientras la media de inversión en I+D sobre el PIB en Europa se hallaba en el 1,83 % (Suecia, 3,9 %), en España rondaba el 1,3 %; y mientras que el índice sintético de innovación nacional medio de la UE-15 se hallaba en el 0,46 (Suecia, 0,72), el de España se situaba en el 0,30.

Evidentemente todo esto tenía un reflejo en la educación temprana. En el año 2006, el 15,2 % de la población de la UE-27 de entre quince y veinticuatro años de edad no había finalizado sus estudios de educación obligatoria ni estudiaba un equivalente a la formación profesional; en España esa misma tasa era del 29,9 %.

Entre los beneficiarios de aquel crecimiento no se encontraban los gastos en protección social: si en 1995 el gasto en esta materia en España representaba el 22,1 % del PIB, en el año 2000 había caído hasta el 20,2 % y en 2005 tan sólo se había recuperado hasta el 20,8 %.

Y tampoco los salarios, que contribuyeron muy poco a aquel crecimiento. Tomando como índice 100 el peso de los salarios en porcentaje del valor añadido medido a precios básicos, en 1990 el nivel del índice fue de 98,76; en el año 2000 de 101,63; y en 2006 de 97,15.

El problema de España era la estructura de PIB. Una estructura que se basaba en un modelo productivo muy limitado. España creció, pero muy mal y desequilibradamente, y lo hizo sin crear una base sólida sobre la que afrontar la nueva realidad que después tenía que llegar. Comparando los años 2006 y 1996, el PIB per cápita de España había aumentado 10,6 puntos, pero al descomponer ese aumento lo que salía era desolador: la tasa de ocupación había aumentado 20,6 puntos y las horas por ocupado un 0,6, pero la productividad por hora trabajada se había hundido 17,9 puntos. España había crecido porque ocupaba a más población activa en unas actividades que se financiaban con deuda privada, pero el valor generado en cada hora trabajada por cada uno de esos ocupados se había derrumbado. Por ello el modelo de desarrollo de la economía española era insostenible. Y ésa era la realidad a la que España debía enfrentarse.

> Si lo más importante es la igualdad, la cohesión y la solidaridad, entonces no hacen falta las comunidades autónomas, basta con un modelo de Estado unitario.
>
> Antoni Castells, catedrático de Hacienda Pública de la UB y consejero de Economía de la Generalitat de Catalunya, en la inauguración de un curso de verano sobre financiación de las comunidades autónomas del Consorcio Universidad Internacional Menéndez Pelayo de Barcelona. Citado por Sebastià del Arco en «Castells: "Si lo más importante es la igualdad, sobran las autonomías"». *El País,* 19/7/2007.

La división administrativo-territorial de España en comunidades autónomas es fruto de los pactos autonómicos de 1981 y 1985, acuerdos que nunca fueron refrendados por el Parlamento ni incorporados a la Constitución de 1978, aunque ésta sí se refiere, de forma genérica, al derecho a la autonomía de las regiones. La Constitución y los pactos autonómicos significaron la instauración de un sistema territorial que tiene mucho de federal y que se hallaba en clara oposición al centralismo hasta entonces vigente.

Se dotó a las CC. AA. de competencias y se instauraron gobiernos autonómicos con sus estructuras administrativas. El problema llegó cuando tuvo que establecerse su sistema de financiación. Dos autonomías, Euskadi y Navarra, y debido a sus antiguos derechos forales (vigentes en el caso de la segunda y que fueron derogados por el franquismo en el caso de la primera), contaron con regímenes fiscales propios consistentes en que sus haciendas recaudan las contribuciones fiscales en sus territorios y luego entregan a la Agencia Tributaria aportaciones anuales en función de su respectivo peso en el PIB de España. En cambio, las quince CC. AA. restantes quedaron sujetas a un sistema común en el que la Agencia Tributaria recauda y luego reparte en función de variados criterios. El sistema de financiación de las CC. AA. de régimen común, que incluye a las ciudades autónomas de Ceuta y Melilla, quedó recogido en la LOFCA, la Ley Orgánica de Financiación de las Comunidades Autónomas, de 22 de septiembre de 1980, que luego tuvo diversos ajustes y modificaciones en 1996, 2001 y 2009. Y aquí surgió el problema.

La financiación de las CC. AA., según lo dispuesto en la LOFCA, no fue establecida como una consecuencia ni del peso económico de cada una de las comunidades ni de la aportación que cada una realizaba al PIB de España, sino como un sistema cuya pretensión era la de reducir las diferencias de las rentas medias de cada una de las CC. AA. con respecto a la renta media de España. Lejos de analizar la viabilidad de las comunidades antes de darles nacimiento, lejos de estudiar las posibilidades de que pudieran financiar las competencias que iban a serles transferidas, se estableció un sistema por el cual a las CC. AA. qué más PIB generaban y con mayor PIB potencial se les retraía proporcionalmente más por parte de la Agencia Tributaria, y esas sumas eran entregadas a las comunidades que menos PIB generaban y que menor potencial tenían. Y eso organizado de forma que las comunidades que aportaban muy bien podían quedarse, tras hacer su aportación, en una posición peor de la que tenían antes de aportar. Y todo ello sin que se hubiese llevado a cabo un análisis de la viabilidad económica de las que recibían.

Es decir, como las posibilidades de crecimiento real de España y de cada una de las comunidades era el que era, se instauró un sistema por el que unas comunidades pasaron a sostener a otras, pero sin que se llegase al fondo de la viabilidad futura de las sostenidas. La razón de que eso ni siquiera se estudiase era simple: España es una economía capaz de generar lo que es capaz de generar. Ahora bien, lo que no es capaz de generar es un crecimiento que permita que todas sus CC. AA. tengan ni el mismo nivel económico ni el mismo grado de desarrollo.

Durante los primeros años, el sistema se fue adaptando, pero muy pronto empezaron las divergencias a medida que iba quedando patente que no se cumplía la regla de oro de la financiación autonómica: la teórica igualdad de financiación por habitante y por servicio. El problema se pervirtió cuando esta problemática se politizó.

En dos ocasiones el gobierno de España ha publicado las balanzas fiscales, el instrumento contable que recoge los saldos interregionales. En el año 2008 con datos a 31 de diciembre de 2005 y en el 2014 con datos del 2011. El primero se calculó con los dos métodos utilizados en estos casos: el de *carga beneficio* y el de *flujo monetario*. La diferencia entre ambos radica en que el primero computa como beneficio de todas las comunidades gastos realizados en cada una mientras que el segundo considera que un gasto beneficia al lugar donde se realiza.

La cuestión de la financiación autonómica ya estaba politizada, pero a partir de la publicación de las balanzas del 2005 su politización fue total y en su análisis prácticamente se abandonó el terreno de lo técnico: nadie estudió la viabilidad de todas las CC. AA. creadas en su momento ni tampoco la sostenibilidad de las competencias transferidas. El enfoque fue político, y esa politización no pivotó alrededor del eje del crecimiento sino del de la solidaridad: quienes reclamaban la revisión del sistema porque menoscababa las posibilidades de crecimiento de las CC. AA. que eran aportadoras netas pasaron a ser calificados de insolidarios y de separatistas. Y en ese contexto adquiere la frase citada del doctor Antoni Castells todo su significado.

> Es el negocio redondo. Para las empresas no podría haber menos riesgos y más rentabilidad. [...] En la mayoría de los casos, responden a la convocatoria universitarios e investigadores en paro, que se apuntan a cualquiera de las dos modalidades: concebir una idea o desarrollarla [...].
>
> Francisco Parra Ruiz, químico, ganador de dos desafíos de InnoCentive, competición creada por la farmacéutica Lilly.

> ¿Es la máxima expresión de la democracia del mercado? ¿O es un nuevo sistema para que unos pocos se enriquezcan a costa de la multitud?
>
> Mark Harmel, fotógrafo. Citado por R. Bosco y S. Caldana en «La investigación crowdsourcing reabre el debate de la explotación laboral». *Ciberp@is*, *El País*, 11/1/2007.

El Sistema Capitalista se sustentó desde su nacimiento sobre una serie de principios, uno de los cuales es el de la compra de trabajo asalariado de trabajadores contratados por un conglomerado empresarial, que integra a esos trabajadores en su estructura laboral-productiva. Es decir, el trabajo que necesitaba quien contrataba se hallaba dentro de la organización contratante, esto es, era parte de ella. A mediados de la década de los 2000 eso empezó a cambiar.

¿Por qué una compañía iba a contratar a una serie de profesionales a fin de que les resolviese un problema, o para que desarrollase un proyecto concreto? ¿No era, debido a la conectividad planetaria, todo el orbe un lugar poblado por profesionales solventes y capacitados para encontrar la solución buscada? Y con dos ventajas. Una, que diversos profesionales podían competir entre ellos de modo que quien definía el objetivo se quedaría con el resultado que encontrase más efectivo; otra, que pagaría tan sólo la cantidad ofrecida en el momento de definir las características y los plazos de entrega. Sin más compromisos ni más responsabilidades.

El sistema se ha ido generalizando y diversas y potentes compañías recurren a él; a la vez, distintas variantes se han puesto en ejecución, como el crowdfunding: la financiación compartida de un proyecto desde la perspectiva de las pequeñas aportaciones; el crowdlending o préstamo compartido; o el crowdwisdom o conocimiento compartido. Sin embargo, lo que siempre destaca de este sistema de participación es la idea de grupo, de colectivo, de proyecto participado por un conjunto de personas movidas por un interés, de alguna forma, común.

¿Qué pasará en el futuro? No creo que vaya a cumplirse la promesa del liberalismo, la promesa de que la democracia se irá extendiendo y con ella la clase media por todo el mundo hasta convertirse en la mayoritaria... Es imposible producir lo suficiente para que nuestros estándares de vida actuales se proyecten a toda la humanidad.

Rem Koolhaas, considerado el arquitecto más influyente del momento, responsable del Office for Metropolitan Architecture, en el simposium sobre Turismo XXL. Citado por Ignacio Vidal-Folch en «En el limbo del ocio». *El País*, 24/7/2007.

La democracia tal como hoy la conocemos fue un invento de la burguesía de mediados y finales del siglo XIX. La burguesía manufacturera, como clase económica pujante y de importancia creciente, empezó a ser significativa en el siglo XVII, importancia que se convirtió en imparable llegado el XVIII. Sin embargo su peso político era nulo: con un rey absolutista o déspota ilustrado en la cumbre del poder; y con una nobleza, la mayoría terrateniente, dotada por la monarquía de múltiples privilegios y dominando todos los resortes del poder, muy escasas opciones de cambio le quedaban a la burguesía. Una de ellas fue la Revolución de 1789, orquestada por la burguesía, y en la que animaron a lanzarse a la calle a los *sans-culottes*, la *miserizada* clase baja urbana.

Tras las guerras napoleónicas, llegó la restauración, el viejo orden. La burguesía, con un creciente poder económico, se hallaba inmersa en una doble lucha sorda: contra un poder monárquico inmovilista y contra un movimiento obrero constantemente reprimido por las fuerzas del rey. En este escenario, que en nada le favorecía, la burguesía *inventa* el nacionalismo como forma de expresión cultural que va rellenando de política; el nacionalismo: una tendencia, un movimiento en el que la plebe puede tener cabida. Pero la burguesía precisaba de mucho más, precisaba de una auténtica capacidad decisoria, precisaba de independencia política y de una representatividad en función de su creciente importancia económica.

La auténtica representatividad política de la burguesía no llegó hasta la inclusión social que trajo consigo la implantación del sufragio universal, lo que no sucedió hasta finales del siglo XIX (Nueva Zelanda, 1893) o principios del XX (Finlandia, 1917); y sobre todo cuando la inmensa mayoría de votantes tuvo acceso a una renta suficiente derivada de una ocupación al alcance de la mayoría, lo que, verdaderamente, no se alcanzó hasta después de la Segunda Guerra Mundial. Es decir, el binomio *democracia-clase media* ha estado vinculado a la masificación del bienestar, lo que trajo una estabilidad política que benefició a los descendientes económicos de aquella antigua burguesía que de forma muy limitada y parcial fue accediendo al poder político a lo largo del siglo XIX.

Pero las cosas cambian, y evolucionan. El fin de la guerra fría, los aumentos de productividad cada vez más vinculados a la tecnología, la desaparición de fronteras traída por la globalización, la necesidad decreciente del factor trabajo, la creciente toma de decisiones en instancias más-allá-de-los-Estados, la pérdida de importancia de la redistribución de la renta como objetivo, todo eso sumado ha ido vaciando de contenido real a la clase media y al papel político que ésta representaba.

Nada lleva a pensar que la democracia y la clase media tiendan a extenderse; al revés, y máxime en un entorno de escasez de recursos y de concentración y *oligopolización* de las actividades, lo que está llevando, en el «antiguo mundo desarrollado» a una pérdida de calidad en los estándares de vida y, a la imposibilidad de alcanzarlos en el resto. De ahí la proliferación de teorías y posturas que proclaman el no-crecimiento como alternativa.

> [...] Los activos financieros mundiales hoy son más de tres veces superiores al PIB mundial, una proporción que triplica la de 1980, frente a sólo dos tercios del PIB mundial después de la Segunda Guerra Mundial.
>
> Bradford DeLong, catedrático de Economía de la Universidad de Berkeley, y exsecretario del Tesoro de Estados Unidos durante la administración Clinton. «El temor de las finanzas». *El País Negocios*, 2/9/2007.

Hasta la década de 1980 *lo financiero*, entendido como el conjunto de medios de pago y depósito de valor —independientemente de cómo se habían generado y del destino que se les fuera a dar— actuaba como soporte de *lo real*, de tal forma que a través de su papel de financiador acompañaba a los procesos de producción y consumo. A partir de los ochenta todo esto cambió.

El origen del cambio se dio en Estados Unidos, y el pistoletazo de salida fueron las desregulaciones financieras que se fueron encadenando y que dieron a las entidades financieras la doble posibilidad de, en primer lugar, multiplicar el número de activos creados y, en segundo, de extenderlos por los circuitos que aceleradamente la creciente globalización iba abriendo en todo el planeta.

En los noventa el mundo de *lo financiero* había adquirido vida propia y se había desvinculado del mundo de *lo real*. Ingentes y crecientes masas de fondos cuyo soporte no era real deambulaban por los vericuetos del planeta financiando operaciones —reales, o no—, y generando crecientes comisiones a los fondos de inversión y a los brokers que los movían y gestionaban. En los 2000 el proceso alcanzó el paroxismo.

El problema hoy se da a un doble nivel. Por un lado, existe una masa de *dinero* que, en realidad, no corresponde a nada con existencia en el mundo real; un dinero que, sin embargo, sí puede tener múltiples conexiones con el mundo real; y por otro lado, y vinculada a esa masa de *dinero*, se ha ido creando una deuda total —en su mayoría impagable— que sin embargo ha penetrado en todas las instituciones financieras, y no sólo financieras, del planeta.

Un auténtico problema, enorme, inconmensurable, y doble: un PIB ya generado, parte del cual se debe y no se puede pagar; y un mundo financiero que, en relación a un PIB constante, ha aumentado la friolera del 355 %. ¡Casi nada!

(Algunas estimaciones sitúan el total de derivados financieros en una cifra equivalente a entre 700 y 1.000 veces el PIB mundial).

> Cualquier cosa que pueda estar conectada y que pueda beneficiarse de estar conectada estará conectada.
>
> Fernando Valdivieso, director general de Nortel Networks Iberia, al comentar el esperado crecimiento de la conectividad entre diferentes dispositivos. Citado por Ramón Muñoz en «Otra red para el big bang de Internet». *El País*, 9/9/2007.

Primero fue el internet de las personas, ahora está siendo el de las personas y las cosas, y ya estamos viendo los primeros atisbos del internet de las cosas. Dos elementos determinan tal evolución. Uno es el aumento de eficiencia que supone que los distintos partícipes en el entorno económico y social interactúen entre sí: una lavadora que se comunique con la ropa que está lavando y transfiera datos a los fabricantes de las prendas y a los dispensadores de detergente, de agua y de suavizante; un frigorífico que haga algo parecido con los alimentos que contiene y con el suministrador que abastece. Un segundo elemento lo encontramos en las utilidades que puede brindar tal tecnología: una camisa que mida datos biomédicos del usuario y los remita a su banco de datos de salud; un automóvil que, en apenas instantes, ante una situación conflictiva, se comunique con el fabricante y capture datos que hay que implementar en el vehículo a fin de resolverla...

Claro que un escenario como el descrito puede tener dos derivaciones: una amable y provechosa, productiva y vital; y otra mortal, en la línea del sistema de inteligencia artificial Skynet descrito en los films de la serie *Terminator*. En cualquier caso, la conectividad llevada hasta los límites de sus posibilidades tendrá, como ya se ha comentado anteriormente, dos efectos: pérdida de privacidad y dependencia creciente, en un sistema que cada vez será más autónomo, con todo lo que ello comporta.

> Revolución es sentido del momento histórico, es cambiar todo lo que deba ser cambiado.
>
> Raúl Castro, presidente (en aquel momento interino) de la República de Cuba, en un discurso pronunciado el 26 de julio en conmemoración del 54.° aniversario del asalto al Cuartel Moncada. Citado por Mauricio Vicent en «Cuba inicia el debate del cambio». *El País,* 19/9/2007.

Podría, en principio, parecer que existen diferencias insalvables entre estas palabras que el presidente Raúl Castro pronunció a mediados de los 2000 y las que pronunció el Che en la primera mitad de los sesenta: «Nadie más que el gobierno revolucionario, que planifica el desarrollo industrial del país de una punta a la otra, tiene derecho a fijar las características y la cantidad de los técnicos que necesitará en un futuro para llenar las necesidades de esa nación».

Sin embargo, los más de cuarenta años que separan ambas frases, aunque los trasfondos geopolíticos imperantes en uno y otro momento no pueden ser más distintos, y a pesar de las diferencias ideológicas que subyacen a cada uno de los mensajes, puede trazarse una línea que va desde uno hasta el otro.

En los sesenta, el Che estaba reivindicando la capacidad de intervención de un gobierno nacido de una revolución que iniciaba un proceso de cambio; en los 2000, Raúl Castro define la revolución como un proceso en el que debe cambiar todo lo que tenga que hacerlo.

Efectivamente: el sentido revolucionario de Ernesto *Che* Guevara no era el mismo que el de Raúl Castro, a pesar de que éste fue uno de los participantes en los inicios de aquella revolución. La revolución fue la misma para ambos, pero la evolución posterior ya no lo fue.

Y al final lo que queda es el significado actual de *revolución*: un cambio identificable mucho más con el que impregna la idea de *evolución* que el que antaño daba sentido al de *revolución*. En el fondo, la distancia que separa lo que es conveniente alcanzar, el lugar al que es pertinente llegar, de aquello que se soñó conseguir.

CRONOLOGÍA

2007 (Enero) Comienza la reunión anual del World Economic Forum con el lema: «Cambio en la ecuación del poder».

— (26 de febrero) El expresidente de la Reserva Federal, Alan Greenspan, en una conferencia pronunciada en Hong Kong, dice que la economía de Estados Unidos puede entrar en recesión a finales de año; lo que pone en marcha una oleada de caídas bursátiles en todo el mundo.

— (Marzo) El informe «Desarrollo de los salarios y los costes laborales en la zona euro», elaborado por la Comisión Europea, pone de manifiesto el aumento mucho menor de los salarios en relación con los beneficios empresariales y el peligro que ello representa para el consumo y para la recaudación fiscal necesaria para financiar el modelo de protección social.

— (1 de agosto) El banco estadounidense Bear Stearns declara en quiebra dos de sus hedge funds.

— (7 de agosto) El banco francés BNP Paribas decide congelar tres de sus fondos de inversión.

— (Septiembre) Estados Unidos. Por vez primera se publica el genoma completo de una persona.

— En el Reino Unido se autoriza la creación de embriones híbridos de animales y humanos para el desarrollo de terapias basadas en las células madre a fin de combatir enfermedades.

— El presidente francés Nicolas Sarkozy propone la creación de un consejo de sabios que se encargue de diseñar y definir el futuro de la UE; la canciller alemana, Angela Merkel, secundará la propuesta. Se pretende que dicho consejo sea creado en el año 2009.

— Nicolas Sarkozy anuncia que el modelo de protección social francés no es financieramente sostenible y dice que es necesario un nuevo contrato social. Sus puntos son: «asumir la cultura del esfuerzo»; contrato de trabajo más flexible; penalización de las jubilaciones anticipadas; sanciones a los desempleados que rechacen ofertas de trabajo; acabar con los privilegios de ciertos colectivos —funcionarios— y de ciertas profesiones —empleados de ferrocarriles, del gas, de la electricidad, mineros y marinos—; «refundación de la función pública», es decir, reducir el número de funcionarios, flexibilizar su estatuto, individualizar los criterios de remuneración; y promulgación de una ley de servicios mínimos en caso de huelga.

— (14 de septiembre) El gobierno británico interviene el banco Northern Rock y le inyecta liquidez. (Fue nacionalizado en febrero del 2008).

2008 (Enero) Oficialmente se reconoce que ha terminado la época de las materias primas baratas.

— (Abril) El Tribunal de Justicia de las Comunidades Europeas decide que no tienen por qué ser aplicadas unas normas salariales ya existentes en un país a los trabajadores de una empresa de otro país que haya sido subcontratada para realizar una tarea; el caso fue juzgado cuando 52 trabajadores de una empresa polaca subcontratada por una empresa alemana para realizar una serie de trabajos en Baja Sajonia fueron remunerados con el 46,57 % del salario mínimo establecido en Baja Sajonia.

— (15 de septiembre) Quiebra (la mayor de la historia) de Lehman Brothers, uno de los cuatro grandes bancos de inversión de Estados Unidos.

— (25 de septiembre) El presidente de la República Francesa, Nicolas Sarkozy, afirma en Toulon que «hay que refundar el capitalismo sobre bases éticas, las del esfuerzo y el trabajo» y propone convocar una cumbre de dirigentes de todo el mundo para buscar un nuevo sistema y abordar la reconstrucción del sistema financiero internacional partiendo de cero: «*Le laissez-faire, c'est fini*», «no podemos gestionar la economía del siglo XXI con instrumentos del siglo XX».

— (11 y 12 de octubre) Adopción de medidas de todos los Estados para sostener el sistema financiero y restablecer la confianza. En la UE se comprometen ayudas de 2 billones; en Estados Unidos, de 1,3. Se procede a la compra de bonos tóxicos (*Cash for Trash*»); la entrada de instituciones oficiales públicas en el capital de las entidades afectadas; concesión de avales a la deuda nueva que contraigan las entidades hasta una fecha (finales de 2009 en el caso de España) y a los préstamos entre entidades. La palabra más repetida en los comunicados es *coordinación*.

— (17 de octubre) Joaquín Almunia, comisario europeo para Asuntos Económicos y Monetarios, afirma: «[Tras el crash] el sector financiero contribuirá menos al crecimiento global [...], la contribución deberá llegar del sector no financiero. Por eso, mejorar la productividad y la eficiencia de las empresas deben ser objetivos prioritarios». (*El País*, 18/10/2008).

— (29 de octubre) La Comisión Europea anuncia un plan de *apoyo* a la economía real y cuyos objetivos declarados son: «proteger el empleo, el poder de compra y la prosperidad de los ciudadanos». Será presentado el 29 de noviembre. El plan se basará en medidas de corte keynesiano para impulsar la demanda.

— (15 de noviembre) Cumbre del G-20. Documento final: el FMI pide que los países destinen el 2 % de su PIB a rebajas de impuestos: recomendación de políticas de impulso fiscal a fin de incentivar la recuperación.

— (27 de noviembre) Anuncio de un paquete de ayudas por 0,2 billones de euros (el 1,5 % del PIB de la UE) de estímulo económico (el 10 % de los 1,8 billones movilizados a favor de la banca).

2009 (3 de enero) A partir de un artículo publicado en el 2008 por Satoshi Nakamoto (un seudónimo de una persona o un grupo), donde se describe el protocolo Bitcoin, se pone en marcha la red Bitcoin. El objetivo consiste en crear un sistema monetario descentralizado e independiente de gobiernos y bancos centrales, así como de empresas procesadoras de pagos, que se movería a través de internet. En 2013 es aceptado por tiendas reales como Walmart, Starbucks y 7-Eleven.

— (8 de enero) Nicolas Sarkozy, Angela Merkel y Tony Blair mantienen en París un encuentro sobre el *nuevo capitalismo*. Merkel dice que debería crearse una especie de «consejo económico mundial que vele por la estabilidad del sistema».

— (Primavera) Crecimiento significativo del streaming, la visión y audición de vídeo y audio online y en tiempo real.

— (Junio) Alemania aprueba la modificación de su Constitución a fin de incluir que el déficit estructural del Estado no podrá superar el 0,35 % del PIB a partir de 2016; para los *länders*, las cuentas deberán cerrarse en equilibrio a partir de 2020. Se contemplan como excepciones: los desastres naturales y el estímulo de la economía en casos de brusca desaceleración.

— (Julio) La Comisión Europea propone el cierre de los bancos en los que se demuestre que su viabilidad es imposible incluso a pesar de que reciban ayudas públicas.

— (Octubre) La República del Congo ofrece a inversores internacionales el arrendamiento durante 90 años de 10 millones de hectáreas, un tercio de su territorio, para fines agrícolas. Desde el año 2007 diversos países, entre los que se hallan China, Corea del Sur, Estados Unidos, Arabia Saudí y Qatar, han adquirido tierra en África, Brasil, Ucrania, Rusia, Indonesia y Filipinas que supera los 7 millones de hectáreas.

— (Octubre) En Estados Unidos se pone en marcha la plataforma «thredUP» para el intercambio y compra de ropa usada de adulto.

— (Octubre) En Estados Unidos, Vijay Govindarajan, Jeffrey R. Immelt y Chris Trimble publican en *Harvard Business Review* el artículo «How GE is Disrupting Itself», en el que introducen el concepto de *Reverse Innovation*. La idea es la de desarrollar en los países subdesarrollados bienes tecnológicos que son necesarios, pero a un precio adaptado al PIB per cápita de esos países para, posteriormente, expandirlos al mundo desarrollado, readaptándolos. Grandes corporaciones como General Electric, Nestlé, Nokia, Procter & Gamble o Tata están desarrollando procesos en esta línea. (Véase febrero de 2005).

2010 (16 de febrero) UEM. Debido a sus problemas económicos, a la falta de fiabilidad de sus posibilidades de pago de la deuda, y a los engaños estadísticos que lleva perpetrando desde 1997, la economía griega pasa a ser monitorizada e intervenida por la UE, el BCE y el FMI; es la primera vez que algo así sucede con un país occidental desde la Segunda Guerra Mundial.

— (5 de mayo) UE: cumbre del Consejo Europeo. Se concluye que es imposible la refinanciación de la deuda de los países del sur de Europa y la puesta en marcha de planes de estímulo coordinados financiados con recursos públicos, y que cada país deberá hacer individualmente lo que deba a fin de reducir su déficit. Esto supone un cambio radical de la postura mantenida hasta ese momento. Alemania es el impulsor de tal cambio. A partir de ese momento en Europa lo importante es realizar ajustes a fin de sanear la economía, y el crecimiento deja de ocupar la posición prioritaria; lo que en la práctica supone iniciar un proceso de integración fiscal. El objetivo es dar confianza a los mercados. (A partir de ese momento en España se produce un giro radical en la postura del gobierno y empiezan a plantearse reformas: laboral, pensiones, negociación colectiva...).

8

EL PERIODO DE CRISIS

> La actual crisis es una culminación de un superboom de más de sesenta años. El sistema tuvo tanto éxito que la gente empezó a creer en lo que el expresidente de Estados Unidos Ronald Reagan llamó «la magia del mercado», y que yo llamo «fundamentalismo de mercado». El superboom se fue de las manos cuando los nuevos productos se volvieron tan complicados que las autoridades ya no podían calcular los riesgos y empezaron a depender de los métodos de gestión de los propios bancos. Igualmente, las agencias de calificación dependían de la información que les hacían llegar los generadores de los productos sintéticos.
>
> George Soros en el World Economic Forum Annual Meeting 2008 que, bajo el lema «*The Power of Collaborative Innovation*», se celebró en la ciudad suiza de Davos entre los días 23 y 27 de enero. Citado por Walter Oppenheimer en «¿Crisis, recesión o cambio de cetro?». *El País*, 27/1/2008.

Una de las cosas que más sorprende de este texto es el hecho de que quien dijo estas palabras fuese —y sea— un auténtico experto en el uso de esos nuevos productos financieros que se estaban volviendo crecientemente complejos.

Tras toda crisis sistémica se han aprendido ciertas cosas y, tras la Depresión, entre otras se aprendieron dos. Una fue que la actividad bancaria tenía que ser regulada, debido al enorme poder sistémico (entonces no había nacido aún este concepto) del sector bancario en general y de los bancos en particular; y la otra cosa que se aprendió son los tremendos y demoledores efectos que sobre la realidad económica tenían las quiebras de bancos.

Las primeras regulaciones bancarias se establecieron en los mismos años treinta: la *Glass-Steagall Act* de 1933, pero cuando llegaron los años setenta, el dólar dejó de ser convertible en oro y la evolución económica fue necesitando de ingentes cantidades de financiación, se puso de manifiesto que las regulaciones bancarias frenaban la progresión de la economía y, en particular, limitaban el negocio bancario; y las regulaciones fueron siendo suavizadas a la vez que, en paralelo, fueron naciendo esos productos financieros crecientemente complejos a los que se refiere Mr. Soros.

Entre finales de la década de 1990 y principios de los 2000 el negocio financiero se hallaba ya fundamentalmente circunscrito al *empaquetamiento* y titulación de créditos de todo tipo, y a la negociación de productos soportados por esos créditos titulizados: se tomaban miles de créditos, se repartían algorítmicamente atendiendo a su procedencia y tipología, se creaban masas que luego eran troceadas y vendidas, y aseguradas y vueltas a asegurar, y vueltas a vender y asegurar. El objetivo primigenio de todo eso consistía en financiar algo tangible, pero no se prestó atención en profundidad al riesgo que tales préstamos originarios suponían ni a la capacidad real de pago por parte de los prestatarios. Evidentemente algo así pudo suceder debido a dos condiciones previas: por un lado, el enorme exceso de liquidez que existía en el planeta y, por otro, a la igualación de los riesgos país que en la UEM supuso la entrada en funcionamiento del euro.

En un contexto como el descrito, la calidad de esos productos y de sus emisores pasó a ser esencial para la continuidad del negocio, y por ello las agencias de calificación alcanzaron un poder icónico: un producto, un emisor eran buenos porque una de las tres principales agencias de calificación certificaba que lo era, lo que daba garantía al comprador y al comprador que ese comprador iba a tener cuando volviese a vender el producto. El sector de la construcción de viviendas, por sus especiales características de bienes raíces y de larga duración, era el idóneo para materializar, a través de los productos hipotecarios, la evolución de un proceso sin el cual todo ese espectacular crecimiento habido entre los años 2002 y 2007 hubiese sido de todo punto imposible.

> Pregunta: ¿Cuáles son las raíces de la crisis actual?
> Respuesta: La razón de fondo es el consumo excesivo, el gasto excesivo en comparación con nuestra producción. Ha habido demasiado crédito, todo ello complicado por cambios bastante radicales en el sistema financiero.
>
> Paul Volcker, expresidente de la Reserva Federal de Estados Unidos. Entrevista de J. P. Velázquez-Gaztelu en *El País Negocios,* 2/6/2008.

> En el centro de los problemas, a corto y a largo plazo, está el endeudamiento. El endeudamiento contribuyó a crear la burbuja inmobiliaria y ahora ha dejado a casi uno de cada seis propietarios con una hipoteca mayor que el valor de su vivienda. El endeudamiento hizo subir, y después bajar, al moderno Wall Street, donde las empresas pedían prestados treinta dólares por cada dólar que tenían. Y en los próximos años, el endeudamiento atará de manos a la administración pública estadounidense, que se enfrenta al triple déficit producido por las políticas del gobierno de Bush, el caro rescate financiero y la asistencia médica a los ancianos pertenecientes a la generación de la explosión demográfica.
>
> David Leonhardt, «La carga de la deuda lastra a una superpotencia». *The New York Times-El País,* 23/10/2008.

Entre los años 2003 y 2008 el crecimiento económico experimentado por gran parte del planeta fue espectacular. Tomando como 100 el nivel de PIB existente en 2003, en 2008 la media de los países de la OCDE se había colocado en 110,9, y en 124,7 a nivel mundo. Fue un crecimiento en cascada, y tanto vertical como transversal.

Un crecimiento de tal calibre requirió unas dosis monstruosas de financiación, tanto interior como exterior, y tanto a nivel continental como transcontinental. Ni el volumen de salarios ni el de beneficios de las empresas podía hacer frente a los requerimientos financieros que eran necesarios para producir y consumir esas ingentes cantidades de bienes y servicios; para lograr esos niveles, se recurrió al endeudamiento. Sobre todo, deuda privada: familias y compañías financieras y no financieras dispararon su deuda. En España, en los diez años que median entre 1996 y el 2007, la deuda privada aumentó el 135 %.

Alimentado el consumo por un crédito inagotable, se consumió de todo por parte de una mayoría ansiosa de todo lo que se pudiese consumir... de lanzarse a invertir todo lo que se pudiera invertir. La vivienda para uso del comprador es considerada una inversión por un puro convencionalismo. Los salarios reales medios crecieron poco, desde luego en una proporción que no tenía nada que ver con el aumento tan espectacular del consumo; pero esas insuficiencias salariales fueron de sobra compensadas por unas capacidades de endeudamiento concedidas a los demandadores de crédito; unas capacidades de endeudamiento totalmente despegadas de las capacidades reales de devolución de los préstamos.

Se creció mucho y muy rápidamente, pero a costa de generar una deuda privada gigantesca. Fueron años maravillosos de sueños y bienestar, pero financiados con crédito que en algún momento habría que pagar. Como existían ingentes cantidades de liquidez, se canalizaron hacia quienes la necesitaban para consumir; fue ese consumo lo que propició el crecimiento, pero lo hizo creando un dogal en forma de deuda que iba a acompañar a los endeudados partícipes en esa fase, y durante décadas, en forma de devolución de préstamos. Si tal proceso no se hubiese puesto en marcha y no hubiese sido estimulado, no se hubiese producido aquel crecimiento. Y se creció debido a que se puso en marcha tal proceso. Hubo crecimiento, sí. Pero lo que al final ha quedado ha sido tan sólo deuda.

> Cuando me ofrecieron el contrato indefinido me supo a gloria, pero lo que pasa es que es un trabajo de mierda con un salario de mierda que me sitúa en la perspectiva de una vida de mierda.
>
> Administrativa, treinta años de edad, comentando el paso de una situación laboral precaria a una estable. Citado por José Luis Barbería en «El fin del empleo seguro». *El País,* 22/6/2008.

> La reforma defiende un modelo de generación de empleo basado en unos costes muy bajos, ésa es nuestra apuesta para competir en un mundo global, que se traducirá en peores condiciones para los jóvenes. Como estrategia de desarrollo me parece una locura.
>
> Santos M. Ruesga, catedrático de Economía Aplicada de la Universidad Autónoma de Madrid, al comentar la nueva fase de la reforma laboral aprobada en España el 10 de febrero de 2012. Citado por Carmen Pérez-Lanzac en «Generación ni mileurista». *El País,* 11/3/2012.

> El trabajo ya no es un derecho, debe ser ganado, incluso a través del sacrificio.
>
> Elsa Fornero, ministra de Trabajo italiana, tras la aprobación por el Parlamento de la reforma laboral propuesta por el gobierno técnico de Mario Monti. Citado por Pablo Ortiz en «Monti consigue aprobar una dura reforma laboral». *El País,* 28/6/2012.

> El sistema es insostenible, especialmente en Europa: hay demasiado trabajador para tan poca capacidad de generar trabajo; los responsables económicos y políticos deberían saber que ahora no estamos gestionando una crisis de paro; la crisis es estructural, del sistema, es una ruptura permanente y sin arreglo posible;

es como una esponja que de tan estrujada no da más; ya no tenemos esponja, luego no tenemos estructura y hay que crear una nueva.

Richard Sennett, sociólogo. Entrevista de Carles Geli, «Richard Sennett, el "cooperante"», en *El País Catalunya*, 9/3/2013.

La clave es saber si queremos que los jóvenes tengan un trabajo peor pagado y con menos derechos, o ningún trabajo en absoluto.

Angela Merkel, canciller de la RFA, al responder en París, durante una cumbre francoalemana, a un periodista que le preguntó sobre los efectos de la competitividad sobre la igualdad y los derechos sociales. Citado por Miguel Mora en «Merkel y Hollande se reencuentran». *El País*, 31/5/2013.

Una de las consecuencias de aquel crecimiento económico espectacular fue el cambio que experimentó el mercado de trabajo, que se materializó tanto en la creación de puestos de trabajo como en la absorción de desempleados existentes. En todos los países se produjo un cambio, pero España fue una de las economías en donde mayores cambios se dieron en el mercado de trabajo, máxime considerando la masiva afluencia de inmigración que entre el año 2000 y el 2008 llegó a España.

La tasa de actividad aumentó, al igual que la tasa de ocupación, y disminuyó la de desempleo, sobre todo de forma más acusada donde era más elevada. El problema radicaba en la sostenibilidad del proceso que ocupaba a esas masas de población trabajadora, la calidad del empleo en el que se ocupaban, y la remuneración que percibían por su trabajo.

También el crecimiento de la ocupación fue una consecuencia directa del creciente endeudamiento, pero tal ocupación en aumento no vino acompañada de un crecimiento proporcional de las remuneraciones, sobre todo en el caso de los jóvenes. La población activa aumentó, mucho en algunos países, como España, pero incluso en aquellos momentos de auge económico, y aunque no se manifestase en ciertos subsectores, la discordancia entre oferta y demanda de trabajo se ponía de manifiesto en los niveles salariales: en el 2005, cuando la situación económica se consideraba buena, se acuñó el término *mileurista*. A partir de este punto comienza una degradación de los salarios medios, sobre todo el salario de las personas con una menor cualificación y fundamentalmente el de los jóvenes.

La precrisis ya puso de manifiesto a partir del 2007 que existía un exceso de oferta de trabajo, situación que se generalizó desde el 2010. Resultaba que el modelo, finalizada aquella época de crédito fácil, se enfrentaba a una realidad muy sencilla: las economías no eran capaces de generar demanda de trabajo suficiente, ni siquiera reduciendo salarios, por lo que el desempleo y el subempleo se fueron convirtiendo en una situación generalizada en la que el número de trabajadores pobres (personas con contrato de trabajo legal) comenzó a crecer, lo que no impidió que las remuneraciones de los puestos de mayor nivel en la banca y en las grandes corporaciones vieran cómo año tras año iban creciendo sus remuneraciones anuales totales —fijo, variable y acciones—, y que la riqueza de los más adinerados aumentase de forma continuada. En 2007 el 1 % de los estadounidenses más ricos controlaban el 24 % de la riqueza, igual que en 1928, tras un crecimiento paulatino y constante desde 1973.

Por lo que respecta a los jóvenes, con un desempleo del 55 % en España (mayo de 2014), el 40 % de los que se hallan ocupados es mileurista o no llega a ese nivel. (Informe Infojobs: «Estado del mercado laboral en España», con datos de 2013).

Llegados a este punto, el divorcio social ya era irreversible; el ya iniciado proceso de disminución de la clase media se aceleró.

> Los inversores no saben cuánto valen estos activos. No hay transparencia. Son los directivos quienes deciden qué valen estos activos y se lo dicen a sus contables.
>
> Ed Yardeni, presidente de Yardeni Research, compañía especializada en el diseño de estrategias de inversión, comentando el derrumbe y la crisis de los instrumentos financieros creados en los años 2003-2008 por bancos de inversión, compañías aseguradoras y fondos de alto riesgo. Citado por Alex Berenson en «¿Cuándo tocará fondo el mercado?». *The New York Times-El País,* 25/9/2008.

> Hoy el consejo de administración deja que el gerente o director se fije el propio sueldo. Es descomunal. Fuera de toda lógica. Y él, a cambio, se ocupa de multiplicar el valor de las acciones en muy poco tiempo. Jugando con la deuda. Se confunde el interés de la empresa con el de sus accionistas, de unos pocos. Y la burbuja estalla.
>
> Jean-Luc Gréau, antiguo economista de la patronal francesa y autor de *La trahison des économistes*. Entrevista de Octavi Martí en *El País,* 2/10/2008.

> [Los banqueros hacen] el trabajo de Dios.
>
> Lloyd Blankfein, CEO de Goldman Sachs, justificando las elevadísimas remuneraciones de los altos directivos de las entidades financieras. Citado por Joaquín Estefanía en «No hay charco que no se pise». *El País*, 19/4/2010.

Todo el trecho recorrido por la economía planetaria entre 1997 y el 2007 fue posible debido al papel que desempeñó la banca. Contemplado desde esa perspectiva, las palabras de Mr. Blankfein verdaderamente no eran una exageración: la banca y sus dirigentes de máximo nivel hicieron posible algo que quince años atrás ni siquiera podía ocurrir en un sueño.

El papel que desempeñó la banca, sobre todo, y en el origen del proceso, el de la de inversión, hizo posibles unos procesos de financiación del endeudamiento en los cuales se tomaban como contrapartida unos activos cuyo valor, por un lado, era el que fijaba un mercado que sólo estaba interesado en obtener diferenciales crecientes, y que por otro estaba avalado por unas agencias cuyos ingresos dependían de la cantidad de esos activos que se colocaban en el mercado y de la cotización que tales activos alcanzaban.

Cuanto mayor era el volumen de activos colocados, más crédito podía llegar a la ciudadanía, a las pequeñas y medianas empresas; y cuanto mayor era la cotización de esos activos, mayores eran las remuneraciones obtenidas por los directivos de banca, que eran quienes creaban y dirigían todo ese proceso.

No es exagerado decir que la banca pilotó el proceso de crecimiento en el que el planeta estuvo inmerso, y que finalizó en el 2007. Sin la banca, nada de aquello hubiese sido posible. ¿Quién, entonces, iba a atreverse a cuestionar *lo que estaban haciendo los bancos* y el modo como lo estaban haciendo? ¿Y quién iba a criticar las fabulosas remuneraciones de las personas que en los bancos estaban al frente de aquel fabuloso proceso?

> Trescientos millones de estadounidenses, sus instituciones de préstamo, su gobierno, sus medios de comunicación... todos creían que los precios de la vivienda iban a seguir subiendo sin parar. Los préstamos se concedían sobre esa base y todo el mundo hizo muchas tonterías.
>
> Warren Buffett en una entrevista realizada por el presentador Charlie Rose en la WNET el 10 de enero de 2008. Citado por Steve Lohr en «Un siglo separa a dos titanes en crisis». *The New York Times-El País*, 23/10/2008.

Visto en perspectiva parece increíble, pero lo cierto es que fue así. En Estados Unidos, en Irlanda, en el sur de Inglaterra, en Australia, en España, lugares en los que el boom de la vivienda se vivió con una intensidad febril, literalmente se llegó a pensar que el precio de la vivienda no tenía techo, lo que permitió alimentar una monstruosa burbuja.

Esa perspectiva lleva al fondo de la cuestión: los bienes inmuebles y la vivienda en particular tienen una característica idónea para protagonizar este tipo de situaciones: son bienes no perecederos, usables y, por concepto, esenciales. Si se posibilita el acceso a un bien de esas características a todo tipo de personas, independientemente del nivel de su renta en el momento de firmar el préstamo; si se genera una demanda constante de tales bienes alimentada por una entrada continuada de crédito que permite que nueva demanda vaya apareciendo; y si se ceba en el aumento de la capacidad de endeudamiento con facilidades de entrada y expectativas de revaluaciones continuadas del valor de los activos reales y derivados, lo que tenemos es... un megaboom como el vivido en los primeros 2000.

Todo el mundo hizo muchas tonterías, cierto, pero algunos se enriquecieron hasta niveles imposibles de imaginar.

> Mucha gente joven tuvo que buscar trabajo después del 11-S, así que sabemos lo que son tiempos difíciles, pero al menos sabía qué pasaba. Salgo afuera y el cielo no se está cayendo, pero mi trabajo ya no está ahí, el valor del apartamento que acabo de comprarme ya no está ahí, mi plan de jubilación ya no está ahí. Es extraño, es como si alguien hubiese tomado una mala decisión en algún lugar. Todo parece más o menos igual, pero todo ha cambiado.
>
> Michelle Rabinowitz, productora de MTV News, de veintiocho años de edad, al comentar la situación en la que las compañías prescinden de gran número de trabajadores. Citado por David Carr en «Sembrando el temor por doquier». *The New York Time-El País,* 23/12/2008.

El 11-S fue terrible, pero fue un hecho puntual; destruyó vidas, bienes y sistemas, pero de forma localizada. Afectó muy poco y muy colateralmente a, por ejemplo, la capacidad productiva de la ciudad de Milwaukee. Además, en el año 2001 ya estaba asumido el pinchazo de la Burbuja Puntocom, y en Europa las expectativas de negocio con definitiva implantación en enero del 2002 eran esplendorosas. El 11-S fue un desastre, pero fue un desastre tangible y cuantificable y, por tanto, superable. Lo que empezó a suceder en septiembre del 2007 no fue ni una cosa ni la otra.

En el año 2007 empezó a manifestarse algo intangible: la pérdida en el valor anteriormente asignado a los bienes, por un lado; y, por otro, la pérdida del valor del trabajo aportado por las personas. Cayó el valor de los bienes materiales, claro: viviendas, automóviles, embarcaciones de recreo, paquetes vacacionales, maquinarias y herramientas; pero también cayó el de bienes inmateriales como los planes de pensiones o las coberturas de los seguros. ¿Por qué? Pues porque las expectativas de la capacidad de demanda, de golpe, se hundieron.

Desde principios de los noventa gran parte de la demanda —de todo— había sido alimentada con crédito, un crédito creciente a medida que la capacidad productiva iba creciendo (a lo que contribuía el abaratamiento en los precios, como resultado de la disminución de costes de producción conseguidos con la deslocalización). Pero la capacidad de endeudamiento tiene un límite físico: cuando la deuda acumulada alcanza un nivel imposible de devolver o cuando el valor del bien adquirido ha llegado a un nivel imposible de superar, de forma que el monto de la deuda supera al valor de dicho bien. Eso es lo que empezó a suceder a partir del verano del año 2007, y alcanzó proporciones de tsunami tras la quiebra del banco Lehman Brothers el 15 de septiembre de 2008.

Las palabras de la productora del canal de noticias que se han citado más arriba describen a la perfección lo que estaba sucediendo en la calle: lo que hasta un momento determinado había estado allí, se había ido, se había esfumado, porque las condiciones que lo habían hecho posible ya no existían. Algo muy lógico, pero algo que ha ocasionado un caos en la forma de vida de todo el planeta. Lo normal, por otra parte, cuando un modelo económico se agota.

> Es probable que (en la industria del automóvil) haya demasiadas empresas, demasiadas fábricas, demasiadas marcas, demasiados modelos, demasiados concesionarios... Creo que después de la crisis habrá menos de todos ellos.
>
> Patrick Pélata, director general de Renault. Entrevista de Ramón Casamayor en *El País Negocios*, 11/1/2009.

La Depresión fue la primera crisis moderna del sistema capitalista, y su origen estuvo en la oferta: la capacidad productiva que se consiguió gracias a todos los avances técnicos y organizativos aplicados a la producción tras la Primera Guerra Mundial generó una capacidad productiva que una capacidad de consumo limitada fue incapaz de absorber. Fue una de las cosas que se aprendió al estallar la Depresión.

Durante los años ochenta los costes de producción disminuyeron apreciablemente, por un lado debido a la deslocalización (de producciones enteras o de fases productivas) a países subdesarrollados; por otro, debido al acelerado e imparable descenso del poder de unas organizaciones sindicales que cada vez podían defender menos los intereses de sus asociados ya que, crecientemente, la oferta de trabajo fue haciéndose superior a la demanda de trabajo. Pero, tal como se aprendió con lo sucedido en la Depresión, se sustituyeron salarios por capacidad de endeudamiento.

Entre 1991 y el 2007 todo fue como un tiro. Cierto: hubo momentos de decaimiento: 1991, el año 2000..., pero rápidamente se solucionaron esos problemas sofisticando todavía más los productos financieros que sostenían el crédito; y aumentando a todos los consumidores su capacidad de endeudamiento para que pudieran consumir de todo. Y durante quince años se evitó lo que no había podido evitarse en 1929. Hasta que la capacidad de endeudamiento, es decir, de consumo, se agotó; entonces se puso de manifiesto que había un exceso de capacidad productiva, problema que algunos países paliaron durante unos años con las exportaciones, y todos los Estados (hasta el año 2010) con planes de estímulo y de rescate masivos alimentados con dinero público.

Posiblemente la industria del automóvil sea una de las que mejor refleje esta crisis de sobreproducción que caracteriza la actual realidad y que ha generado una gigantesca crisis de subconsumo. Sí: como en la Depresión.

> Ya no se habla de combatir el cambio climático, sino de adaptarse a él, y esto supone replantearse aspectos básicos de nuestras sociedades. La libertad consume grandes cantidades de energía y cada ejercicio de un derecho equivale a un consumo de recursos.
>
> Dipesh Chakrabarty, especialista en estudios poscoloniales, profesor de historia, lenguas sudasiáticas y civilizaciones en la Chicago University. Citado por J. M. Martí Font en «Almuerzo con...». *El País*, 5/2/2009.

Un aspecto prácticamente no contemplado en relación con el medio ambiente es el de la libertad que debe existir para que las personas e instituciones de un país puedan desarrollar sus actividades, actividades que pueden ser cuidadosas con el medio ambiente, o no.

Lo anterior, que dicho así parece algo obvio, se halla totalmente vinculado al modelo con el que nos hemos estado moviendo en estas décadas pasadas y, en especial desde principios de los noventa. Sin la creciente libertad de la que se ha dispuesto en las economías capitalistas occidentales desde la década de 1950, el crecimiento económico que se ha conseguido no hubiera sido posible; pero sin dicho crecimiento la libertad no hubiese prosperado.

El sistema capitalista es contaminador, aunque no por ideología, sino porque tiende a externalizar costes, y contaminar supone eliminar costes sin pagar nada por ello; al mismo tiempo, el capitalismo desde sus inicios supuso que la oferta de recursos era ilimitada, por lo que el desperdicio de materias primas y de energía ha formado parte de la cultura capitalista, tanto desde la óptica de las personas físicas como del de las jurídicas.

Pasar a un escenario en que los ciudadanos y las compañías tengan que enfrentarse a problemas relacionados con el medio ambiente, a fin de preservarlo, a base de evitar su degradación o de reducirla, supone tener que desarrollar una serie de instrumentos de supervisión, regulación y control que, a no ser que sean unánimemente aceptados, implicarán mermas en las libertades individuales. Pero hay más.

Aunque en una fase de crisis como la actual parecería que es el momento más adecuado para implementar medidas acordes con lo apuntado, las inversiones que es menester realizar para afrontar mejoras medioambientales significativas, unidas a los problemas financieros de numerosas empresas y Estados y entes locales, hace dificultoso que se apliquen, pues los problemas cotidianos ya absorben ellos solos los escasos recursos financieros disponibles. De hecho, en el momento en que estoy escribiendo estas líneas ya se ha reconocido el retroceso que ha experimentado la lucha contra la degradación medioambiental.

> Hemos llegado a uno de esos momentos en la historia de la tecnología en los que las alternativas de bajo coste y gratuitas son lo suficientemente fáciles de usar y fiables como para hacer el cambio. Y luego está la ventaja adicional de ahorrar dinero.
>
> David Title, de treinta y cinco años de edad, director de nuevos medios de una productora cinematográfica de Nueva York. Citado por Brad Stone y Ashlee Vance en «Un modelo de negocio que podría irse al traste». *The New York Times-El País*, 12/2/2009.

La tecnología, toda tecnología, recordémoslo, cumple tres leyes inexorables: 1) la tecnología con el tiempo tiende a abaratarse, 2) a pesar de su abaratamiento, el paso del tiempo sofistica una tecnología porque la depura, enriquece y carga de nuevas funciones y recursos, y 3) aunque una tecnología sea crecientemente barata y más completa, su uso se simplifica de tal modo que cada vez son necesarios menos conocimientos para manejarla a pleno rendimiento.

El mensaje del texto citado es claro: cada día crece el catálogo de tecnologías de todo tipo, muchas de ellas gratuitas o a un precio muy reducido, que posibilitan la realización de un enorme número de tareas, lo que permite llevar a cabo nuevas funciones y nuevas tareas de forma autónoma a personas sin excesivos conocimientos tecnológicos, lo que a su vez facilita su empleabilidad desde el ámbito del contrato por obra y servicio.

Sin embargo, el hecho diferencial, lo que marca la diferencia entre la generación de alto valor y la que no lo es, es una tecnología a la que muy pocos tienen acceso durante el tiempo necesario para realizar la aportación o llevar a cabo el descubrimiento que abrirá los caminos siguientes de innovación; son muy pocos, y cada vez menos, los que tienen acceso a ese tipo de tecnología.

Es decir, la tecnología con mayúsculas, aquella que requiere ingentes cantidades de recursos para su concepción, diseño y desarrollo, cada vez quedará más limitada a cotos más cerrados, mientras que la tecnología de batalla, aquella que resuelve el día a día, es crecientemente accesible.

> Soñaban que las primas eran una garantía de por vida y gastaban y se endeudaban en función de esa suposición. La especie humana suele extrapolar tendencias actuales al infinito. Y esa tendencia, esa debilidad psicológica, es lo que nos ha llevado al lío en el que estamos. Y Londres es el lugar del mundo donde tal tendencia se ha visto en su máxima expresión.
>
> Román Zurutuza, gestor de inversiones español que lleva diez años afincado en Londres, al comentar lo sucedido a partir del 2003. Citado por John Carlin en «La burbuja más grande del mundo». *El País*, 26/4/2009.

Ahora, tras cinco años de auténtica crisis y ocho de liquidación de lo que conformaba una forma de hacer, puede discutirse si se hizo bien o se obró mal, pero lo cierto es que las cosas suceden cuando tienen que suceder y como tienen que suceder, porque lo uno y lo otro vienen determinados por la dinámica histórica.

En el paroxismo vivido entre los años 2001 y 2008, un periodo que muy bien podría ampliarse a la segunda mitad de los años noventa, e incluso a la primera mitad de los ochenta, el mundo funcionó con una dinámica en la que fueron determinantes unos elementos que, aunque se tratara de un producto de la época, la delimitaron y caracterizaron. Esos elementos fueron los yuppies de los ochenta, que luego se reciclaron en gestores de fondos en los noventa y en brokers y altísimos ejecutivos de bancos de inversión en los años 2000. Personas con remuneraciones anuales de varios millones de dólares, de libras o de euros, con bonus del 400 % de la parte fija de su remuneración, y que perfectamente podían cambiarse cada año su automóvil deportivo con un precio de seis cifras.

No se hallaban en la cúspide del proceso ni pertenecían a su cúpula, pero ellos fueron los verdaderos artífices de aquel crecimiento. Porque ellos se encargaron de elaborar las rutinas que posibilitaron su financiación. Lo verdaderamente curioso de tales personas es el hecho de que, bastantes de ellas, llegasen a creerse el diseño básico de su actuación: la idea de que nada de lo que había estado creciendo debido a su labor iba a bajar jamás.

> El dólar ha sido un caso único al compaginar su condición de reserva principal, gran deudor internacional y un refugio financiero seguro, al mismo tiempo que la rentabilidad de sus bonos y sus billetes venía determinada por cuestiones domésticas. El cuestionamiento de esas características únicas supone un shock de primera magnitud para el sistema financiero internacional.
>
> Barclays Capital, informe de junio de 2009. Citado por Alicia González en «La divisa de referencia pierde brillo». *El País Negocios* 5/7/2009.

El pacto no escrito al que se llegó en Bretton Woods en 1944 —Estados Unidos consumiría los excedentes producidos por el resto del mundo a cambio de que el resto del mundo aceptase todos los dólares que Estados Unidos precisase imprimir— se basaba en dos principios que durante tres décadas nada ni nadie cuestionaron. Por un lado, la confianza en el poder económico de Estados Unidos era absoluta, por lo que también se confiaba en el dólar; por otro, Estados Unidos era el protector y el gendarme del mundo libre. Eso venía apoyado por un nivel contenido de deuda pública norteamericana. A partir de los setenta eso empezó a cambiar y la situación comenzó a degradarse.

La economía de Estados Unidos ya no es lo que era ni el planeta es lo que fue en los años cuarenta. Hoy Estados Unidos tiene una deuda total gigantesca, y además la cantidad de dólares que están dando vueltas por el mundo es monstruosa. Y es una cantidad irrespaldable por la economía estadounidense. Pero la rueda continúa girando porque ni hay aún alternativa a que no gire ni la economía planetaria soportaría un parón en seco de esa rueda.

Es una mera cuestión de confianza: se confía en que Estados Unidos pagará su deuda, que seguirán siendo buenos los dólares que imprime y con los que paga esa deuda que emite, y que la deuda estadounidense continuará siendo aceptada en todas partes, al igual que los dólares. La pregunta es: ¿seguirá todo eso siendo así?

> En España hay suelo recalificado y comprometido para 20 millones de viviendas. Se construyó sin sentido. Los promotores preveían que se necesitaban 300.000 viviendas anuales y, en cambio, construyeron el triple.
>
> Pilar Marcos, responsable de costas de Greenpeace, comentando el stock de viviendas pendientes de finalización y ya finalizadas sin vender.
>
> En 2006 percibíamos 1,7 millones por las licencias de obras. Y en lo que llevamos de año [julio de 2009] sólo hemos recaudado entre 10.000 y 20.000 euros.
>
> Mayte Huerta, alcaldesa de Roda de Barà, municipio de seis mil habitantes, en el que se inició la construcción de una urbanización para cinco mil personas que se halla paralizada, pero con alguna vivienda habitada y a la que el ayuntamiento debe dar servicio.
>
> Lluís Pellicer cita ambas declaraciones en «La costa es ya un cementerio de hormigón». *El País*, 27/7/2009.

En las últimas décadas todo boom económico habido en España ha estado vinculado a la construcción; el espectacular crecimiento experimentado por el país entre 1996 y 2007, y en concreto a partir de 2001, siguió el mismo patrón de siempre, aunque estimulado por dos factores: en 1997 se promulgó una nueva ley del suelo (Ley 7/1997, de 14 de abril, de Medidas Liberalizadoras en Materia de Suelo y de Colegios Profesionales), cuyo objetivo declarado era abaratar el precio del suelo, que con la entrada de España en el euro convierte a España en destino privilegiado para el capital ocioso almacenado en Centroeuropa y que buscaba fórmulas de rentabilidad.

Además, históricamente, el español siempre ha querido ser propietario de una vivienda. Carencias de renta ancestrales, razones culturales, búsqueda de seguridad... El hecho es que algo que en el pasado era tan difícil como la obtención de un crédito hipotecario para la adquisición de una vivienda, de repente se convirtió en algo muy accesible; y por un importe equivalente no sólo a una parte del precio de la vivienda, sino por bastante más del 100 % del importe de la vivienda, y con plazos de amortización que llegaron hasta los cuarenta años.

Las entidades financieras concedieron créditos a mansalva. Y en España, entre 2003 y 2006 se construyó un número de viviendas anuales que superaba a la suma de las construidas en Alemania, Francia e Italia. El paroxismo constructor fue tal que, mientras en la Unión Europea se construían anualmente entre 8 y 10 viviendas por cada 1.000 habitantes, en España se construyeron entre 20 y 30.

La construcción trajo consigo el crecimiento económico, pero también una enorme cantidad de inmigración, sobreconstrucción, actividades del sector servicios en número insostenible... Y cuando la capacidad de endeudamiento finalizó, todo se vino abajo. Se había creado un submodelo con fecha de caducidad, pero nadie se atrevió a mirar la fecha porque equivalía a parar la música en mitad de la fiesta. Algo muy parecido a lo sucedido con la vivienda aconteció también con la obra pública, sólo que en ella intervinieron fondos europeos y elementos políticos.

Pero la música dejó de sonar de golpe: cuando la capacidad de endeudamiento empezó a agotarse, en el año 2007. A partir de ahí comenzó el derrumbe.

> EE. UU. es ahora mismo más comunista que China. Pero se trata de un socialismo para ricos. Se está rescatando a los financieros, a los bancos y a la aristocracia de Wall Street, no a la gente humilde que quiere pagar su hipoteca.
>
> Jim Rogers, cofundador junto con George Soros del fondo Quantum, al comentar la estrategia del Tesoro de Estados Unidos en septiembre de 2008, cuando decidió rescatar a Fannie Mae y a Freddie Mac. Citado por David Fernández en «Cartas desde el infierno». *El País Negocios*, 16/5/2010.

La quiebra del banco Lehman Brothers el 15 de septiembre de 2008 tuvo los efectos de una explosión en el mismo centro del sistema financiero, lo que equivale a decir que ocurrió en el mismo centro del capitalismo. Pues había quebrado una institución con 158 años de historia, una institución perteneciente al grupo de entidades que se suponía estaba por encima de toda duda, las que hacían posible que la confianza se mantuviese incólume incluso en momentos de zozobra. Hablo de los bancos.

Tal vez algún día la Historia explique por qué se dejó caer a Lehman Brothers. Tal vez algún día la Historia dé respuesta a todos los interrogantes que plantea el film *Too Big to Fail* (Curtis Hanson, 2011). Pero el hecho es que la quiebra de Lehman mostró con la máxima crudeza dos cosas: 1) que la quiebra de más bancos habría dado al traste con todo el sistema económico, y 2) que los Estados iban a tener que rescatar, con dinero público, a las entidades financieras (y no sólo financieras) que lo necesitasen pues sólo así los agentes económicos iban a recuperar la confianza.

Las entidades estadounidenses Federal National Mortgage Association (Fannie Mae) y Federal Home Loan Mortgage Corporation (Freddie Mac), la primera creada en la Depresión, son entidades respaldadas por el Estado que permiten a los prestamistas la concesión de nuevos préstamos a partir de la titulación de los préstamos hipotecarios. Al derrumbarse el mercado de la vivienda y producirse una oleada de impagos a partir del año 2007, y sumarse este hecho a la pérdida de confianza en el sistema bancario tras la quiebra de Lehman, pesaba sobre el sistema entero la amenaza del estallido de un escenario semejante al del crash de 1929, aunque amplificado varias veces por el volumen de fondos implicados. Tanto en Estados Unidos como en todo el planeta, los Estados ayudaron y rescataron a numerosas entidades bancarias.

Posteriormente los rescates fueron objeto de análisis y de críticas. Pienso que, del mismo modo que el cataclismo vivido entre el verano de 2007 y el otoño de 2008 fue inevitable, y lo fue debido a cómo las cosas habían sido hechas en el mundo financiero; también fueron inevitables los posteriores rescates ya que el inmovilismo hubiese sido aún más catastrófico. Pero hubo decisiones que debieron haber sido tomadas y no lo fueron. Tendría que haberse analizado y depurado las responsabilidades de las personas físicas y jurídicas que precipitaron aquella catástrofe; y tendrían que haber sido liquidadas algunas entidades bancarias que eran manifiestamente inviables; tendría que haberse intervenido con expertos del Estado la gestión de las entidades rescatadas con fondos públicos; y tendría que haberse explicado muy detenidamente a la opinión pública por qué se hizo lo que se hizo cuando se hizo.

Porque una gran parte de esa opinión pública se quedó con una idea: que se había utilizado su dinero para salvar a unas empresas mal gestionadas a fin de que los mismos gestores continuasen haciendo lo mismo y de la misma manera, y percibiendo por esas actuaciones mayores remuneraciones incluso de las que habían percibido antes de la tragedia.

> Sí, estamos tomando el relevo de la biología: la evolución ya no es un fenómeno natural. Mediante el diseño de nuevos genes y organismos, podemos adelantarnos a la evolución en miles de millones de años.
>
> Craig Venter, hace diez años competidor privado en la carrera por secuenciar el genoma humano, y hoy el primero en obtener una célula sintética. Entrevista de Javier Sampedro en *El País,* 22/6/2010.

El principio de la evolución de Darwin fue propio de un instante en el que el sistema capitalista industrial estaba implantándose: sobrevive lo que se adapta; pero nada decía sobre las circunstancias que provocaban el cambio ni tampoco sobre las posibilidades de modificar las respuestas ante cambios que podían ser provocados.

Es decir, el modelo de Darwin era pasivo; pero la tecnogenética posibilita la programación de las respuestas en función de lugares a los que se quiera llegar y de funcionalidades que se precise alcanzar. Lo que supone estar ante una nueva realidad biológica.

> Francamente, no estoy seguro de que todo lo que está pasando en Francia sea por lo de las pensiones. Me parece más bien que es el elemento que hizo estallar un malestar muy amplio. La gente ve que se abre la brecha social entre clases, ve que la red de protección social se agrieta, y siente que pagan siempre los mismos.
>
> Roland Graille, biólogo marino, de cuarenta y ocho años de edad, residente en Marsella, al comentar las huelgas y manifestaciones que se estaban produciendo en Francia desde mediados de octubre por el endurecimiento de las condiciones para acceder a una pensión de jubilación; las protestas se diluyeron a finales de ese mes, con el periodo de vacaciones de Todos los Santos. Citado por Andrea Rizzi en «Marsella encabeza el malestar francés». *El País,* 21/10/2010.

> Cuando un país pierde el control de sus finanzas públicas la gente que va a sufrir más son los pobres.
>
> George Osborne, canciller del Exchequer del gobierno británico, del Partido Conservador, al comentar las reacciones al recorte de 91.000 millones de euros en el presupuesto (20.000 en protección social) y los 520.000 despidos en el empleo público. Citado por Walter Oppenheimer en «El Gobierno británico cierra filas ante la dureza del ajuste». *El País*, 22/10/2010.

> Todo el mundo se ha vuelto más egoísta, la solidaridad no existe, ya nadie ayuda a nadie. No sé mucho sobre la deuda, pero sé que esta crisis es una mierda porque la van a pagar los mismos de siempre, y da igual que gobierne la izquierda o la derecha porque los que mandan son los bancos, los financieros.
>
> Diabira, joven negro de veinticuatro años de edad, empleado en una planta de la empresa automovilística PSA Peugeot en la *banlieue* de Saint-Ouen, al norte de París, en el departamento de Seine-Saint Denis. Citado por Miguel Mora en «El euro fue una trampa para pobres». *El País*, 20/11/2011.

Aquel modelo de protección social amplio y generoso que en los años sesenta cobijaba a parte de la ciudadanía de Europa, y que hasta tuvo su contrapartida en Estados Unidos con la administración de Lyndon Johnson, empezó a decaer tras la primera crisis del petróleo: como habían crecido los costes de producción, no había dinero para todo y había que recortar por algún lado; y la cuerda se rompió por la parte más débil.

A partir de ahí, lenta, pero imparablemente, se fue produciendo una poda progresiva en las prestaciones sociales, poda que no necesariamente fue siempre en términos económicos ya que éstos se combinaron con el endurecimiento de las normativas de acceso. En parte, y en algunas ocasiones, las acciones de poda fueron vestidas con argumentos ideológicos; otras con razonamientos de eficiencia; y en todo eso el color político influyó muy relativamente: en un mismo país, hubo ocasiones en las que gobiernos *de izquierdas* podaron más de lo que lo habían hecho otros *de derechas*.

El penúltimo capítulo de esta continuada disminución en el modelo de protección social es el que afecta a las pensiones, pero no ha habido ámbito que, de uno u otro modo, no se haya visto afectado: sanidad, educación, prestación por desempleo, dependencia, becas, ayudas a la pobreza... En unos países más que en otros, y en unos apartados más que en otros. Tras la fijación como objetivo prioritario en Europa de la reducción del déficit (en mayo de 2010), la reducción de los gastos sociales y el aumento de las dificultades para acceder a ellos se dispararon.

Es un tema presupuestario, de ingresos y gastos, claro, pero en realidad va mucho más allá. En el fondo tiene que ver con la necesidad decreciente de factor trabajo en un entorno de excedente de población activa, junto a un retroceso en los ingresos públicos debido a la caída de la actividad económica lastrada por una deuda que pesa como una losa sobre Estados, empresas y familias, y amplificado por la no necesidad de mantener el orden público por medio de gasto social debido a que ahora se puede mantener a través de otras vías.

Aquel estado de bienestar que empezó a manifestarse con el New Deal y que se implantó abiertamente tras la Segunda Guerra Mundial puede darse prácticamente por acabado. El individuo, en términos de ayudas, cada vez está más solo, por lo que cada vez debe ser más responsable de sí mismo.

> El contrato social se está empezando a deshacer en muchos países. La incertidumbre y los miedos a la exclusión han alcanzado a la clase media en muchas sociedades, la gente siente que está sufriendo una crisis de la que no es responsable, mientras esos con altos ingresos resultan perdonados.
>
> Ángel Gurría, secretario general de la OCDE, en la presentación del informe «Estamos divididos. Por qué la desigualdad sigue creciendo». Citado por Amanda Mars en «La brecha entre ricos y pobres se dispara al nivel más alto en 30 años». *El País,* 6/12/2011.

> No recibía tantas peticiones de ayuda desde el fin de la ocupación nazi. No se había visto una situación tan desesperada desde la Segunda Guerra Mundial. Hay muchísimas familias necesitadas en todas partes.
>
> Julien Lauprêtre, presidente de la organización Socorro Popular Francés, cuyo objetivo es llevar asistencia alimenticia y de primera necesidad a los necesitados, al comentar la situación de carencia generalizada que ha ocasionado la crisis. Citado por Natalia Junquera en «Aperitivo con...» en *El País,* 27/6/2012.

La combinación de desempleo creciente del factor trabajo, retroceso en el modelo de protección social y pérdida de importancia de *lo público* y su sustitución por *lo privado* provocó un aumento incontenible de la desigualdad en la distribución de la renta, o, al menos, esa desigualdad se manifestó con más fuerza. De hecho ya había empezado a crecer desde mediados de la década de los setenta, lo que sucedía al principio es que el gasto social la difuminaba.

El primer texto citado se refiere a un informe elaborado por la OCDE. Una de las conclusiones del informe dice que en los países que forman parte de la organización el número de veces que la renta media del 10 % más rico de la población supera a la del 10 % más pobre ha pasado del 7,6 a mediados de los ochenta a 9,6 en el año 2008. El segundo texto citado habla de un retroceso social impensable hace diez años. Pero son numerosísimos los estudios que, desde mediados del 2010, han abordado el tema de la desigualdad y de la pobreza. Y lo peor es que todo apunta a que una y otra van a seguir creciendo debido a que los elementos amortiguadores (empleo, ayudas sociales, apoyo familiar...) se están reduciendo.

Junto a eso, una sensación que va más allá de la injusticia porque va más allá de la ética: la sensación de que quienes participaron activamente en la generación de la crisis han quedado al margen de sus efectos, bien porque entraron en ella con un gran nivel de riqueza, bien porque continúan gestionando los mismos ámbitos de poder que gestionaban.

Y aún más: observamos el desamparo de las gentes que ven que el valor real de sus rentas disponibles cae porque tienen que soportar el pago de unos impuestos crecientes; unos impuestos que se utilizan para enjugar el déficit presupuestario. Mientras, esas mismas gentes ven cómo *los ricos* se benefician de las posibilidades que ellos tienen de librarse de la carga fiscal porque el sistema les ofrece herramientas fiscales inaccesibles para la mayoría.

La desigualdad está aumentando, pero la publicidad que se hace de esta situación está aumentando de igual modo. ¿El motivo? Es sencillo y fácil personalizar el problema en unos nombres y en unos rostros. Ahora bien, el problema de la desigualdad es otro: radica en el reducido tamaño de las rentas bajas y la cuasi imposibilidad de que crezcan, puesto que para que crecieran sería necesario que aumentara la demanda de trabajo, y el crecimiento de las rentas salariales, y eso...

> Pregunta: ¿Qué idea de Europa apoya usted para volver a motivar a los ciudadanos europeos, para devolverles la magia a Europa? ¿Una Europa federal? ¿Una Europa de naciones?
> Respuesta: [...] Mi postura es la de una Europa que avance a varias velocidades, con diferentes círculos. Podemos llamarlos de

> vanguardia, los Estados precursores, el núcleo duro, no importa, lo que cuenta es la idea. Tenemos una eurozona que requiere una nueva forma de gobernar.
>
> François Hollande, presidente de la República Francesa. Entrevista de Berta González Harbour en *El País,* 18/10/2012.

La respuesta que da el presidente de la República Francesa hubiese sido imposible hace quince años. Entonces la idea que movía Europa era la de *avanzar todos juntos*, pero en 2012 eso ya no era posible.

François Hollande fue elegido presidente cinco meses después de realizarse esta entrevista, y fue elegido con un programa que a los pocos meses ya se demostró impracticable. En su programa hablaba de Francia, pero iba dirigido a unos electores que prácticamente siete años atrás habían rechazado en referéndum el proyecto de Constitución Europea, lo que significó la puntilla para algo en lo que cada vez se creía menos.

La idea de la Europa que ha estado desarrollándose en estos últimos años nació en 1957, en unos momentos en los que se pensaba que todo era posible porque todo estaba por hacer y en los que la situación de guerra fría que se estaba viviendo favorecía muchos entendimientos; pero nada de eso se daba ya en 2012, cuando todo lo llenaba la idea de supervivencia y el dolor por el estándar de vida perdido.

Las palabras del presidente Hollande escenifican muy bien el final de una época. Ya se ha admitido que no todos somos iguales y que no todos podemos hacer las mismas cosas ni hacerlas a la misma velocidad, de ahí lo de las varias velocidades. Claro que, echando la vista atrás, la idea no es nueva: ya en 1996, cuatro años después de la firma del Tratado de Maastricht, Alemania y Francia enunciaron la idea de una Europa de geometría variable determinada por los Estados que deseasen avanzar más lejos y más rápido de lo que determinaba el tratado. Entonces la idea se archivó porque no era el momento.

Siempre se supo que no existía una sola Europa, sino varias. Con el euro, al principio, las diferencias se camuflaron porque era imprescindible que los diferentes riesgos-país se igualasen a fin de facilitar los negocios, pero todo eso se acabó y las diferencias vuelven a la casilla de salida. Probablemente, aquella Europa imaginada hace más de medio siglo en Roma ya no sea posible porque lo que propició su nacimiento hace tiempo que se ha ido; y por ello tal vez haga falta pensar otra Europa: la de las zonas potentes y con posibilidades reales.

Aunque de esa Europa tampoco habla el presidente Hollande, porque supondría que el concepto de *Estado* ha perdido su significado.

> El mundo hoy está tan despierto, tan activo políticamente, que ninguna potencia puede ser hegemónica [...]. La responsabilidad de América en este caos debe ser compartida con cualquiera que participe en él. El caos no es producto de un solo país. El orden, tampoco.
>
> Zbigniew Brzezinski, consejero de Seguridad Nacional en la administración Carter (1977-1981). Entrevista de Marc Bassets en *El País*, 21/7/2014.

Resulta sintomático —¿o no?— que estas palabras hayan sido pronunciadas por la misma persona que ya en julio de 1973, en un artículo publicado en la revista *Foreign Affairs* («U. S. Foreign Policy: The Search for Focus»), advertía de las consecuencias que podía tener el declive del poder mundial de Estados Unidos y la aparición de nuevos focos de poder con los que Estados Unidos debería compartir y competir.

Resulta sintomático porque Brzezinski, desde el mismo 1973, comenzó a pensar desde otra perspectiva —¿verdaderamente distinta?— como primer director de la Comisión Trilateral, que se fundó ese mismo año a instancias de David Rockefeller y en cuyo diseño Brzezinski participó.

A partir de 1973 las cosas empezaron a ser diferentes porque el poder económico pudo empezar a hacer las cosas de otro modo a fin de mejorar sustancialmente las rentabilidades del capital en un entorno de recursos limitados y con el modelo de protección social en retroceso. Y para ello había que pensar en global y abandonar la perspectiva local.

Brzezinski advertía de las consecuencias de la aparición de otros actores en el contexto mundial, y decía que por este motivo había que prepararse para tal escenario, un escenario que hoy ya se ha alcanzado.

Aunque ¿por qué el orden tiene que ser algo que consigan sólo uno o varios Estados? ¿Por qué, dando un paso más, no podría ser producto de las grandes corporaciones con presencia en múltiples países y con auténtica visión posglobal?

> [...] a los franceses no les interesa saber si [el programa] es de izquierdas o derechas. Quieren pragmatismo.
>
> Manuel Valls, primer ministro de la República Francesa en un gobierno del PSF, al comentar el Pacto de Responsabilidad y Solidaridad y el Programa de Estabilidad aprobados ambos por la Asamblea Nacional el 23 de abril del 2014. Entrevista de Carlos Yárnoz y Manuela Cañas en *El País*, 23/7/2014.

Un titular de la primera página de *El País* de ese mismo día, 23 de julio, lo decía casi todo: «La izquierda puede morir si no se reinventa, si niega el progreso». Lo decía Manuel Valls, primer ministro de Francia.

Ésta, la que propone el primer ministro francés, será la tercera reinvención de la *izquierda.* La primera se produjo en 1959, cuando el SPD alemán renunció al ideario marxista; más adelante fueron llegando a ese mismo lugar todos los demás partidos socialistas. La segunda tuvo lugar en 1995 con la adopción de la tercera vía por parte del Partido Laborista; fue la que llevó al New Labour a gobernar Gran Bretaña en 1997. Parece que llega la tercera. Hay que destacar que en cada *reinvención,* la izquierda ha perdido trozos de lo que originariamente le caracterizó: la reducción de las diferencias entre, primero, *opresores* y *oprimidos*; luego, simplemente, entre *ricos* y *pobres*; y esa tarea la abordó desde 1869 en los parlamentos y, desde la Segunda Guerra Mundial, con el modelo de protección social (el cual la derecha nunca criticó oficialmente hasta 1980).

Bien, en estas reinvenciones (de *revisionistas* hubiesen sido calificadas por el marxismo), la izquierda ha ido renunciando a características que la habían definido, de ahí que la izquierda de Tony Blair fuese calificada de «social-liberalismo» y que en España el segundo gobierno de Rodríguez Zapatero empezase los recortes de gasto e introdujese la reforma del artículo 135 de la Constitución. Ahora, en Francia, Manuel Valls plantea una reinvención de la izquierda, tras la aprobación parlamentaria de un programa elaborado por su gobierno que, a lo largo de los próximos años (2015-2017), recortará gasto público por valor de 50.000 millones de euros (en todas las partidas menos en educación) y reducirá impuestos por valor de 40.000 millones, con el objetivo de reducir el déficit público desde el 4,3 % al 1,3 %, y la deuda pública desde el 95,6 % al 91,9 % en el 2017.

Es como si a la izquierda se le hubiese agotado el camino porque en el terreno donde se estaba moviendo no quedase ya margen de actuación: actualmente hay escasos recursos económicos y se ha aceptado que los mercados y las corporaciones son las que marcan la pauta; luego, si la izquierda quiere sobrevivir tiene que *reinventarse* e ir perdiendo cada día más de aquella esencia que la caracterizaba. La otra posibilidad, la huelga revolucionaria: Asturias 1934, por ejemplo, ya no está de moda.

El problema es que se continúa llamando PSF, *Partido Socialista Francés*, cuando Manuel Valls se encuentra a miles de años luz de Léon Blum, de forma que si el líder del Partido Socialista Unificado —sección francesa de la Internacional Obrera— regresara de su tumba, se quedaría boquiabierto al ver en qué se ha convertido aquel PSF que él conoció.

En resumen. El Socialismo pudo *hacer cosas* cuando: a) el factor trabajo era imprescindible para generar PIB; b) existían expectativas ciertas de mejora generalizada; c) se disponía de recursos para todos (por lo que los ricos aceptaban ser un poquito menos ricos); y d) se daba la posibilidad de que el movimiento obrero pudiera alterar la paz social (cosa a la que ayudó mucho la existencia del llamado en su momento *socialismo real*, durante la guerra fría). Nada de eso se da hoy, por lo que a la izquierda, según parece, sólo le queda reinventarse.

Ahora comparen esta frase con el fragmento de la obra de Gonzalo Fernández de la Mora, *El crepúsculo de las ideologías*, que figura en la página 84 de esta obra.

(Es imprescindible repasar la entrevista a Manuel Valls que *L'Obs*, antes *Le Nouvelle Observateur*, publicó el 22 de octubre de 2014: http://tempsreel.nouvelobs.com/politique/20141022.OBS2779/exclusif-manuel-valls-il-faut-en-finir-avec-la-gauche-passeiste.html).

> Pregunta: ¿Qué nos están robando las nuevas tecnologías?
> Respuesta: Nos están robando el desarrollo de preciosas habilidades y talentos que sólo se desarrollan cuando luchamos duro por las cosas. Cuanto más inmediata es la respuesta que nos da el software diciéndonos a dónde ir o qué hacer, menos luchamos contra esos problemas, y menos aprendemos. Nos roba también nuestro compromiso con el mundo. Pasamos más tiempo socializando a través de la pantalla, como observadores. Reduce los talentos que desarrollamos y, por tanto, la satisfacción que se siente al desarrollarlos.
>
> Nicholas Carr, escritor y ensayista estadounidense sobre temas tecnológicos. En el 2011 fue finalista del Premio Pulitzer en el género de no ficción con la obra *The Shallows: What the Internet Is Doing to Our Brains*. Entrevista de Joseba Elola en *El País*, 21/9/2014.

> En Estados Unidos y Europa debemos impulsar una industria automatizada, muy productiva y competitiva en precios y productos. Volver a fabricar, y hacerlo de forma distinta para mantener una mano de obra muy cualificada que atraiga a los jóvenes universitarios. Eso sólo se consigue con una tecnología y una estructura fabril diferentes de las que se usan ahora.
>
> Juan Mulet, director de la Fundación Cotec para la Innovación Tecnológica, al comentar la relocalización de actividades industriales deslocalizadas en décadas anteriores a países de bajos costes de personal. Cita-

do por Susana Blázquez en «Occidente busca revivir la industria». *El País Negocios*, 19/10/2014.

Al final acabamos volviendo a la tecnología porque todo empieza y acaba con la tecnología. Siempre que se ha producido un cambio de sistema ha habido un cambio tecnológico y, en numerosas ocasiones, cuando ha tenido lugar un cambio de modelo la tecnología ha dado un salto cualitativo y cuantitativo. Sucedió con la Revolución Industrial, y con la energía nuclear y con el hiperdesarrollo del automóvil tras la Segunda Guerra Mundial.

Hasta ahora la tecnología siempre ha aportado nuevos quehaceres a medida que iba destruyendo quehaceres antiguos, de tal modo que se requerían nuevas habilidades a medida que las antiguas desaparecían. Hasta hoy.

El nuevo modelo está naciendo con unas tecnologías cuya misión consiste en reducir el consumo de todo tipo de insumos, desde manganeso hasta madera, pasando por agua y energía y acabando por factor trabajo. Las tecnologías que actualmente se están desarrollando se orientan al uso eficiente de cualquier recurso productivo, y también consuntivo. Por lo tanto se puede deducir que el modelo será simplificador de la mayoría de los procesos usuales en el día a día de la inmensa mayoría de la población. Y posiblemente donde más se perciban los cambios será en el sector industrial, por el contraste que supone con *la antigua forma de hacer las cosas*.

Y como siempre que se produce un cambio tecnológico, esta nueva época de cambios tendrá consecuencias. Dejarán de ser utilizadas unas habilidades hasta ahora usadas, dejarán de ser necesarias las cantidades y los tipos de factores hasta ahora empleados; y todo eso será inevitable, porque las tecnologías que llegan permiten hacer cosas que o no se hacían o se hacían más lentamente, o desperdiciando recursos o, simplemente, se hacían de otra manera que en aquel momento parecía más idónea. Pero también, y de forma inevitable, el cambio tecnológico supondrá el abandono de cosas que hace unos años eran propias de la humanidad, como la privacidad, la libertad de equivocarse, el quedar habitualmente con alguien para charlar y tomar una cerveza o, como dice Mr. Carr en otro momento de la entrevista, esforzarse por utilizar correctamente el lenguaje al escribir algo, porque ¿para qué preocuparse por escribir bien si un dispositivo o un programa se ocuparán de la forma más limpia, eficiente y cómoda de conseguirlo?

Se volverán a llevar a cabo procesos que se dejaron de utilizar hace tiempo, pero se implementarán de formas diferentes: automatizadas, muy productivas, competitivas.

> La web ahora está en pantallas grandes, tabletas y teléfonos, pero pronto invadirá relojes y aparatos que están por llegar. [...] El límite de las máquinas no es su potencia, sino nuestra imaginación. Al programar no se debe pensar sólo en la página, sino también en el contenido que alberga en su interior.
>
> Tim Barnes-Lee, el creador de la World Wide Web, el entorno que posibilitó el inicio de la popularización de internet, en la celebración del 25.º aniversario de la www que tuvo lugar en el Museo de la Historia de la Informática, en Mountain View (Silicon Valley, California). Citado por Rosa Jiménez Cano en «El límite de las máquinas es la imaginación». *El País*, 29/10/2014.

Robotización y automatización, pero de producciones a medida, de series pequeñas, por pedido, incluso individualizadas, y recurriendo a métodos productivos en muchos casos monofase a través de la impresión en 3D, lo que reducirá varias fases o todas las fases.

¿Dónde estarán las fábricas? Puede que en el parking abandonado de dos calles más abajo de donde usted reside, o en una estación de metro en desuso, o en una mina que ya no es productiva. También puede que esté en la tienda de al lado, esa donde venden piezas u objetos pequeños que se han roto accidentalmente: la varilla de las gafas, la tapa de la tetera...

Se aproximan las producciones a los lugares de utilización y consumo, se reducen las distancias; lo cual permite la simplificación de procesos, la producción por impresión. A eso añadan el teletrabajo, que ya se dará en el 100 % del tiempo de trabajo, o en un porcentaje muy elevado, y la sofisticación de las comunicaciones a distancia, lo que incide en los desplazamientos y en la movilidad profesional: ambos caen en picado porque dejarán de ser necesarios.

Cuando en el 2005 empezamos a hablar de todo esto, sonaba al mundo de Flash Gordon, pero ya hemos llegado a ese mundo. ¿Quién puede ir en contra de la eficiencia que todo lo anterior supone? Nadie en pura lógica; pero, al mismo tiempo, todo eso tiene consecuencias: la forma de producción actual, las máquinas, las instalaciones quedarán obsoletas, anticuadas: lo que implica problemas si no se encuentran totalmente amortizadas. Y lo principal: se producirá un creciente excedente de factor trabajo y de subempleo del ocupado, a no ser que éste cuente con la cualificación precisa en cada momento. La ocupación tenderá a ser por demanda puntual.

Eficiencia creciente. Movilidad en descenso. Desempleo estructural al alza. ¡Bienvenidos al mundo de Flash Gordon!

Efectivamente: el límite de la tecnología se halla en la imaginación.

CRONOLOGÍA

2010 (Mayo, 2.ª semana) El presidente del gobierno español anuncia que se tomarán una serie de medidas legislativas a fin de sanear la economía, medidas que supondrán un giro radical en la política social aplicada hasta ese momento. El inicio es la reducción del salario de los funcionarios en un 5 % y la congelación de las pensiones.

— (7 de junio) El primer ministro británico manifiesta que van a ser necesarios profundos recortes de gasto a fin de afrontar el déficit y la deuda; concretamente dice: «[el ajuste] afectará a nuestra economía, a nuestra sociedad y desde luego a nuestra forma de vida» (*El País*, 8/6/2010). En Alemania el gobierno presenta un plan de reducción del gasto público en un monto global de 80.000 millones de euros entre el 2011 y el 2014, centrado sobre todo en el gasto social.

— (Junio) El gobierno británico plantea establecer a partir del 2011 un cupo permanente de inmigrantes extracomunitarios.

— (26 de junio) En Italia la compañía Fiat amenaza a los trabajadores de la planta de Pomigliano d'Arco con llevar la producción del nuevo Panda a Polonia si no renuncian a una serie de derechos laborales, entre ellos el derecho a la huelga.

— (26 y 27 de junio) Cumbre de Toronto del G-20. La idea central: sustitución de la fase de las políticas públicas de estímulo y de los paquetes de rescate financiero por la idea de consolidación fiscal (recortes de gasto público). Incapacidad de alcanzar un acuerdo sobre imposición universal a las entidades financieras. Pero sí hay acuerdo en dar por finalizados los estímulos fiscales y dedicar esfuerzos a reducir los déficits, decisión marcada por los mercados debido a los crecientes volúmenes de deuda pública de varios países europeos.

— (29 de junio) En Alemania la compañía Siemens presenta solicitud para poder operar como banco.

— (19 de julio) El primer ministro británico David Cameron profundiza en el concepto de *Big Society*: reducir el peso del Estado e incorporar a la ciudadanía a la gestión del día a día. La idea es que el Estado está para ayudar al ciudadano, pero que a su vez el ciudadano ha de ayudar al Estado, es decir, a la sociedad. Con *The Big Society* la ciudadanía se ayuda a sí misma a través de su propia comunidad. («Hay demasiada gente que piensa que, como ha pagado sus impuestos, el Estado se lo ha de hacer todo. Pero la ciudadanía no es una transacción: tú pagas tus impuestos y recibes servicios. Es una relación: tú eres parte de algo más grande que tú mismo y es importante lo que tú piensas, sientes y haces». «El estado de nuestra nación no se determina sólo por lo que hace el gobierno y quienes lo rigen; lo determinan millones de acciones individuales, aquello que cada uno de nosotros decide hacer o no hacer». David Cameron el 6/10/2010, en el congreso del Partido Conservador de Birmingham. *El País,* 6/10/2010). El sistema se sustenta en tres patas: 1) descentralización (del poder central al local y desde éste a las comunidades de vecinos); 2) transparencia (los ciudadanos han de estar informados); 3) dinero (pagar a los proveedores de servicios en función de sus resultados).

— (30 de julio) El presidente Nicolas Sarkozy pronuncia en Grenoble un discurso donde vincula *delincuencia* e *inmigración.*

— (9 de septiembre) El científico Stephen Hawking publica *The Grand Design*, un libro en el que defiende que no es necesaria la figura de Dios para explicar la existencia del universo, ya que a partir de las leyes de la física el universo pudo crearse a sí mismo de la nada.

— (20 de diciembre) La OCDE publica su informe anual sobre la economía española, en el que plantea una operativa respecto al funcionamiento de ciertos aspectos del modelo de protección social:

A) Mercado de trabajo: 1) diseñar un contrato de trabajo único que no distinga entre fijo y temporal, con una indemnización creciente según la antigüedad, 2) abaratamiento del despido, 3) eliminación de la ultraactividad en los convenios colectivos, 4) flexibilización de la negociación colectiva y facilitación de las cláusulas de descuelgue en los convenios, 5) eliminación de las cláusulas de mantenimiento del poder adquisitivo ante la inflación, 6) vinculación entre percepción de un subsidio por desempleo y búsqueda de empleo.

B) Jubilaciones: 1) prolongar la edad de jubilación de modo que se vincule a la esperanza de vida, aumentando automáticamente aquélla a medida que lo haga ésta, 2) reducir la duración y los importes de los subsidios que se pagan a los trabajadores de mayor edad (hasta su eliminación) a fin de retrasar su edad de jubilación (si no están ocupados aceptarán lo que se les ofrezca y en las condiciones que se les ofrezcan), 3) eliminar la jubilación parcial, 4) aumentar las cotizaciones para aquellos trabajadores que prolonguen demasiado tiempo su jubilación (para que liberen puestos de trabajo).

C) Pensiones: 1) considerar toda la vida laboral para el cálculo de la pensión, 2) aumentar el plazo de cotización para tener acceso a una pensión, 3) endurecer la normativa para percibir pensiones de viudedad, 4) si existen, suprimir regímenes especiales; en España: pesca, minería, 5) «reducir la generosidad de las prestaciones en relación con las contribuciones». (*El País*, 21/12/2010).

D) Fiscalidad: 1) aumento del IVA en aquellos bienes que tengan un impuesto reducido y superreducido, 2) reducción del impuesto sobre beneficios a grandes empresas, 3) eliminación de los tipos reducidos en el impuesto sobre beneficios a pymes, 4) disminución de las cotizaciones sociales que pagan las empresas.

2011 (12 de enero) El World Economic Forum publica «Global Risks 2011», su informe anual de riesgos globales, en el que contempla la posibilidad de quiebra de un país europeo; afirma que un creciente número de Estados a nivel mundial pueden colapsar a lo largo de los próximos diez años; y denuncia lo limitado de la oferta de *commodities* en relación a la demanda que de ellas puede preverse.

— (4 de febrero) Reunión del Consejo Europeo. Alemania (con apoyo de Francia) presenta el Pacto de Competitividad: 1) fijar en las constituciones nacionales un límite al déficit o a la emisión de deuda, para lograr el equilibrio presupuestario, 2) eliminación de la vinculación del nivel de los salarios a la inflación (hacerlo es una de las principales causas de la inflación), 3) elevar la edad de jubilación hasta los 67 años y adaptarla en función de la evolución de la esperanza de vida, 4) fijar una misma base fiscal para el cálculo del impuesto sobre beneficios (primer paso hacia la armonización fiscal), 5) establecimiento de un proceso para la resolución de crisis en las entidades financieras, 6) reconocimiento de los títulos emitidos por los países miembros de la UE en toda la UE (a fin de elevar la oferta de trabajo y que la demanda pueda escoger lo mejor).

— (25 de marzo) En Bruselas se sientan las bases del gobierno económico europeo. Se acuerdan: 1) el Pacto del Euro Plus, 2) el Mecanismo Europeo de Estabilidad, que no deja de ser un fondo de rescate, 3) el Pacto de Estabilidad y Crecimiento, y, adicionalmente, las seis medidas que incrementan la vigilancia presupuestaria y la realización de pruebas de resistencia bancarias más severas. El Pacto del Euro Plus se basa en una serie de acuerdos obligatorios para la UEM, y voluntarios para los restantes miembros de la UE que quieran suscribirlos: a) búsqueda del equilibrio presupuestario a base del control del gasto en protección social: prestaciones sociales, sanidad y pensiones; b) impulso de la competitividad a través de la contención salarial; c) fomento de la ocupación vía reformas del mercado laboral; y d) refuerzo de la estabilidad financiera con nuevos *stress tests* y nuevos instrumentos de supervisión.

— (7 de abril) El FMI publica un informe en el que prevé que se produzca una escasez de petróleo en los próximos años y en el que indica a los gobiernos que se preparen para afrontar el problema. El suministro puede caer un 3,8 %, lo que implicaría el descenso de casi el 1 % en el crecimiento mundial.

Asimismo, publica un documento interno («Gestionando la

abundancia en América Latina para evitar la crisis») en el que apunta que el boom latinoamericano se basa en circunstancias externas: el exceso de liquidez que ha derivado en la entrada de capitales en la región y el incremento de los precios de las *commodities*, circunstancias que pueden desaparecer en no mucho tiempo.

— (16 de abril) Los ministros de Economía del G-20, reunidos en Washington para la cumbre de Primavera del FMI, acuerdan profundizar en la gobernabilidad mundial, para ello deciden: 1) elaborar una lista de países que, en caso de que tuvieran problemas de déficit, deuda pública, falta de ahorro, deuda privada, déficit comercial y flujos de liquidez, podrían ocasionar impactos negativos en la economía planetaria, 2) establecer unos límites a partir de los que, si se incumplen, los países serán considerados problemáticos, con las consecuencias para ellos que eso tendrá, 3) definir el *peso sistémico* de un país. A partir de que alcance cierto porcentaje del PIB mundial, se supone que ese país podría, si tiene problemas graves, causar daño al sistema; se acuerda que un PIB equivalente al 5 % del mundial concede tal capacidad (a estos países se les exigirá un mayor cumplimiento del apartado 2); en esa circunstancia se hallan Estados Unidos, Japón, el Reino Unido, Alemania, Francia, China e India.

— (18 de agosto) La cotización del oro supera por primera vez los 1.800 dólares la onza y la del yen los 76,25 yenes por dólar, la cotización más elevada desde el fin de la Segunda Guerra Mundial y, unos días antes, el cambio del franco suizo los 0,97 francos por euro, la más elevada de la historia. El motivo es idéntico: la búsqueda por parte de los inversores de un refugio ante el miedo y la incertidumbre reinantes. El 22 de agosto, la cotización del oro alcanzó los 1.910 USD/onza.

— (25 de agosto) En España, el gobierno y el Partido Popular (que gobierna desde diciembre de 2011) acuerdan que la reforma constitucional recogerá la necesidad estructural del equilibrio presupuestario, que será considerado imprescindible para obtener cualquier otro objetivo; por medio de una Ley Orgánica —que debía aprobarse antes del 30/6/2012— se cuantificará que el déficit estructural del conjunto de las administraciones públicas no podrá superar el 0,4 % del PIB a partir del año 2020, siendo el límite de la administración central el 0,26 %, y el de cada región el 0,14 %; además, los ayuntamientos deberán alcanzar el equilibrio presupuestario. Por otro lado se declara prioritario, por encima de cualquier otro compromiso, el pago de la deuda pública así como de sus intereses; y se incluye el límite del 60 % en relación al PIB, el saldo permisible de deuda pública viva en un momento determinado, sin corrección alguna sea cual sea la situación económica existente (ni siquiera Alemania es tan estricta en este punto).

— (5 de septiembre) El consejero delegado del Deutsche Bank, Josef Ackermann, se refiere a la «nueva normalidad»: una situación caracterizada por la volatilidad y la incertidumbre que afecta a los mercados y al sector financiero al estar vinculados *deuda* y *negocio bancario*.

— (24 de octubre) El Vaticano manifiesta que sería necesario crear un Banco Central Mundial de dimensión y alcance planetarios que estaría formado a partir de la cesión libre de partes de soberanía de los Estados; con ello se conseguiría superar el anacronismo de una división en Estados nacida según los principios de la Paz de Westfalia. Tal división, cuando la globalización es ya un hecho irreversible, no parece lógica. Su función sería «crear mercados eficientes y eficaces para que no estén protegidos por políticas nacionales paternalistas». El banco «regularía el sistema de los cambios monetarios» y las actividades «bancarias y financieras» basándose en «lo espiritual y la ética». El Vaticano considera que el FMI es incapaz de garantizar la estabilidad financiera mundial.

— (8 de noviembre) El presidente francés dice en Estrasburgo: «Nadie piensa que el federalismo, la integración total, sea posible con 33, 34 o 35 países. [...] No habrá moneda única sin una mayor integración fiscal y hacia ahí es hacia donde vamos. Claramente habrá dos velocidades europeas: una velocidad hacia una mayor integración de la zona euro, y una velocidad más conferederal de la zona euro» (*El País*, 11/11/2011).

— (12 de noviembre) El presidente de Italia, Giorgio Napolitano, encarga a Mario Monti, un técnico que había trabajado en el banco Goldman Sachs y que había sido Comisario Europeo de la Competencia, la formación de un gobierno de consenso. El 16 de noviembre Mario Monti presenta un gobierno formado exclusivamente por técnicos que gobernará el país hasta 2013. El Parlamento y el Senado bendecirán las decisiones que adopte este gobierno.

— (1 de diciembre) En un discurso pronunciado en Toulon, el presidente de Francia, Nicolas Sarkozy, dice que es necesario refundar Europa y la zona euro. Manifiesta que es necesario un mayor control presupuestario, con acuerdos y sanciones para quienes no lo cumplan, y añade que los miembros del euro deben ser solidarios: todos deben actuar con más disciplina y responsabilidad porque lo importante es el conjunto. Dice que la crisis va durar.

2012 (Enero) En el número de enero-febrero de la revista *Foreign Affairs*, Francis Fukuyama publica el artículo «The Future of History», en el que plantea que la clase media occidental se halla en peligro debido a que la izquierda se ha quedado sin programa porque sus antiguos planteamientos no tienen ya cabida, mientras que si se adapta a la realidad su existencia deja de tener sentido. Sin embargo, la izquierda ha sido la defensora de los intereses de la clase media (la clase obrera era en Occidente la clase media), por lo que nadie representará a la clase media.

— (9 de enero) Alemania emite 3.900 millones de deuda pública a seis meses a un interés medio del –0,0122 %. Es la primera vez que algo así sucede. El motivo es la seguridad y el refugio que brinda la inversión en estos activos alemanes.

— (11 de enero) El World Economic Forum, en su informe anual «Global Risks 2012», plantea un escenario de inestabilidad, desigualdad, empobrecimiento e inseguridad para los próximos diez años, una situación que está definiendo la *Dystopia*, un estado generalizado de desesperanza y problemas, lo contrario a la *utopía*, y que llevará a retrocesos en los niveles de bienestar conseguidos en el pasado.

— (30 de enero) Ante la imposibilidad de reformar el Tratado de la Unión Europea, porque eso requiere unanimidad, los 25 países de la UE (los 27 miembros, menos el Reino Unido y la República Checa) firman el Tratado de Estabilidad, Coordinación y Gobernanza de la UEM, impulsado por Alemania: 1) la única opción será el equilibrio presupuestario o el superávit fiscal, y se permitirá como máximo un déficit estructural del 0,5 % (que debe cumplirse durante el ciclo económico: déficit en los años de decrecimiento y compensarlo con superávit en los de crecimiento), 2) esta norma —*norma de oro*— deberá ser incorporada a las constituciones de los países firmantes, 3) se firmó el 1 de marzo de 2012 y entró en vigor el 1 de enero de 2013, 4) la Comisión Europea o cualquiera de los firmantes podrá denunciar ante el Tribunal de la Unión Europea a quienes no incluyan esta norma en su Constitución, 5) este tribunal podrá imponer multas de hasta el 0,1 % del PIB a los países que no hayan incorporado la norma a su Constitución, 6) en los casos en que se supere ese límite de déficit, se activarán mecanismos de corrección. (Paralelamente se reitera la norma que fija que, cuando la deuda pública de un país supere el 60 %, deberá reducir el exceso 1/20 por año).

— (11 de abril) El FMI manifiesta que ha podido subestimarse la evolución de la esperanza de vida de la población después de los sesenta años de edad, de tal modo que en base a cálculos actuales es previsible que se presenten problemas de financiación de las pensiones; por este motivo lo que el FMI plantea, entre otras medidas, es vincular las pensiones a una esperanza de vida y no extenderla aunque se vivan más años, así como alargar la edad de jubilación y obligar a que la población suscriba planes privados de ahorro para financiar su sustento durante el exceso de años vividos.

— (22 de junio) A diferencia de 1992, concluye sin ningún compromiso la Conferencia de las Naciones Unidas para el Desarrollo Sostenible, la denominada Rio+20.

— (1 de julio) El primer ministro británico, David Cameron, manifiesta en un artículo publicado en *The Sunday Telegraph* que estaría dispuesto a convocar un referéndum sobre la continuidad de la pertenencia del Reino Unido en la UE.

— (12 de septiembre) La Comisión Europea (CE) presenta su proyecto de unión bancaria. El BCE se convierte en el super-supervisor de todas las entidades de la zona euro, de forma que podrá intervenir anticipadamente, y hasta cerrar, entidades que estime con problemas; también podrá exigir a los bancos que aumenten su capital. La CE quería que esa supervisión fuese operativa el 1 de enero para los bancos que hubiesen recibido ayudas públicas; el 1 de junio para los bancos sistémicos; y el 1 de enero de 2014 para el resto. Sin embargo, las auditorías se retrasaron. Desde el 6 de noviembre de 2014 el BCE es el supervisor de la banca no local. Los bancos centrales de los países se ocuparán del día a día de los bancos de cada país y ayudarán al BCE. Alemania se opone y dice que la supervisión se limite a las entidades sistémicas, a fin de que no queden incluidos sus *ländbanks*, que tienen numerosos problemas de activos.

— (9 de noviembre) La OCDE publica el informe «Looking to 2060: Long-term growth prospects for the world» (http://www.oecd.org/newsroom/balanceofeconomicpowerwillshiftdramaticallyoverthenext50yearssaysoecd.htm) en el que prevé un cambio radical del peso de los países y de las áreas económicas entre el 2030 y 2060: (% PIB en 2011-2030-2060): a) Estados Unidos (23-18-16), b) UEM (17-12- 9), c) Japón (7-4-3), d) China (17-28-28), e) India (7-11-18). Entre el 2011 y el 2060 el informe prevé un incremento medio anual del PIB de: media mundial: 2,6. Media OCDE: 1,7. India: 4,4. China: 4,2. Brasil: 2,6. Japón: 1,7. El Reino Unido: 1,6. Estados Unidos y Alemania: 1,5. España: 1,4. Francia e Italia: 1,3. Irlanda: 1,1.

2013 (Principios de marzo) La ministra británica del Interior, Theresa May, propone imponer el pago de un depósito a los extranjeros que deseen trabajar en el país. La cantidad les sería devuelta a la salida, deduciendo un porcentaje en el caso de que hayan utilizado ayudas públicas.

— (Noche del viernes 15 al sábado 16 de marzo) Cumbre del Eurogrupo. Se acuerda el rescate de Chipre por 10.000 millones de euros (el FMI se negó a que ascendiese a 17.000 millones de euros: es decir, el total del PIB de Chipre) a fin de reflotar su sistema bancario repleto de deuda pública griega devaluada; por primera vez los depositantes de los bancos pagarán parte del rescate.

— (18 de marzo) El Eurogrupo decide conceder flexibilidad al gobierno chipriota para que decida cómo reparte lo que entre los depositantes hay que recaudar a fin de que los pequeños ahorradores puedan salvar sus saldos, es decir, que no tengan que pagar el impuesto. Además manifiestan la importancia de garantizar los primeros 100.000 euros.

— (28 de marzo) La Agencia Reuters informa de que la quita a los depósitos en bancos de Chipre superiores a los 100.000 euros será del 37,5 %: los tenedores recibirán el 37,5 % en acciones del Banco de Chipre, por el 22,5 % no percibirán intereses y podrá ser también objeto de quita, y por el 40 % restante el pago de intereses estará en función de la evolución del banco.

— (1 de abril) El gobierno británico aprueba una serie de recortes de gastos en el modelo de protección social. Son de tal calibre que suponen dejar de vincular por primera vez en la historia reciente la evolución de las prestaciones sociales con la evolución del coste de la vida. Se rebajan las ayudas a la vivienda social; se pone precio al acceso a la justicia para personas con ingresos anuales por encima de 32.000 libras; los presupuestos de gasto sanitario pasarán a ser gestionados por las comisiones médicas locales formadas por personal sanitario; se crea una reducción en la ayuda a los inquilinos de las viviendas sociales donde «sobren» dormitorios en relación con el número de personas que ocupan cada piso; las personas con minusvalías que no afecten a su obtención de rentas podrán perder su subsidio (el número podría llegar a un millón); paralelamente se reducen los impuestos a las rentas más elevadas.

— (24 de abril) En Suiza, a partir del 1 de mayo se dificultará el acceso de todos los ciudadanos de la UE que acudan al país en busca de trabajo, lo que supone dejar sin efecto el acuerdo de libre circulación firmado con la UE en 2002 y que extiende el régimen de cupos existente ya con los países de la Europa del Este. La excepción es posible debido a una cláusula del propio acuerdo. Suiza argumenta que la llegada masiva de inmigrantes está tensionando los salarios a la baja e incrementando los precios de la vivienda.

— (8 de mayo) El discurso anual de la reina Isabel II ante el Parlamento contempla temas como la introducción de una pensión única, multar a los caseros que no comprueben si sus inquilinos son ilegales, limitar el acceso de los inmigrantes —no UE y también UE— al modelo de protección social. No se incluyó el que la policía pueda acceder a las URL visitadas en internet, pero el gobierno puede llevar adelante la propuesta.

— (13 de mayo) El banco J. P. Morgan publica un informe «The Euro area adjustment: about halfway there» (http://www.legrandsoir.info/IMG/pdf/jpm-the-euro-area-adjustment--about-halfway-there.pdf), en el que argumenta que, en el futuro, en diversas economías europeas crecimientos de entre el 1,0 % y el 1,5 % serán los mejores que puedan esperarse, y donde introduce la idea de que el concepto de *democracia,* tal y como hasta ahora ha sido entendido, debe ser reformado en diversos países europeos a fin de hacer frente a los cambios económicos que van a producirse.

— (30 de mayo) Entra en vigor el Two Pack, por el que los Estados miembros de la UEM deberán seguir un calendario y unas estrictas normas para la elaboración de sus presupuestos. Los proyectos presupuestarios deberán ser elaborados según las previsiones de crecimiento establecidas por la Comisión Europea para cada país y según unos programas de estabilidad particulares, y deberán ser presentados a la Comisión Europea antes del 15 de octubre de cada año; la Comisión deberá informar sobre su conformidad o disconformidad antes del 30 de noviembre; en caso de disconformidad, el gobierno afectado tendrá que rehacer su presupuesto. En el caso de que el país arrastre un déficit o de que estime que el año en cuestión va a tenerlo superior al −0,5 %, en el mes de abril deberá presentar a la comisión un informe en el que detalle sus planes para corregirlo; no hacerlo o cumplir parcialmente tal exigencia acarreará una catarata de medidas: depósito de fianzas, fiscalizaciones técnicas y hasta sanciones económicas. Esta normativa supone, en la práctica, la anulación del principio de soberanía presupuestaria de los Estados.

— (26 de junio) Reunión del Ecofin. Se acuerda la mecánica para llevar a cabo los rescates bancarios. Cuando un banco tenga problemas y haya de ser rescatado: 1) se impondrá una quita con un importe mínimo del 8 % del pasivo, quita que deberá seguir el siguiente orden de afectación: a) accionistas, b) deuda subordinada, c) bonos junior, d) bonos senior, e) depósitos de más de 100.000 euros (por tanto los depósitos de más de 100.000 euros quedan parcialmente protegidos: son los últimos en ser objeto de quitas); la protección se hará a nivel nacional o con un fondo europeo que hay que definir). 2) Fondos aplicados por el Estado en el que tenga su sede fiscal el banco. 3) El Mecanismo Europeo de Estabilidad (MEDE) mediante un préstamo al Estado que computará como deuda pública. 4) Si se agotan todas las quitas posibles y todas las vías previas, el MEDE podrá recapitalizar directamente al banco.

— (22 de julio) En el Reino Unido se estudia imponer de serie, en cualquier aparato que permita el acceso a internet, un filtro que impida el acceso a webs de contenido pornográfico de tal modo que quien quiera acceder a ellas tenga que manifestarlo explícitamente. La razón: proteger a la infancia.

— (29 de julio) El gobierno chipriota anuncia que la quita final que se aplicará a los depósitos de más de 100.000 euros será del 47,5 %. La quita inicial fue del 37,5 %, y la diferencia saldrá del 22,5 % adicional bloqueado al producirse el rescate.

— (5 y 6 de septiembre) La cumbre del G-20 celebrada en San Petersburgo constata que es posible una recuperación económica con una muy baja creación de empleo.

— (17 de septiembre) En la inauguración del año parlamentario, el jefe del Estado holandés, el rey Guillermo Alejandro, manifiesta que el modelo de protección social que se ha conocido no es sostenible y que hay que pasar a una sociedad participativa en la que cada cual sea responsable de sus propias necesidades. Los municipios serán los encargados de la atención a la ciudadanía.

— (23 de octubre) El BCE presenta la metodología por la que se regirán las auditorías de la banca que llevará a cabo en 2014 y que deberán estar finalizadas antes de octubre. El objetivo fundamental es la transparencia, y el análisis afectará a «todas las fuentes de riesgo». Se analizarán 128 bancos, los mayores de la UEM. Se da por hecho que harán falta nuevas ayudas públicas, lo que pondría en marcha un proceso de pérdidas para accionistas y poseedores de bonos de peor calidad.

2014 (Mediados de enero) El periódico alemán *Saarbrücker Zeitung* publica que el presidente de Francia, François Hollande, se ha reunido con Peter Hartz, el asesor de la Agenda 2010. (Véase marzo de 2003).

— (20 de marzo) Tras seis años de bloqueo, Luxemburgo y Austria aceptan poner fin al secreto bancario, lo que abre la puerta a la persecución de la evasión fiscal.

— (15 de mayo) En Estados Unidos, la Comisión Federal de Comunicaciones aprueba una norma que abre la posibilidad de crear un internet a varias velocidades según los contenidos, y que supondrá pagos distintos en función de la velocidad, lo que pone fin al principio hasta ahora asumido de «neutralidad en la red» e implica el fin de la igualdad de oportunidades en el uso de la red.

- (2 de julio) La OCDE publica un informe con proyecciones hasta el 2060 en el que predice mucho menos crecimiento hasta el 2060, creciente desigualdad en los ingresos personales debido a que los empleos con menos cualificación verán reducidos brutalmente sus salarios, costes crecientes en la atención sanitaria, etcétera. (http://www.oecd.org/newsroom/global-growth-to-slow-as-wage-inequality-rises-over-coming-decades.htm).

— (17 de octubre) Por primera vez desde la implantación del modelo de protección social, el primer ministro de Francia propone que las ayudas a las familias pasen a tener un límite de aplicabilidad: se crea un tope para perceptores, con un máximo de 6.000 euros de ingresos netos mensuales; para ganancias superiores, se deja de percibir.

— (3 de noviembre) El Banco Central Europeo se convierte en supervisor absoluto de 128 entidades bancarias de índole sistémica de la zona euro.

— (11 de noviembre) El Tribunal de Justicia de la Unión Europea dictamina, a instancias de un caso sucedido en Alemania, que un ciudadano europeo puede tener derecho a ayudas sociales en un determinado país si desempeña una actividad económica en el país donde solicita la ayuda o bien si no dispone de recursos económicos; la sentencia niega que un ciudadano comunitario tenga derecho a ayudas sociales en otro país si se ha desplazado a ese país con la mera intención de percibir tales ayudas.
— (3 de diciembre) En la denominada «Declaración de otoño», el canciller británico del Exchequer, George Osborne, anuncia recortes de gasto público del 35 % entre el 2015 y el 2020 a fin de reducir el déficit, lo que supone colocar el peso del Estado en los niveles que tenía en la década de 1930. De llevarse a término tales recortes supondría, en la práctica, la desintegración del modelo de protección social.
— (11 de diciembre) Ed Miliband, líder del Partido Laborista y candidato a primer ministro británico en las elecciones de 2015, plantea que, en caso de victoria, su gobierno realizará recortes de gasto público a fin de reducir el déficit, aunque sin concretar, no en los niveles anunciados por George Osborne. Manifestó que la sanidad no sería recortada.

EPÍLOGO

> Todo aquel que va
> tiene el mismo propósito:
> quiere recuperar recuerdos perdidos
> porque en... nunca cambia nada.
> Pero nadie sabe realmente
> si eso es posible o no,
> ya que nadie ha vuelto jamás.
>
> *2046*, Wong Kar-wai (2004)

Decíamos en la introducción que éste era un libro de Historia: el pasado. Pero cada presente no es más que la evolución de hechos y circunstancias ocurridos en algún pasado, y en el presente se está proyectando el futuro de forma constante.

> En realidad lo que la gente llama futuro es el presente, lo que ocurre es que lo ignora.
>
> Manuel Castells, sociólogo y experto en comunicación, en una entrevista relacionada con su obra *Comunicación móvil y sociedad* (Ariel y Telefónica, 2007). Citado por Tomas Delclós en *Ciberp@ís*, *El País,* 19/4/2007.

Durante un tiempo las cosas han ido... Siempre las cosas van, durante un tiempo, aunque aparentemente hayan podido no tener un excesivo fundamento. En cualquier caso, al final siempre los modos de hacer acaban por agotarse: todos, aunque en su momento fuesen los que eran porque no podían ser otros.

> —La gente quiere lo que necesita, y nosotros se lo damos.
> —No es más que dinero. No es más que algo ficticio. Trozos de papel necesarios para que no nos matemos para poder comer.
>
> Conversación de dos altos directivos de un banco de inversiones. *Margin Call*, J. C. Chandor, 2011.

La dinámica histórica precipita los cambios; aparecen problemas que no son más que roturas de un continuo que ya no es sostenible, problemas que la gente intenta resolver con los manuales antiguos, hasta que se hace evidente que esos manuales ya no funcionan.

> Realmente no sabemos cómo funciona este sistema [...]. Es claramente nuevo. Los modelos antiguos no están funcionando.
>
> Alan Greenspan ante el Comité de Política Federal, en Washington, en noviembre de 1999. Citado por Edmund L. Andrews en «La doctrina de Greenspan es no tener ninguna». *The New York Times-El País*, 15/9/2005.

Y ese agotamiento, esa imposibilidad de dar la vuelta a una situación acabada, agotada, concluida, tiene consecuencias.

> Pregunta: Usted que ha mantenido una posición sensible respecto a los desequilibrios entre los países ricos y pobres, ¿ve posibilidades de cambio en esta situación?
> Respuesta: La globalización no está contribuyendo a reducir las diferencias entre ricos y pobres, sino al contrario, y es una realidad que acelera esta diferencia. El neoliberalismo actual parte de una premisa totalmente falsa, la de que el mercado lo regula todo, y más exactamente, ocurre al revés: lo desarregla todo. Esta teoría, la que considera que la pobreza es una situación transitoria y que después vendrá la riqueza de los pobres, es una falsedad. La teoría del goteo, que más o menos dice que los pobres se benefician con las sobras de los ricos, es una hipocresía.
>
> Òscar Ribas i Reig, jefe de gobierno del Principado de Andorra entre 1982 y 1984 y entre 1990 y 1994; empresario y banquero. Entrevista de Anna Pinter en *Dossier Econòmic de Catalunya*, 30 de julio-2 de septiembre de 2005.

Se ven afectadas estructuras, colectivos que ya han perdido funciones, utilidad.

> Es evidente que las clases medias se están empobreciendo. Podemos hablar, más que de *proletariado*, de *precariado*. O sea, viven en una situación cada vez más precaria. Lo importante es que grandes sectores de las clases medias pertenecen ahora al prole-

> tariado, que se ha ampliado. Aunque hoy tengan trabajo ha desaparecido la certeza de que puedan tenerlo mañana. Viven en un estado de constante ansiedad.
>
> Zygmunt Bauman, sociólogo. Entrevista de Lola Galán en *El País Babelia,* 18/1/2014.

Y esto incide sobre todo en ciertos segmentos sociales, en los jóvenes especialmente, en esta crisis, debido a que su proyección dibuja una realidad de expectativas inciertas y con condiciones limitadas.

> Nos educaron para creer que llegaríamos lejos, y lo peor es que nos lo creímos.
>
> Ana, de veintisiete años, al dirigirse a su pareja mientras visitaban el apartamento que han adquirido, y cuya escritura acaban de firmar, en el esqueleto del bloque en el que ese apartamento se encuentra. *Los años dirán.* Andrea Jaurrieta, 2013.

Se está llegando al final de un camino imposible porque no tiene continuidad: se ha acabado el camino.

> Hace dos décadas, una acción estaba unos cuatro años en manos de su dueño. Hoy la media es de 22 segundos.
>
> Rainer Voss, alto directivo de un gran banco hasta el 2008, sobre el documental *Master of the Universe,* en el que expone las prácticas que realizaba el sistema bancario. Citado por Gregorio Belinchón en «Confesiones de un banquero arrepentido». *El País,* 18/5/2014.

Y se está empezando a caminar por otro que será muy diferente a como ha sido éste: siempre es igual, lo que sucede es que esta vez la salida será por la parte de abajo.

> Se está destruyendo capacidad productiva instalada por un aumento de la productividad. Esta crisis servirá para eso, para aumentar la productividad, pero no para mejorar el empleo.
>
> Joan Carles Gallego, secretario general del sindicato Comisiones Obreras en Cataluña. Citado por Lluís Pellicer en «Más de 110.000 parados no cobran ninguna prestación». *El País,* 27/12/2009.

Con instrumentos verdaderamente nuevos, como en otras ocasiones semejantes, pero con instrumentos que supondrán que abandonar en verdad esa parte de abajo sea posible únicamente para muy pocos.

> El software de sustitución, ya sea para conductores o camareros o enfermeras está progresando. [...] La tecnología con el tiempo reducirá la demanda de puestos de trabajo, especialmente para aquellas habilidades más sencillas y básicas. [...] Dentro de veinte años, la demanda de mano de obra para un montón de habilidades será sustancialmente menor. No creo que la gente tenga esto asumido.
>
> Bill Gates, en una conferencia en el American Enterprise Institute, el 13 de marzo del 2014. *Business Insider* (http://www.businessinsider.com/bill-gates-bots-are-taking-away-jobs-2014-3).

Verdaderamente nuevos, difíciles hoy de imaginar.

> A medio plazo, una población enriquecida con genes extra será rica y famosa mientras que el resto se conforma con el ADN de toda la vida; a largo plazo —en el 2997— sucesivos enriquecimientos generación tras generación habrán provocado la escisión de los humanos en cuatro especies distintas.
>
> Princeton Lee Silver, «Vuelta al Edén». *El País Semanal,* 29/4/2001.

Una realidad que en ese futuro —sea en 2997, o antes o después, pero que ya está en el presente— alguien contará.

> Yo he visto cosas que vosotros no creeríais.
>
> Roy Batty, replicante modelo Nexus 6. *Blade Runner*, Ridley Scott, 1982.

Déjame contarte lo que va a pasar. Pronto llamarán a esa puerta y te dirán que salgas. Habrá un hombre que te superará jerárquicamente. Primero te felicitará por lo bien que lo has hecho. Te dirá que estás haciendo del mundo un sitio más seguro, que van a concederte una distinción y a ascenderte. Y después te dirá que tienes que soltarme.

Tú montarás en cólera; seguramente le amenazarás con dimitir; pero al final me soltarán. La razón por la que me soltarán es la misma por la que tú crees que me van a condenar. Yo me codeo con algunos de los hombres más viles y más sádicos que se hacen llamar «líderes» en la actualidad. Pero algunos de esos hombres son los enemigos de tus enemigos, y como el mayor traficante de armas del mundo es tu jefe, el presidente de Estados Unidos, que envía más mercancía en un día que yo en un año, a veces es un poco violento que estén sus huellas en las armas, a menudo necesita un freelance como yo para abastecer a fuerzas a las que a él no le pueden ver abasteciendo, así que, ya puedes decirme que soy un mal, pero, por desgracia para ti, soy un mal necesario.

Lord of War, Andrew Niccol, 2005

Para la composición del texto se han utilizado tipos de la familia Sabon,
a cuerpo 11 sobre 13. Diseñada por Jan Tschichold en 1967,
esta fuente se caracteriza por su magnífica legibilidad y sus formas muy
clásicas, pues Tschichold se inspiró para sus diseños en la tipografía creada
por Claude Garamond en el siglo XVI.

Este libro fue maquetado en los talleres gama, sl.
Fue impreso y encuadernado para Los libros del lince por Thau, S. L.,
en Barcelona.

Impreso en España / *Printed in Spain*

